"十三五"江苏省高等学校重点教材（编号：2018-2-257）

高等学校人力资源管理专业系列精品教材

U0835532

人力资源管理实践案例分析

殷凤春　等◎编著　　赵永乐◎主审

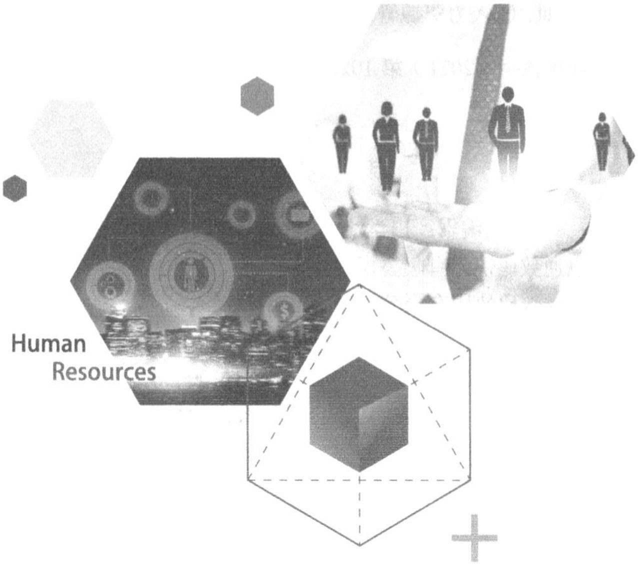

電子工業出版社
Publishing House of Electronics Industry
北京 • BEIJING

未经许可，不得以任何方式复制或抄袭本书之部分或全部内容。
版权所有，侵权必究。

图书在版编目（CIP）数据

人力资源管理实践案例分析 / 殷凤春等编著. —北京：电子工业出版社，2021.6

ISBN 978-7-121-41259-2

Ⅰ. ①人… Ⅱ. ①殷… Ⅲ. ①人力资源管理—高等学校—教材 Ⅳ. ①F243

中国版本图书馆 CIP 数据核字（2021）第 102010 号

责任编辑：刘淑敏　　　特约编辑：田学清
印　　刷：北京七彩京通数码快印有限公司
装　　订：北京七彩京通数码快印有限公司
出版发行：电子工业出版社
　　　　　北京市海淀区万寿路 173 信箱　　　邮编 100036
开　　本：787×1 092　1/16　印张：13.5　字数：321 千字
版　　次：2021 年 6 月第 1 版
印　　次：2024 年 3 月第 5 次印刷
定　　价：49.80 元

凡所购买电子工业出版社图书有缺损问题，请向购买书店调换。若书店售缺，请与本社发行部联系，联系及邮购电话：（010）88254888，88258888。

质量投诉请发邮件至 zlts@phei.com.cn，盗版侵权举报请发邮件至 dbqq@phei.com.cn。

本书咨询联系方式：（010）88254199，sjb@phei.com.cn。

前　　言

在后人工智能时代，营商环境、组织环境和人才环境因高新技术的深度融合而不断发生着深刻变化，人力资源管理伴随外部环境的变化而面临越来越多的挑战。在“大众创业、万众创新”的氛围下，如何创新人力资源管理实践，基于企业业务需求提出有针对性的人力资源解决方案，将成为企业领导者和人力资源管理人员面临的新课题。

在后人工智能时代，组织边界日益模糊，企业员工与客户跨界融合，员工工作的不确定性增加，员工对组织的满意度和忠诚度下降，这些都无形增加了人力资源管理的难度。人力资源管理经过人事行政管理阶段、人力资源专业职能管理阶段、战略人力资源管理阶段，现在正迈入人力资本价值管理阶段，进入人力资本价值智能化管理时代。人力资源管理应着力提高人力资源效能、人均劳动生产率、人力资本单位产出、人力资源价值创造能力和人力资本增加值。

在后人工智能时代，智能机器人替代人成为廉价的劳动力，智能化、信息化、集成化、一体化的多元化技术型人才正成为新时代的主角，具有前瞻性思维、世界性眼光的人力资源将成为组织吸纳的主力军。本书正是基于上述背景，对组织进行人力资源管理改革与创新的实践案例进行分析。

本书结合人力资源管理实际，以典型案例为研究素材，通过具体分析、解剖，引导读者进入特定的人力资源开发情景和管理过程中。本书的编写以人力资源管理核心范畴为体系建构框架，以公开、公平、公正等价值和原则为体系建构逻辑范畴，致力于帮助读者探究人力资源管理实践中的基本原理和问题。

学习目标：每章均设“学习目标”。学习目标是在分析人力资源管理的理论与实践技能的重点和难点的基础上要求读者掌握的内容，同时也是考查读者对知识的掌握程度的标准和要求。

学习导航：每章均设“学习导航”。学习导航是对每章列举的案例进行说明，使读者在学习过程中一目了然，并根据需要进行有目的性的学习。

知识回顾：每章均设“知识回顾”。知识回顾包括关键词语、核心提示、相关链接和前沿话题。通过对相关知识的梳理，对关键的概念和理论进行说明，对前沿发展动态进行剖析，有效引导读者理解和把握这部分知识。

主要内容：本书从人力资源管理综合、人力资源管理战略、人力资源规划、岗位分析与胜任素质模型、招聘与面试、培训与开发、绩效管理、薪酬与激励、职业生涯管理、员工劳动关系管理 10 个方面展开，对 46 个案例进行分析。本书采用“背景资料、经典做法、案例分析”相结合的方式，由点到面、由浅入深地进行阐述。“背景资料”部分描述企业的基本状况，便于读者更好地理解和把握企业的实际情况。“经典做法”部分根据人力资源管理的不同阶段的情况选择不同企业的经典做法，分析企业人力资源管理的战略思想与战略举措。“案例分析”部分对列举案例进行分析点评。运用人力资源管理的基本理论分析列举案例的一些成功做法与经验教训，有效地将理论知识与实践操作相结合，便于引导读者进一步认识问题并找到解决问题的方法，具体如下。

人力资源管理综合案例分析。沃尔玛公司成立“员工关系组”，实行“合伙人”政策，构建低权力组织关系，形成六大人力资源管理综合模式。微软公司构建 5PS 人力资源管理模型，建立“精英俱乐部”“优秀员工十项准则”，强化弹指间管理。亚马逊公司实施云设计管理，培植有“亚马逊信仰”的员工，实施全员持股和未来利润分享制度。腾讯公司成立人力资源共享交付平台，提出人才跨界化、年轻化、国际化、特长化，用“科技向善”引领HR能力升级。

人力资源管理战略案例分析。海尔集团提出按单聚散的开放动态人才战略，提出“人单合一”的管理模式，构建基于客户的人力资源信息管理平台。联想集团按照三支柱原理构建 HRSSC、HRCOE、HRBP 的人力资源组织体系。华为公司从价值创造、价值分配、价值评价三个维度构建人力资源管理战略，实行轮换制体验学习模式。宝洁公司实施人才招聘战略，建立有竞争力的薪酬福利制度。

人力资源规划案例分析。百胜集团制订领军人才养成计划，关注每个岗位员工的参与度与环境影响因素指标。华为公司加强员工岗位“经线”和“纬线”的协同管理。谷歌公司进行人员编制规划、业务战略规划、大数据预测规划等。海尔集团发展“人单合一双赢”模式，实施人机协同全新工作规划等。

岗位分析与胜任素质模型案例分析。沃尔玛公司围绕组织战略目标对岗位进行分析。雀巢公司提出岗位胜任素质的六大角色。三星集团“激励世界、创造未来”的理念在企业发展的不同阶段强化员工岗位意识。联想集团全方位打造员工的通用核心能力和专业胜任能力。

招聘与面试案例分析。微软公司提出选人用人应具备 7 个方面的素质标准。美的集团采用行为访谈、无领导小组和公文筐工具，增强面试的信度和效度。欧莱雅公司选择“创新”和“执行”相融合的人才吸引计划。强生公司实施领导力 10 项素质提升。华为公司推出线上招聘面试活动。

培训与开发案例分析。沃尔玛公司采用三步培训法，实施员工积极发展计划。西门子公司崇尚“人的能力通过教育和培训而提高”的理念。京东强化员工互联网培训思维。海尔集团建立立体人才培训体系，进行“海尔精神”的塑造。星巴克积极实施“品牌领导力、咖啡大师、寻找未来星”的培训计划。

绩效管理案例分析。华为公司构建赛马制绩效管理机制，提出“为客户创造价值”的绩效评价导向。通用电气公司提出人才管理九宫格和二维强制绩效分布曲线。谷歌公司构建人力资源绩效考核六大模块。阿里巴巴集团提出绩效管理应遵循 SMARTER 原则。海尔集团从个人发展目标、员工管理目标、业务目标 3 个维度实施 PBC 五等级绩效评价模式。

薪酬与激励案例分析。中国平安保险公司采用 3 种不同薪酬管理模式应对不同类别的员工管理。IBM 实施 PBC 薪酬计划。谷歌公司采用不公平薪酬制度。华为公司实施“*N*+1”补偿方案。海底捞公司构建“服务利润链”。

职业生涯管理案例分析。埃克森美孚公司实行全员职业生涯管理计划。3M 公司设计职业生涯管理 10 条路径。海尔集团实施“员工启航计划”和“双通道发展模式”。惠普公司构建起员工自我发展管理课程体系。迪士尼公司将个人职业生涯发展与组织需求有效结合，引领员工成长。

员工劳动关系管理案例分析。沃尔玛公司提出员工管理十大运行法则。格力电器提倡对员工实施柔性化管理。顺丰控股有限公司实施员工管理“四心法”。联想集团建构和谐的员工关系。阿里巴巴集团提出对员工实行“新六脉神剑”管理。

本书由盐城师范学院商学院院长殷凤春教授担任主编并负责全书的统稿工作。具体分工如下：殷凤春、殷珺承担第 1、4、8、9、10 章的编写任务，姜琳承担第 2、3 章的编写任务，陶加强承担第 5 章的编写任务，李秀文承担第 6 章的编写任务，孙涵承担第 7 章的编写任务。

本书作为“十三五”江苏省高等学校重点教材，在编写过程中参阅和借鉴了大量的书籍、报纸、学术论文、博客和微信公众号等相关资料，在此对相关作者一并表示感谢。由于人力资源管理本身是一门不断发展的学科，加之作者水平所限，书中的缺点和错误在所难免，恳请专家、读者不吝赐教。

殷凤春

目　录

第1章

人力资源管理综合案例分析

学习目标

1. 通过案例分析，了解人力资源的含义、特点和构成
2. 通过案例阐述，重点掌握人力资源管理的含义与职能
3. 重点掌握人力资源管理的内容
4. 重点掌握现代人力资源管理与传统人事管理的区别

学习导航

1.1 沃尔玛公司的人力资源管理
1.2 微软公司的人力资源管理
1.3 亚马逊公司的人力资源管理
1.4 腾讯公司的人力资源管理新模式

知识回顾

关键词语——

资源；人力资源；人力资源的特点：生物性、能动性、时效性、再生性、社会性；人力资本。

核心提示——

资源是人类赖以生存的基础。

人力资源是指人自身所具有的有用性，通过社会劳动交换实现其社会价值，并为社会或组织所利用的体力和脑力的总和。人才资源是在价值创造过程中起关键或重要作用的那部分人，即优质的人力资源。

人力资本是通过有意识、长时间、高成本的投资而形成的，凝结于人才之中并能够带来创造性成果和巨大贡献的以知识、技能等因素综合体现出的价值。

相关链接 ——

在后人工智能时代，随着经营模式变革化、运行方式多元化、顾客理念丰富化，人力资源价值逐渐凸显，成为企业的核心资源。“企业＋雇员”这种传统的人力资源管理模式受到挤压，“智能平台+多元使用”的模式则成为后人工智能时代人力资源管理的新潮流。

前沿话题 ——

后人工智能时代的人才竞争、智力竞争、创新创业竞争中的比较优势成为企业努力的方向。在后人工智能时代，增强员工在企业工作场景中感知温度的能力，并跳出操作层面进行思考，成为企业人力资源管理者要努力解决的问题。

1.1 沃尔玛公司的人力资源管理

1.1.1 沃尔玛公司背景资料

沃尔玛百货有限公司，即沃尔玛公司（WalMart Inc，以下简称沃尔玛），是一家美国的世界性连锁企业，其控股人为沃尔顿家族，总部位于美国阿肯色州的本顿维尔。沃尔玛主要涉足零售业，是世界上雇员最多的企业，连续多年在美国《财富》杂志世界 500 强企业中居首位。2020 年 1 月 22 日，名列 2020 年《财富》全球最受赞赏公司榜单第 18 位。沃尔玛拥有 8500 家门店，分布于全球 15 个国家。沃尔玛主要有沃尔玛购物广场、山姆会员店、沃尔玛商店、沃尔玛社区店四种营业方式。

（资料节选自百度百科：沃尔玛百货有限公司）

1.1.2 沃尔玛公司人力资源管理的特点

沃尔玛的人力资源管理重视员工参与，在薪酬管理及培训制度上更加重视人性化培养，能够充分调动员工的积极性，发挥员工个人价值，促进企业发展。沃尔玛人力资源管理理念如图 1-1 所示。

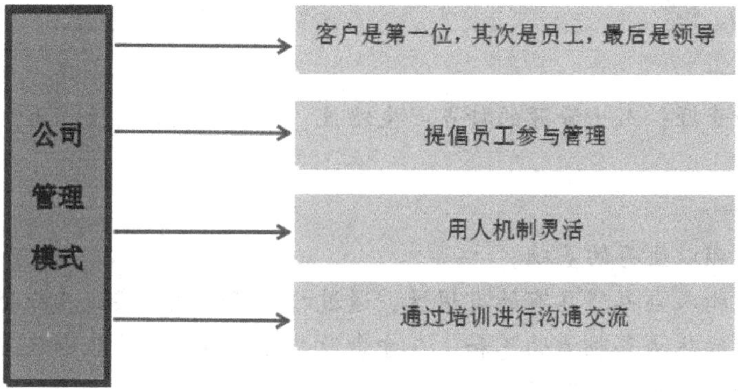

图 1-1　沃尔玛人力资源管理理念

1．双向选择招聘

沃尔玛通过公布人员需求信息，采用店面海报、报纸广告的方式，并利用微信、微博、抖音等平台发布招聘信息，根据岗位要求招聘合适的人才，在企业与应聘人员双向选择都满意的前提下，达成用工契约。

2．人本管理深入人心

沃尔玛确立“尊重员工”的原则，为员工提供沟通途径，包括成立“员工关系组”、每年开展一次“基层调查”等。这样一来，员工能够绕开机构组织的阻碍，与管理层随时进行沟通，提出意见及建议，管理层也能够及时采取适宜的行动和措施予以回复。“尊重员工、以员工为本”，既保护了员工的权益，又提高了企业的劳动生产率。

3．人员管理制度化

沃尔玛注重制度建设，结构上具有明确的指令链和等级层次，分工明确、责任清楚、运作规范。沃尔玛的最高管理层不是直接指导分店经理怎样做生意，而是让他从市场、从其他优秀分店学习如何更好地做生意。沃尔玛的先进情报信息系统为分店经理提供了有关顾客行为的详细资料。此外，沃尔玛还投资购置专机，定期载送各分店经理飞往公司总部，参加有关市场趋势及商品采购的研讨会；购买卫星通信系统，定期或者不定期召开视频电话会议，线上线下有效安排相关的工作。

4．人才提拔上“快车道”

在沃尔玛，员工如果有能力、有良好的工作绩效，就有机会得到提升和重用。沃尔玛的人力资源部设立了“快速人才通道项目”，将刚毕业不久的大学生以见习生的身份招聘到各个部门，并明确告诉这些大学生，公司将把他们作为未来管理者进行培养。通过六个月的轮岗培训，很多见习生在沃尔玛不到一年便凭借自己的努力升任部门经理，有的见习生三年左右就被培养成了公司副总。

5．人才管理低权力化

在沃尔玛，领导和员工是呈倒金字塔的组织关系，即领导处于最低层，员工是中间的基石，顾客永远是第一位的。员工为顾客服务，领导为员工服务，是员工的“公仆”。“公仆”不是坐在办公桌后发号施令的，而是实行走动式管理的。领导要走出来直接与员工交流、沟通并及时处理有关问题。在沃尔玛，任何一个普通员工佩戴的工牌都注明：our people make difference（我们的同事创造非凡）。除名字之外，工牌上没有标明职务，最高总裁也是如此。公司内部没有上下级之分，可以直呼其名，这样有助于营造一个温暖友好的氛围，给员工提供一个愉快的工作环境。

1.1.3 沃尔玛公司的人力资源模块

沃尔玛的人力资源模块主要包括人力资源规划、员工招聘与配置、培训开发与实施、绩效管理、薪酬福利、员工关系管理六大模块，如图 1-2 所示。

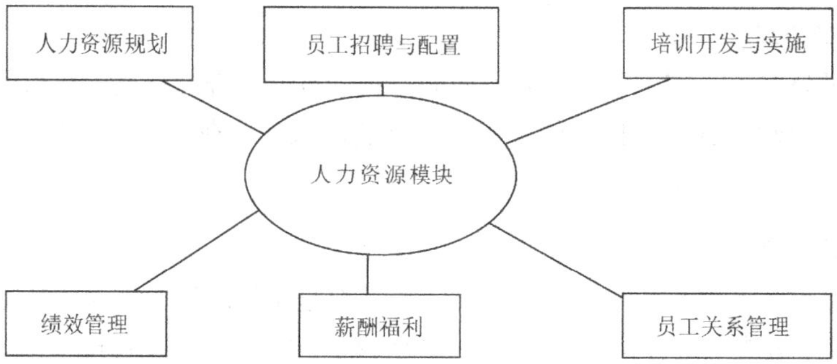

图 1-2　沃尔玛的人力资源模块

1. 人力资源规划

沃尔玛的人力资源规划可以归纳为三点：吸纳人才、发展人才、留住人才。

沃尔玛实行门户开放政策，即员工在任何时间、地点只要有想法或者意见，都可以以口头或书面的形式与管理人员甚至总裁进行沟通。重视信息的沟通和共享是沃尔玛用人之道的精髓所在，也是公司成功的关键之一。

1）吸纳人才

在沃尔玛发展之初，“重实干、轻学历”的用人之道曾排斥受过高等教育的人。随着公司的发展不断壮大，技术、营销、财务、法律等各方面的高级人才变得不可或缺。除了从公司内部选拔优秀人才，沃尔玛还开始从外部适时引进高学历、高技术人才，补充公司新鲜血液，不断丰富公司的人才储备。

2）发展人才

沃尔玛建立终身培训机制。沃尔玛重视对员工的培训和教育，因此建立了一套行之有效的培训机制，并投入大量的资金予以保证。

沃尔玛重视员工的学习能力与责任感。沃尔玛注重对员工能力和团队协作精神的培养，注重对肯学、肯干、肯担当的人才的培养与选拔。

沃尔玛实施内部提升制。沃尔玛及时发现人才，积极创造工作环境以最大限度地挖掘人才潜力。沃尔玛绝大部分经理人员都是通过公司的内部管理培训计划，从公司内部逐级提拔上来的。

3）留住人才

沃尔玛采用的是合伙人政策，员工与公司的关系十分融洽。在沃尔玛，员工被称为合作伙伴，员工的归属感增强，积极参与公司的发展，从而实现员工与公司的双赢。同时，沃尔玛通过让员工购买公司股票的方式来留住员工，员工的一部分收入得益于公司的发展。在员工需要帮助时，公司会体现人文关怀，进一步增强员工的归属感，减少员工与公司出现的不和谐现象。

合伙关系在沃尔玛内部处处能够体现出来，管理者和员工之间也是良好的合伙关系，这使沃尔玛凝聚为一个整体，使所有的人都团结起来，为公司的发展壮大而不断努力。当管理者开始尝试把员工当成“合伙人”时，公司会发挥出巨大潜力，而且员工也会发现，随着公司状况的改善，他们的薪酬也在增加，这对员工和公司都是有益的。

2. 员工招聘与配置

沃尔玛对于每位应聘人员，无论种族、年龄、性别、宗教、（是否）残疾等，都为他们提供相等的就业机会。每位应聘人员都必须经过基本技能测试，如英语、IT、专业知识考核，以及两位以上管理人员的面试评估。通过科学的招聘方法，沃尔玛可以招聘到适合相应岗位的人才。

3. 培训开发与实施

沃尔玛高度重视人力资源的培育性和连续性。沃尔玛建立了沃尔顿研究院，对新员工进行培训，在战略性人才储备和培训中采用寓教于乐的培训方式，把教育和培训作为投资，为员工提供了大量的培训课程。沃尔玛主要采用经验式培训，以游戏和表演为主，训练公司管理人员“跳出框外思考”。

4. 绩效管理

沃尔玛通过岗位职责与员工的表现进行员工的绩效管理。沃尔玛员工的工资除基本工资外，大部分的员工还会选择购买公司的股票，凭借这些股份有些人已经成为百万或者千万富翁。在进行人力资源管理时，公司对有子女的家庭给予照顾。每位员工在工作时都有一定的考核标准，沃尔玛设立绩效目标针对员工的表现进行评估，根据业绩评估进行加薪升职①。

5. 薪酬福利

沃尔玛的薪酬水平由员工的知识、解决问题的能力、责任要求，以及市场薪酬水平来决定。沃尔玛的薪酬制度：固定工资+利润分享计划+员工购股计划+损耗奖励计划+其他福利。

6. 员工关系管理

沃尔玛的成功是基于坚强的信念：让每位员工实现个人的价值，员工不应该只是被视为会用双手干活的工具，而更应该被视为一种丰富智慧的源泉。

授予员工参与权，与员工共同掌握公司的多个指标是整个公司不断壮大的经营原则。分享信息和共担责任也是合伙关系的核心。员工只有充分了解业务进展情况，才会产生责任感和参与感；员工只有意识到自己在公司的重要性，才会努力取得更好的成绩。

与员工沟通和联络感情，能使员工意识到自己的工作在公司的重要性，感觉自己得到了公司的尊重和信任，就会积极主动地努力争取更好的成绩。因为管理者知道，如果员工知道得越多，理解得越深，他们对工作也就越关心，什么困难也不能阻拦他们。沃尔玛感激员工为公司做的每件事，它经常在适当的时机感激员工做出的贡献。沃尔玛认为，不管你是什么人，当有人赞赏你的工作表现时，你一定会感到非常高兴。山姆·沃尔顿在一篇文章中写道：“我们都是人，都有不同的长处和短处。因此，真诚的帮助加上很大程度的理解和交流，一定会帮助我们取得胜利。”

---

① 李昕玥. 跨文化人力资源管理的差异研究——以物美与沃尔玛集团为例[J]. 中国商论，2020（1）：239-241.

案例分析

人力资源管理是组织在特定的环境中对组织的人力资源进行决策、计划、组织、领导、控制和创新，以有效的方式保证从人力资源的角度帮助组织实现既定目标的过程。人力资源管理具有四个功能：吸引、培养、开发和保持。

传统雇员社会正在消失，个体价值迅速崛起，组织呈现出更高的平台性和开放性。工作任务和企业组织正在分离，企业的工作范围已经超越了自营的边界，工作和工作者的概念早已不再有内外之别。当组织边界被打破，工作不再仅仅由企业内部员工来胜任，而将通过多元化的工作主体和方式来完成。HR管理要转变思维模式，更好地拆解工作，发掘工作中人的不可替代性，然后提升人的工作价值。目前在人才管理中，更多的用人才来匹配业务需求。HR最重要的工作是管理好雇佣关系，做好薪酬管理、员工关系和人才储备。但是，面对当前的雇佣关系，HR需要懂得如何组合工作，盘点出哪些工作是重复性的、可以外包的，哪些工作是更需要创新的、更有价值的，然后选择合适的模式来完成。管理者要用最佳方式实现企业目标，需要考虑的不是全职工作还是其他工作方式的问题，而是要通过不同组合（用最佳的组合方式实现各种工作要素的创造性组合）来实现企业的战略目标。至于怎么选择，在考虑速度、成本、风险这三个要素的同时，还需要用科学的工具来发掘不同工作模式下的员工潜力。比如内部员工，可以用测评工具来发现他的职业发展方向、创造性和全面人格；而外部兼职员工，可以通过测试其潜力和心理风险，发掘他们更适合岗位的一面。面对自主意识越来越强烈的求职者和员工，HR和管理者是否可以借鉴这种用工模式，也是需要思考的问题。

本案例体现了人力资源管理的任务：第一，通过招聘等方式，保证一定数量的人力资源，并投入企业的生产经营活动中，满足企业发展的需要；第二，加强对现有员工的培训，提高他们的文化知识和技术业务水平；第三，结合每个员工的职业发展规划，做好对员工的选拔等工作，做到发现人才、使用人才和充分发挥人才；第四，关心员工的生活和物质方面，提高他们的积极性；第五，制定好工资福利等制度，协调好劳资关系。人力资源管理的重要性是指：人力资源管理对企业管理人员提出了要求；人力资源管理能够提高员工的工作绩效；人力资源管理是企业发展的需要。正因为如此，沃尔玛才有了吸纳人才、发展人才、留住人才的方针。

从本案例中可以看出沃尔玛作为一家国际企业，十分重视员工，十分关注“人”这个企业核心。沃尔玛注重提高员工积极性，注重员工间的信息交流，而且沃尔玛的信息沟通交流的途径十分简单，员工可以通过书面或口头的形式随时与公司经理和上级沟通，进行面对面交流，及时反映情况。沃尔玛的信息交流时效性强，而且方式简单，节省了一大部分的审批流程，公司内部不是一个简单的领导发放命令政策，下级传达实行的管理方式。在沃尔玛，放在首位的是广大客户，其次是员工，最后才是领导，呈现出一个倒三角的管理方式。在沃尔玛的人力资源管理模式中，员工不是为领导执行命令的工具，领导会了解员工的需求，为员工设身处地地考虑，寻找最适合员工发展的人力资源管理模式。公司会通过对员工的工作表现、发展期望，以及公司岗位现状进行分析，为员工打造量身定制的发展模式，辅之以一系列的考核标准，为员工的发展提供合适的管理。

沃尔玛十分重视员工的发展，努力确保每个人的才能能够得到充分发挥，能够真正在目前的岗位上提升自己的全面素质，在岗位上更好地实现自我。为了使每位员工都有机会去晋升，沃尔玛建立公平公正的晋升模式，确保每位员工都有学习和发展的机会，并对员工给予充分的尊重，以期留住人才。从员工自身的角度出发，制定合理的培训机制也有利于自身的提高。沃尔玛会适时地发布招聘信息来吸引人才加入，还会从外部引进高级人才，丰富人才储备；在平时注重对员工的教育、培训、培养，以选拔专门人才；做到人尽其才、才尽其用，最大限度挖掘员工的潜能；给予员工发展平台和舒适的工作环境，降低沃尔玛员工的离职率。

沃尔玛的人力资源管理体现了现代人力资源管理的特点。首先，沃尔玛视员工为第一资源，且视员工为一种丰富智慧的源泉。其次，沃尔玛重视培训与开发，致力于挖掘人才的潜能，如沃尔玛人力资源部设立的“快速人才通道项目”，他们将刚毕业的大学生招聘到各部门，并作为未来领导人培养开发，经过培训，许多大学生会极快地凭借自身努力成为管理层的一员；而且沃尔玛还建立终身培训机制，投入大量资金用于员工的培训与教育。再者，沃尔玛的管理模式是以人为中心，人性管理核心化，强调民主、参与，沃尔玛始终坚持“尊重个人”的原则，使人本管理深入人心；而且沃尔玛的员工不被称为员工，而被称为“合伙人”，“合伙人”政策使员工与管理人员共同参与企业运作，发展企业。与此同时，沃尔玛的人力资源管理也逐渐制度化，权力化程度也逐渐完善起来，体现了现代人力资源管理的人力资源管理技术系统化和人力资源管理战略化的特点。

沃尔玛在实施人才战略上着重对员工进行培训。人是所有资源中最富有生产力、最具有多种才能，同时最丰富的资源。沃尔玛对公司内部员工进行鼓励与培训，激发他们的最大潜能，鼓励员工竞选成为管理人员，让他们通过自身的劳动创造价值，并通过社会交换实现其社会价值，从而实现资本的增值；对外部招聘的新员工给予丰厚的福利，吸引人才、储备人才。沃尔玛单独成立了人力资源部，人力资源管理的地位逐渐提高。

1.2 微软公司的人力资源管理

1.2.1 微软公司背景资料

微软公司（以下简称微软）的创始人——世界首富比尔·盖茨与童年伙伴保罗·艾伦，他们两个合伙成立了一个“小作坊”——微软。当初他们的梦想是让每张办公桌和每个家庭都拥有一台计算机！如今，微软的总部位于美国西雅图的雷特蒙德市，在全球 90 多个国家和地区设有分支办公室，全球员工总数接近 60 000 人。微软被称为“致力于 PC 软件开发的迄今为止世界上最大、最富有的公司”。微软在 2005 年财政年度总收入为 398 亿美元，且登上由普华永道公布的“本年度全球最受尊重企业排行榜”榜首；2019 年 7 月，《财富》世界 500 强排行榜发布，微软排名第 60 位；微软在“2019 福布斯全球数字经济 100 强榜”中排名第 2 位；2019 年 10 月，微软在 Interbrand 发布的全球品牌 100 强中排名第 4 位；2020 年 1 月 22 日，微软名列 2020 年《财富》全球最受赞赏公司榜单的第 3 位；2020 年 5 月 13 日，微软在福布斯全球企业 200 强中排名第 13 位。

（资料节选自百度百科：微软公司）

1.2.2 微软公司的人力资源管理模式

微软的人力资源管理策略是当公司真正有需要的时候尽量去利用社会现有的资源，而不是雇用过多的员工。所以，微软的办事效率非常高，公司一直坚持将可外包的业务尽可能外包，并进行实时在线管理，所有的外包方和供应商如果不能达到微软的要求，微软绝不会与其合作。

1. 微软的使命和价值观

微软的使命：微软致力于帮助全球的个人用户和企业展现潜力，微软所做的一切都反映了这一使命及兑现该使命的价值。

微软的价值观：正直诚实；对客户、合作伙伴和新技术充满热情；直率的与人相处，尊重他人并且助人为乐，勇于迎接挑战，坚持不懈；严于律己、善于思考、坚持自我提高和完善；对客户、股东、合作伙伴或者其他员工而言，在承诺、结果和质量方面值得信赖。

2. 微软的人力资源管理 5PS 模型

根据马斯洛需要层次理论，构建起微软的人力资源管理 5PS 模型（见图 1-3）。

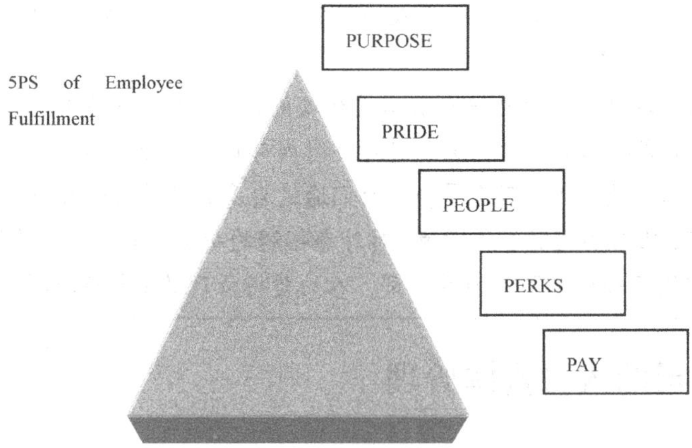

图 1-3 微软的人力资源管理 5PS 模型

1）Pay——薪酬

思想决定行为，人的行为是有很多动机的，获得薪酬是员工工作行为的一种本能需要。员工想要一个公平的、市场化的薪酬来承认他们的贡献，并且随着他们工作范围和影响的增加，员工更希望有机会取得职位或职级上的进步，以获得更高的薪酬。

2）Perks——福利

微软一直在改善、提高和扩大员工的福利，以确保福利能反映公司的文化，公司以健康、生活和退休等方面的切实保护福利为基础，逐步扩大到家庭福利和其他福利，努力提供福利，使员工及其家人都能过上更好的生活。虽然福利和薪酬对员工来说非常重要，并且对员工也很有吸引力，但是公司认识到，还可以做更多的工作来鼓励员工让其不仅加入公司，而且留下来。新型冠状病毒肺炎疫情发生后，公司将原定的 2020 年 2 月 17 日返回上班的时间延迟至 2 月 24 日。延迟复工、在家办公是此阶段最好的员工福利。同时，公司为员工购买额外的新型冠状病毒肺炎医疗保险，成立基金，覆盖员工和员工直系亲属，并为员工提供远程心理援助 EAP 服务，给返程居家隔离的员工提供住宅配菜等暖心服务，提高员工对公司的满意度，增强员工的归属感。

3）People——人

公司的核心资源就是人力资源。和你一起工作的人，实现伟大创新的团队，成为亲密朋友的同事，鼓励你成长和成为真实自我的公司文化，加上一种包容感和归属感及工作的乐趣，都能使员工的力量倍增。微软关注员工的生活，注重对员工及其家人加强人文关怀。新型冠状病毒肺炎疫情发生后，微软 CEO Satya Nadella 在给微软的中国全体员工的邮件中写道："员工及其家人的健康与安全是公司最高的优先级！"微软在新型冠状病毒肺炎疫情刚开始到处买不到口罩的情况下，辗转收集到了几千个口罩，通过 EMS 为每位在湖北的员工家里都寄发了口罩！这也是公司对员工及其家人人文关怀的一种体现！

4）Pride——自豪感

从公司的自闭症患者招募计划，到永久性提供服务的 AI，员工通过公司的捐赠和志愿服务计划为自闭症患者的社区提供帮助，这些让员工感到自豪，也让公司为员工所做的工作感到自豪。薪酬和福利确保每个员工能为公司努力工作，让员工每天都感到深深的归属感和自豪感。

5）Purpose——使命感

每天员工都会为完成公司的宏伟使命做出贡献，并期望能够有所作为。因此，公司致力于打造一个人人都可以使用微软平台的强大功能的工作场所，让大家来追求梦想，实现目标，并赋能他人。深厚的使命感与薪酬、福利、人文和自豪感相结合，才让微软成为创造奇迹的地方。

3. 微软人力资源管理的核心理念

欧洲工商管理学院（INSEAD）荣誉讲座教授阮贵辉（Huy，Quy Nguyen）认为："战略是 5%的思考和 95%的执行，战略的执行 5%靠技术，而 95%靠人。"在一场重要的战略变革中，人往往是起决定性作用的——人才造就伟大的公司。战略不能够落地成功，往往是因为执行不力，人心不齐。微软在确定了公司的使命与目标之后选择正确的战略，而为了确保战略的落地，必须实现人力资源管理系统与执行战略的高度匹配（见图 1-4）[①]。

① 廖卉．昔日王者，荣耀回归——人力资源双翼合力，助微软战略成功转型[J]．清华管理评论，2018（10）：29-37.

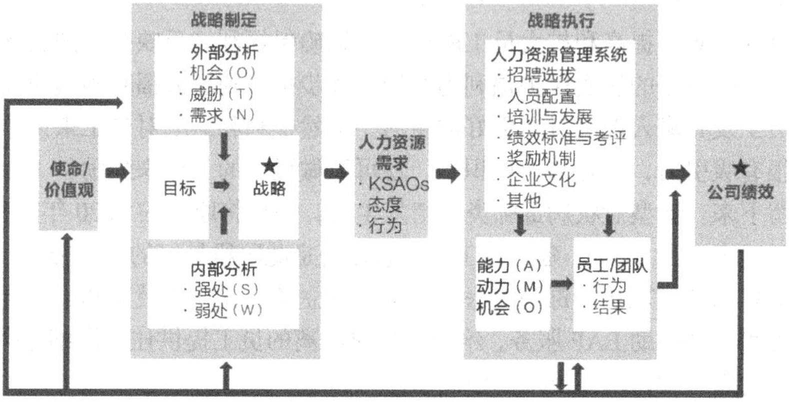

图 1-4　微软人力资源管理系统与执行战略匹配图

盖茨提出："给我 20 个优秀的员工，我将再造一个微软！"对于人才，微软看重的是潜质，微软的"人才七要素理论"，即微软对人才特质的要求强调的是七个方面：聪明、激情、自我激励、学习能力、行动能力、团结协作、关注竞争对手。"天赋中心"的人力资源理念，在实际管理活动中表现为可操作性的人力资源管理准则：Best of Best（最好中的最好）。有人将微软的人力资源管理部门的宗旨表述为三个字母"ADK"：A 即 attract（吸引最好的人）；D 即 develop（发展最好的人）；K 即 keep（保留最好的人）。在这三个词中，每个都离不开"最好的人"。微软的人力资源管理活动，从人才的吸纳甄选、培育发展到保留激励三个方面，都紧紧围绕并共同服务于一个目标——"最好的人"。

1）微软的用人理念

微软是由聪明人组成的公司，是一个"精英俱乐部"。微软的选人模式是非良才不用，每年只从大约 12 万名的应聘者中录用极少数人，宁缺毋滥是其招聘人才的原则。即使职位长期空缺，给工作带来不少困难，微软也不会找一个勉强合适的员工，而是将位置留给最合适的人才。微软在招聘人才方面有如下的特点。

智力比经验更重要。微软遵循"知识支配一切，智力高于一切，天赋中心论"的选人模式。把许多并非学习计算机的人招聘进来，只是因为他们的智力超群。

重视能人。即使你不是能人，微软也会让你感觉到你可以当能人。在招聘员工时，主管最喜欢问的问题是——你什么时候能够接替我？主管会告诉前来应聘的员工，你必须勇挑重担，挑战极限。如果你很能干，你肯定有机会升迁；如果你不能干，那这个位置你也做不了多久，你会很快被解雇或被降为普通员工。微软的能人总是在不断寻找并努力培养能接替自己的人，使得那些身处一线、有专业、懂技术的行家里手被提拔到管理岗位上来，这与许多公司启用非技术专家——通用型工商管理专家来管理公司的做法背道而驰。

技术和经营兼顾原则。微软吸引了一大批既懂技术又善于经营的人才，这种人才的高明之处就在于他们既拥有雄厚的科学技术和专门业务的知识存量，又了解和掌握经营管理规则，并能运用这些知识存量和规则在激烈的市场竞争中操作自如、得心应手。微软的信条是：经营和技术不可分割。在高技术产业中，无论是高级经理还是基层经理，都应该对本公司的业务领域有深厚的知识功底。聘用有活力、具有创新精神的顶尖人才，然后把权力和责任连同资源一并委托给他们，以便他们能出色地完成任务，这就是微软的用人策略。

成立“招聘人才快速反应小组（以下简称招聘小组）”。微软以“挖墙角”的方式把其他公司的优秀人才挖过来。该招聘小组的成员负责给全世界各地的潜在人才打电话，努力寻找想与自己交谈的人。如果招聘小组发现一个城市中有 5 个以上的人愿意就某一件事情进行交谈，微软就会马上派一名工作人员火速飞往该城市，与他们进行一系列面谈。公司仅用 1 名人才招聘员就能寻找到大量的有前途的候选人。

微软离破产永远只有 18 个月。微软总是在向员工不断灌输、培育和强化危机意识。当今世界技术更新速度快，产品改型换代快，自然企业成长快，衰落也快。企业繁荣之中孕育着毁灭自身的种子，你越是成功，垂涎的人就越多，他们会一点点地窃取你的生意，直至你一无所有。作为一名管理者，最重要的职责就是时常提防他人的袭击，并把这种防范意识传播给手下的工作人员。成功的企业家往往善于宣扬和制造某种危机感，宣扬存在的危机或潜在的危机，使员工不会因为胜利而冲昏头脑。盖茨曾说道：“在这个产业内，没有一家公司拥有万无一失的地位。”

2）盖茨的“优秀员工十条准则”

微软的招聘可谓是百里挑一、优中选优。微软每年都会收到几十万份求职简历，能通过第一轮筛选的人员很少。对于什么样的人才是微软所需要的“最好的人”，盖茨在“人才七要素理论”的基础之上，提出了优秀员工的十条准则，作为微软招聘甄选的重要参照标准。

3）“*N*-1”规则

如果通过面试的人数少于微软所期望的人数，微软倾向于减少计划录用的人数，这就是微软在招聘管理过程中的一个原则：永远只聘用比实际所需更少的人。有人形象地把它称为“*N*-1”规则：*N* 表示实际需要人数，减去 1，等于最终招聘人数。

4）搭建成长平台

首先，微软根据“职业模式+能力差距+业务需要”的模式分析员工对培训的需求，作为决定培训时间、对象及内容的依据，从而制订培训计划。然后，同时从 3 个渠道提供全方位的培训：内部传统培训、外聘专业的培训公司培训、在线培训。平时，微软会外聘一些专业培训公司给员工提供更多充电的机会。公司给予员工充分的主动权，对于现有的培训课程，员工可以按照本人的意愿选择，也可以提一些急需的培训要求。公司选择员工参加“板凳计划”培训，旨在建设管理梯队，对那些有潜力晋升的管理人员进行候补培训。比如在微软亚洲研究院有一个“明日之星”的人才培养计划，包括一系列旨在提升研究人员工作技巧和职业素质的课程，涵盖了研究、开发和企业文化等多个方面。借助内部网这一平台，微软提供了很多在线培训课程，且对公司所有员工开放。培训资源分门别类，非常方便员工进行在线学习。公司的有关政策规定也都以电子形式放在网络上，需要员工主动积极地去学习。与传统面对面的培训相比，在线培训由于具有不受时间和空间的限制、更节省时间和成本、知识信息更新速度快、可供更多人同时学习等优点，越来越受到微软的青睐。

5）学院式“导师制”

新员工一进入微软，就会由一个师傅来带领。导师制是微软培训体系中的重要一环。员工发展70%通过直接工作经验和内外部培训获得，而其他30%主要通过导师的辅导来完成。

6）“双轨式”职业发展通道

微软设计了“双轨式”职业发展通道，无论是技术人员还是管理人员，都有两条可供选择的职业发展通道：一方面，优秀技术人员可以在管理轨道上发展，即在技术部门建立正规的“技术升迁”途径，承认那些技术熟练的研发人员并给予他们相当于一般管理者的薪酬；另一方面，表现突出的管理人员也可以尝试挑战自己的技术潜力。无论选择哪条通道，微软都给予每个人平等的发展机会，并提供各种资源，帮助员工最大限度地认识和发挥自己的潜能。这样的“双轨式”政策从制度上保证了人才发展道路的多样性，有利于激励并留住人才。

7）建立学习型组织

微软提倡建立学习型组织，并提出了自身的学习理念，即通过不断的自我批评、信息反馈和交流共享而力求进步，促进各产品组之间的联系，尽可能地实现资源共享。员工在工作中使用微软的工具和商业产品，通过亲身体验和实践，从客户的角度出发，发现问题、提出问题，并向相关小组不断反馈信息，微软把这种行为称为“自食其果活动”。有些部门还举行所谓的“博览会议”，部门成员每周聚一次，每次谈上一小时，每组成员就各自产品及走势发表意见，使大家都有清晰的认识和理解；然后话题转入多个领域，如人力资源问题、技术问题等，有时也引荐一些外部人员进行发言。微软采取把人员分成多个职能小组的形式，为每个基本职能领域创立工作思路，并作为整体项目组的一部分进行工作。各产品组的工作都平行进行，形成一个有条有理的学习型组织，能够促进部门间的学习和共享，使知识在组织中顺畅流动并不断更新。

8）构建“数字神经系统”

数字神经系统是模仿人类的中枢神经系统而构建的数据网络和反馈系统。盖茨在他的著作《未来时速》中提出了“数字神经系统”的概念，它是驱动微软商务活动的两个基本概念之一，另一个是“Web Lifestyle（万维网生活方式）”。微软希望通过数字神经系统实现信息数字化，并且利用数字化所带来的优势取代传统流水线般的决策过程。在传统的决策过程中，做决策先后需要牵涉大量的包括公司内部、合作伙伴和供应商在内的人员，而在信息时代，几个简单的数字便能将问题很好地解决。数字神经系统提供了完美的信息流，并使它们在正确的时间到达正确的地方。微软的数字神经系统使公司各流程都实现了信息化。IT部门根据各部门提供的最新数据，在计算机及互联网知识的基础上加以整合，设计出一个易于管理和操作的系统，供高层领导、各部门直线经理及员工参考，有权限的用户还可以直接在系统上进行操作。

9）强化“弹指间的管理”

微软开发出一个应用程序和一整套适用于内部人力资源管理的系统软件，用于处理员工的招聘、晋升、培训和流动等。人力资源管理部门抛弃了传统的人事管理模式，各模块全部由公司内部网络代替完成。只要动一动手指头，就可以得到想要了解的信息，盖茨形象地将之称为“弹指间的管理”。“弹指间的管理”省去了原先烦琐的手续，使管理人员的效率大大提高。

10）机制

微软对员工的业绩考核采取经理和员工双方沟通的形式。在每个财政年度工作伊始，经理会和员工总结上个年度的工作得失，指出需要改进的地方，制定新一年的目标。目标以报表形式列出员工工作职能和工作目的，经双方共同讨论后确定下来，大概过半年时间，经理会拿出这张报表来和员工的实际工作对照，进行一次年中评价。年底时，经理还会和员工共同进行衡量，最后得出这个员工的工作表现等级，以此来决定员工的年度奖金和配股数量。

微软给员工提供了全面而周到的福利。公司每年给予每位员工的非指令性福利开支达 8000 美元，公司也把这个数字明明白白地告诉受益人。20 世纪 90 年代初，公司每年给予每位员工 715 美元的餐饮补助费，任何含有咖啡因的饮料都免费。值得一提的是，微软的员工家属也可享受医疗保健方面的福利，男女员工均可休四周产假，工资会正常发放。

微软采用低工资、高股份的模式激励员工。微软是第一家用股票期权来奖励普通员工的企业。微软虽然付给员工的工资不高，但是公司有年度奖金且会给员工配股。一个员工在工作 18 个月后，可以获得认股权中 25%的股票，此后每 6 个月可以获得其中 12.5%的股票，以及 10 年内的任何时间都可以兑现全部认股权，每两年还配发新的认股权。员工还可以用不超过 10%的工资，以 8.5 折优惠的价格购买公司股票。微软股票的价格在过去的 10 年上涨了近 100 倍。正因为如此，微软的人员流动数目要比同行其他公司低得多，微软员工的离职率（8.7%）明显低于美国计算机公司的平均水平（20.8%）。好的人力资源管理政策离不开好的理念的指导。微软在用人的理念上不但喜欢启用比工作所需更少的人，而且不断地向员工培育和强化危机意识。

案例分析

人力资源，是指人自身所具有的有用性，通过社会劳动交换实现其社会价值，并为社会或组织利用的体力和脑力的综合，它是所有资源中最富有生产力、最具有多种才能，同时最丰富的资源。在组织的发展中，人力资源质量是被重点考查的对象，其次才是人力资源数量。优质的人力资源是推动微软不断前行的重要因素。微软正是善于充分利用优质的人力资源来为自己服务，才有了今天的成功。

人力资源管理的内容可形象比喻为天圆地方，“天”指的是组织规划，“地”指的是工作分析。人力资源管理运行就像火车需要两条轨道：一条是以目标为核心的岗位管理，微软将公司的发展目标与员工的业务目标结合在一起，使员工有努力发展的方向；另一条是以能力为主题的人员管理，微软注重高潜质的员工，注重有能力的技术人员，它奉行技术和经营不可分割的原则，将权力和责任连同资源一并交给那些具有高技术的人才。火车的横截面即人力资源管理的核心系统可称为“三环一心”：一环是人员发展、二环是绩效管理、三环是薪酬管理，一心即人性化。微软始终强调以绩效为导向的公司文化，并不遗余力地吸纳、培养和奖励业绩优秀和高潜质的员工。火车的车头为战略性人力资源管理，微软着眼于战略目标，将这个目标层层分解成一个个小目标，结合员工的自身发展需要，与员工自身的业务目标结合起来。火车的车厢包括招聘、面试、甄选、培训、职业生涯规划、遣散和员工管理等要素，任何一个企业吸引、培养和使用人才都离不开这些环节。宁缺毋滥是微软招聘人才的原则，它宁可让职位空缺着，也不随便招聘一个人来填补。

从经济学的角度来看，资源是指能给人们带来新的价值和价值的客观存在物，它泛指社会财富的源泉。微软作为一家美国跨国科技公司，它最主要的资源是人力资源，而人力资源包括体质、智力、知识、技能、态度，这些方面都要全方位的进行发展，在保证体质的情况下，智力、知识、技能与态度是员工能在这个行业上进一步发展的重要因素。微软树立以人为本的理念，始终贯彻人才是组织的宝贵财富和第一资源的思想，强调对人才的关心、爱护，把人才真正作为资源加以保护、利用和开发。“微软离破产永远只有 18 个月。”微软总是在向员工不断灌输、培育危机意识，让员工永远处于危机状态，以十二分的力量为公司工作，为自己谋求发展。

人才资源是企业最重要的资源，也是企业核心竞争力的源泉，任何企业的持续成功和发展都离不开成功的人力资源管理实践，在经营管理的实践中要真正重视人才的战略意义，把人力资源管理提升到战略的高度上来。对于人才，微软看重的是他的潜质，“天赋中心论”“智力高于一切”是微软核心的人才理念。微软作为一个技术型企业，需要不断创新，对人才有着极大的需求，而优质的人力资源是各企业争夺的目标，因此微软极度重视人才的引进。

微软抛弃了传统的人事管理模式，从管理视角上看，微软视人才为第一资源，重视员工的发展，为员工的成长提供了很好的平台，而不是将员工当作负担成本；从管理活动上看，微软的人力资源管理是主动开发型，重视培训与开发，为员工设计双轨式职业发展通道，重视创新；从管理深度上看，微软注重开发人才的潜能，而非停留在管理现有员工的基础上，他对员工进行 360° 培训，提倡学习型组织。

微软的人力资源管理活动，从人才的吸纳甄选、培育发展、保留激励三个方面，紧紧围绕并共同服务于一个目标——“最好的人”，即“Best of Best”，吸引、发展、保留最优秀的人才，这便体现了人力资源管理的吸引、培养、开发、保持的功能。微软在新型冠状病毒肺炎疫情发生后的一系列暖心做法，赢得员工对企业的认同。

1.3 亚马逊公司的人力资源管理

1.3.1 亚马逊公司背景资料

亚马逊公司是美国的一家网络电子商务公司，总部位于美国华盛顿州的西雅图。它创立于 1995 年，目前已成为全球商品品种最多的网上零售商和全球第二大互联网公司，在公司名下，也包括了 Alexa Internet、a9、lab126 和互联网电影数据库（Internet Movie Database，IMDB）等子公司。亚马逊公司及其他销售商为客户提供数百万种独特的全新、翻新及二手商品，如图书、影视、音乐和游戏、数码下载、电子和电脑、家居园艺用品、玩具、婴幼儿用品、食品、服饰、鞋类和珠宝、健康和个人护理用品、体育和户外用品、玩具、汽车和工业产品等。2019 年 7 月，亚马逊公司入选 2019《财富》世界 500 强；2019 年 10 月，在“2019 福布斯全球数字经济 100 强榜”位列第 6 位；在 2019 年度全球最具价值 100 大品牌榜位列第 3 位。

（资料节选自百度百科：亚马逊公司）

1.3.2　亚马逊公司人力资源管理的特色

1．不拘一格用人才

亚马逊公司的多元化发展带来了人才变动和企业组织的调整。亚马逊公司的网络营销部门、库存管理部门、物流部门等均需要专业人才，企业用一种信仰吸引人才，培养并建立员工忠诚度，形成积极团结的企业文化。人才是企业永葆青春活力的关键，亚马逊公司不拘一格用人才，员工有职业运动员，也有艺术家、音乐家、私人教练，还有退休警察等。

2．云设计各种培训

亚马逊公司为入职员工提供入门指导培训；为各个部门员工提供各种专业培训；根据人才需求开发课程，提供电子商务培训等。培训的内容以实际运用为核心，切合员工掌握电子商务实际情况，全面提升员工电子商务营销技能，以及客户服务能力等。亚马逊公司向传统挑战，偏爱创意人才，为员工提供量身打造的培训。

3．团队文化

亚马逊公司讲究团队文化。对一个企业来说，团队就是最大资产，好比一个设备，不能随随便便地更换零件。亚马逊公司讲究团队文化与服务热情，新应聘的员工做性格测试，亚马逊公司比较看好员工内在素质。

4．绩效考核与薪酬体系

亚马逊公司通过薪酬体系鼓励有进取心、聪明、善于思考的员工。亚马逊公司采用适合公司的考核标准与考核流程，对每个部门进行了详细的职责岗位说明，对每个员工在工作中如何规范操作与完成岗位任务进行了详细规范。

5．晋升与员工职业发展

亚马逊公司采取扁平化管理模式，定期召开部门与中高层会议，讨论员工的优点与不足，评议员工在职业发展不同阶段的表现，根据讨论评议结果，确定员工升职或降职，形成动态管理，优化员工结构。

1.3.3　亚马逊公司人力资源管理的理念

亚马逊公司采用科学性人力资源管理——运用数据与事实对前沿且更富成效的人力资源策略进行持续的调整。科学性人力资源管理具备九大基本特征：直接影响业务结果；依靠数据驱动制定决策而非依赖直觉或者过往管理实践经验；强调假设检验与实验；需要持续学习与持续改善——在一个飞速变化的世界中，持续改善是不可或缺的；提出人力资源折旧假设——

亚马逊公司称之为“好奇求知”；无一遗漏的全面数字化——亚马逊公司的人力资源目标是“我们致力于成为世界上技能最为娴熟的 HR 组织”;应对未来——几乎所有的人力资源指标都关注历史数据，然而科学性人力资源管理更强调前瞻性预测分析；识别优先事项——最终对数据的分析将说明并非所有的人力资源管理问题都产生相同的业务影响；带来外部聚焦——在传统的内部战术性聚焦之外，人力资源必须监控并能够适应外部环境。亚马逊公司采用科学性人力资源管理意味着其将在人力资源管理流程与结果方面打造超越竞争对手的竞争优势。

1．招聘——不要没有亚马逊公司信仰的人

亚马逊公司对人才招聘的奇特之处在于不是亚马逊公司的信仰者，亚马逊公司不收。这对于建立员工的忠诚度，形成一个积极、团结向上的企业文化很有必要。员工应该真心相信亚马逊公司在电子商务发展中的地位和使命，这样才能对亚马逊公司的发展充满信心，才能在公司处境困难的时候不动摇。亚马逊公司招聘一流的人才，对标企业就是微软和谷歌。亚马逊公司要求员工既具备零售业的扎实和勤勉的品质，又具备互联网行业的灵活头脑和技术性思维，且能做出快速的响应。在面试员工的时候，要求员工能做到长时间工作、勤奋地工作、聪明地工作。在亚马逊公司，不欣赏“人海战术”，系统会做很多事情，自动化程度非常高，这就要求业务人员需要有数据分析能力、业务的整体判断能力，以及快速学习的能力和流利的英语沟通能力。公司希望雇用的管理人员能欣赏他们团队中的任何人。对于招聘进来的新员工，目的是提高公司的整体水平，而不是成为公司发展的障碍。新员工应该有一种独特的技能或兴趣，这样有助于公司文化的塑造。

2．人才——充满热情、精力充沛和勇往直前

亚马逊公司的员工平均年龄 28 岁，这是一群充满热情、精力充沛和勇往直前的人。对亚马逊公司这样高速成长的公司来说，它需要有一个对高速成长公司有亲身感受和经验的高级领导班子。亚马逊公司的人才组合是真正的不拘一格。不论穿着、不论爱好，只要符合两点——能贡献创意和对公司有信仰，就可以成为亚马逊公司的一员。

3．绩效——考核明确

亚马逊公司根据公司业务、组织结构的实际情况编制了适合公司自身特征的考核制度和考核流程，规定了考核的原则，规范了考核的各个步骤，详细阐述了各个部门、相关负责人及员工在考核流程中的位置、作用和操作方式，细节考虑十分周到。

4．薪酬——低工资＋一个承诺

亚马逊公司员工的收入比市场标准水平还要低，连短期奖金也没有，甚至还要自己掏腰包负担大部分医疗保险费，但新来的员工基本都会被直接给予一定数额的股票。亚马逊公司曾在官网上宣布，每位 4 级及以上的员工可享有限制性股票计划。亚马逊公司推出了“未来利润分享制”，让每个人都能感受到自己对公司的责任。凭借这一点，亚马逊公司实现了用最低的价格和一个承诺来留住员工。

5. 劳动关系——自主的雇佣关系

如果员工有离职意向，亚马逊公司不会立马给出高价挽留，但是会就薪酬待遇进行沟通。亚马逊公司不希望因为提供的薪酬没有竞争力而造成人员流失，但是员工离职前应该提前向公司提出离职申请。

案例分析

科学有效的激励机制能够让员工发挥出最佳的潜能，为企业创造更大的价值。激励的方法很多，但是薪酬可以说是一种最重要的、最易使用的方法。薪酬是企业对员工给企业所做的贡献（包括他们实现的绩效，付出的努力、时间、学识、技能、经验和创造）所支付的相应的回报和答谢。在员工的心目中，薪酬不仅是自己的劳动所得，它在一定程度上代表着员工自身的价值，代表企业对员工工作的认同，甚至还代表着员工个人能力和发展前景。单纯的物质交换是很难让员工对企业产生归属感的。亚马逊公司给予员工信仰，关怀他们的精神世界，从而获得员工的高度支持，一群有理想、有奋斗动力的员工才能让企业生机勃勃，快速成长。本案例反映出薪资待遇在人力资源管理中作用巨大，同时也揭示了人力资源组织变革过程中科学型策略的重要性。

亚马逊公司的目标是“成为世界上最具科学性的人力资源组织”。技术与人工智能已经开始驱动人力资源发展，对自身人力资源管理部门进行的数据驱动、精确（决策）且更具科学性的全力投入，令亚马逊公司独树一帜。如果不致力于推动与工程决策具有相同精确性与科学性的人力资源决策，人力资源管理部门将无法实现向技术驱动与数字化转型。

传统的人力资源管理与亚马逊公司的人力资源管理的差别在于以下方面。传统上，每项人力资源职能都极为依赖过往的管理实践，尽管这些实践在很大程度上曾代表了最为高效的管理策略。在新的业务环境、科学技术与劳动力假设已产生巨大变化的情况下，科学性人力资源管理假设环境在持续发生变化，它运用数据与事实对前沿且更富成效的人力资源策略进行持续的调整。

正如亚马逊公司所指出的“我们像管理业务一样管理人力资源”，强调与业务目标相一致相比，科学性人力资源模型更加强调人力资源管理行为与资源本身，从而最大化地为业务结果带来直接、可衡量的影响。运用科学性的方法，人力资源则专注于解决更为广阔的战略性业务问题，如销量下滑、产品开发或交期延误，而非战术性的 HR 问题。

人力资源的科学性决策建立在理性分析的基础之上，理性分析建立在调查研究、大数据分析和与人力资源相关的职能业务关联性分析之上。科学理性的决策决定企业何时引进人才、何时调整工作岗位、何时完成目标任务、何时应当进行外包或运用新的技术完成。

亚马逊公司强调假设检验与实验。传统人力资源与科学性人力资源间最为显著的区别，便是是否强调对更富成效策略的检验。亚马逊公司对假设检验与实验的关注在其人力资源宗旨中体现——“我们在顶尖人才招聘、人才保留与人才发展技术领域提出假设，并着手通过实验与精心的数据收集将其证明或者推翻”。

亚马逊公司的人力资源管理有以下几方面的特点。选拔人才多样化：亚马逊公司选拔人才是多维度的，根据公司经营业务需要选拔适合的人才。培训工作精准化：根据业务需要制订切合实际的培训方案，打破常规，激发员工潜能。强化公司文化与公司信仰：强调团队合作，注重公司员工整体水平提升。绩效考核注重细节：薪酬体系更注重员工的职业生涯发展和未来利润分享。

1.4 腾讯公司的人力资源管理新模式

1.4.1 腾讯公司背景资料

深圳市腾讯计算机系统有限公司（以下简称腾讯）成立于 1998 年 11 月，由马化腾、张志东、许晨晔、陈一丹、曾李青五位创始人共同创立，是中国最大的互联网综合服务提供商之一，也是中国服务用户最多的互联网企业之一。腾讯多元化的服务包括：社交和通信服务 QQ 及微信（WeChat）、社交网络平台 QQ 空间、腾讯游戏旗下 QQ 游戏平台、门户网站腾讯网、腾讯新闻客户端和网络视频服务腾讯视频等。2004 年腾讯在香港联交所主板公开上市（股票代号 00700），董事会主席兼首席执行官是马化腾。2019 年 12 月，腾讯入选“2019 中国品牌强国盛典榜样 100 品牌”。2019 年 12 月 18 日，《人民日报》发布中国品牌发展指数 100 榜单，腾讯排名第 4 位。

（资料节选自百度百科：腾讯公司）

1.4.2 腾讯公司人力资源管理

马化腾表示，“对于腾讯来说，业绩和资金都不是最重要的，业务可以拓展，资金可以吸收，而人才才是最不可替代的，是我们最宝贵的财富”。腾讯人力资源管理发展经历的三个阶段如表 1-1 所示。

表 1-1　腾讯人力资源管理发展经历的三个阶段

阶　段	HR 面临的挑战	HR 的工作重点	HR 角色变化	标志事件
第一阶段（1999—2003 年）	建立初步的人力资源管理职能体系	招聘、培训、管理薪酬和绩效等职能工作	职能专家 行政专家	人力资源部从财务部独立出来
第二阶段（2003—2009 年）	企业文化面临着被稀释的危险	职业发展通道的建立 员工发展与成长 管理干部和储备人才的培养 企业文化的变革	战略执行者 员工激励者 人才培养者 职能专家	文化管理委员会、腾讯学院成立
第三阶段（2009 年至今）	管理层级增加，业务扩大，人力资源管理需求呈现多元化和差异化	对接公司战略 推动组织变革 提供专业快捷的人力资源管理服务 高效支持一线业务单元人力资源管理工作	战略参与者 变革推动者 业务伙伴 职能专家	HRBP 团队、人力资源平台部成立

第一阶段：人力资源管理建立期（1999—2003 年）。1999 年，腾讯创立初期，当时的人力资源管理的主要工作就是招聘员工和内部审计。2003 年，腾讯的员工人数不断增长，人力资源管理也越来越重要，腾讯正式成立人力资源部，人力资源管理职能正式独立。当时的人力资源部只有七八个员工，但“员工是企业第一财富”的观念已经深入人心。

第二阶段：人力资源管理发展转型期（2003—2009 年）。2003 年，腾讯正式提出企业文化；2004 年腾讯上市，对公司提出了更多、更高的要求；2005 年，腾讯员工人数已经突破 2000 人。公司如何在快速成长中保持原有企业文化不被冲淡，成为人力资源管理工作的最大挑战。腾讯人力资源部提出四句管理理念：关心员工成长，强化执行能力，追求高效和谐，平衡激励约束。2006 年，腾讯员工人数接近 3000 人，公司管理人才急缺，管理干部的培养亟待加强，同时公司也迫切需要根据企业的战略需求全方位发展员工，这些都对腾讯的人力资源管理提出了新的要求。2006 年，腾讯成立文化管理委员会（最高管理层人员都参加），站在文化的高度对许多工作加以指导和推动，并下设执行委员会，吸纳各个部门的普通员工参与，共同推广腾讯的价值观。2007 年，腾讯成立中国互联网行业的第一个企业大学——腾讯学院，以培养更多优秀人才为核心目标，致力于搭建一个有腾讯特色的学习型组织。2008 年，腾讯开始把一些非常资深的、有经验的 HR 放到业务线上去，去寻找和应对业务部门可能存在的一些管理难题和个性化的问题，形成了 HRBP 团队的雏形。

第三阶段：人力资源管理新型组织结构的建立期（2009 年至今）。2009 年，腾讯员工超过 6000 人，公司层级有了变化。以前腾讯只有员工、部门经理、高管三级，后来增加了一个基层管理干部的层级。为灵活高效地支持一线作战，HRBP 团队开始建立。同时，随着 HRBP 深入各业务部门，发现有很多共性、资源共享、体系建设可持续发展的问题需要解决，为此人力资源部开始孵化一个人力资源共享服务中心（Shared Service Center，SSC）中间团队。2010 年，腾讯开始搭建人力资源岗位层级（Human Resource Bussiness Floor，HRBF）岗位体系，HRBF 开始逐步完善。为更好地贯彻公司人力资源管理战略，满足业务部门个性化的人力资源需求，腾讯从原有的人力资源部中逐步抽调人员组建 SSC。2011 年，腾讯将原来的四句管理理念变更为一条：关心员工成长，无所不至的“关怀”。同年，腾讯成立了人力资源平台部，把 SSC 升级为共享交付平台（Shared Deliver Center，SDC）。截至 2014 年，腾讯的 SDC 共有员工约 120 人，除薪酬部分外（腾讯的薪酬部分具有特殊性，其内部建立了完整独立的薪酬部门），日常 HR 运营支持部分的职责模块已基本涵盖。2018 年 9 月 30 日，腾讯变革后进行了人力资源“3+1”的升级与探索。

1. 人才策略升级

在腾讯，人是最核心的财富，也是最重要的生产力。腾讯制定了一个叫作“精兵强将”的人才战略，不惜代价去物色行业内最顶尖的精英人才。在变革过程中，公司发现，传统的精兵强将的战略仍然要保持，但是在新的挑战和环境之下，还要强调人才四化：跨界化、年轻化、国际化、特长化。

跨界化：公司从金融行业、互联网行业或科技企业引入非常优秀的高端人才。

年轻化：腾讯员工的平均年龄大概是 31 岁，腾讯加大招聘优秀本科生的比例，不少优秀的本科生进入公司之后，他的能力、成长和贡献不比研究生、博士生低。

国际化：公司将资本、技术和人才向国外输送，强化国际间的交流与合作，培养员工的国际化意识。

特长化：公司在选拔人才时注重个性化、差异化，特别是注重有特殊能力和特殊技能的人才，只要符合公司发展需要，公司就会不拘一格选用人才。

2. 组织能力升级

搭建腾讯内部员工活水平台。“活水”就是员工在公司内部的调配和流动，在内部搭建公开、透明、自由的人才市场，让公司内部的员工去看，看完之后有两个目的。第一，伯乐推荐。如果你认识一些身边优秀的人，他愿意来腾讯，你可以把这个职位推荐给他。腾讯过去几年的招聘中有超过 50%是来自于伯乐推荐。第二，如果有内部员工觉得对这个岗位很感兴趣，而且能胜任，那么也可以去应聘。也就是说，员工可以在不让自己部门领导知晓的情况下，去隔壁的部门应聘，只要应聘成功，他所在的部门就必须无条件放人。这样一个简单的活水机制，在最初运营的时候却发现挑战很大。最主要的挑战是来自于流失了很多人员的部门。在腾讯过去两年的战略业务部门里，有超过 30%的新增人才都是通过内部的人才市场进入的。在互联网行业，机会稍纵即逝。活水机制可以很好地解决这个问题：第一，人员到岗快；第二，这些人员对公司熟悉，不用培训；第三，他们还能够带来在原来部门所积累的经验，还有跨部门的资源和合作机会。

充分发挥员工的主观能动性。腾讯尝试打造一种市场化的激励机制。在腾讯内部，做得好的团队和做得不好的团队之间待遇可以相差若干倍，公司希望加大力度去鼓励真正做出贡献和价值的团队和个人。腾讯员工能拿到 100 个月年终奖的“坊间传言”，在这样一个机制下也是有可能的。这就是公司过去内部“市场化”的实践，通过这种方式，在这个四万多人的庞大组织中，能够让每个团队和个体最大限度地发挥主观能动性。

干部轮岗激发组织活力。腾讯的管理者在内部人才市场中的流动性远低于员工，而且越往上流动性越低。当公司需要去拓展业务蓝图时，会有很多新的管理岗位的机会，需要非常多优秀的、有经验的管理者能够去勇挑重担，但是你会发现很多人不太愿意迈出这一步。管理者作为既得利益者，会担心去了之后这个业务如果没做成会不会有影响。公司不会自上而下去要求管理干部一定要从这儿到那儿，但是会规定一个管理干部在同一个级别、同一个位置的时间不能超过三年。在这种规定下，管理干部就会有主动力，当看到有合适的机会就会扑上去争取。管理干部动起来了，组织自然就比之前更加有活力了。

3. 文化价值观升级

腾讯选择了一条更高、也更难的路。腾讯给自己设定了一个更高的要求，在公司使命中，公司在过去以“用户为本”的基础上，增加了一个“科技向善”，这是一个非常有挑战的目标。腾讯希望用自身的科技能力为人类生活带来更多美好，希望所有的员工不要只是为钱工作，希望他们能够在岗位上、平台上更多地思考，去做一些更有意义、更有价值的事情，这一点特别重要。

4. HR 能力升级

用产品思维和解决方案思维做 HR。产品思维更多的是面向个体，但当你面向企业用户的时候，问题复杂性更高、容错性更差，这点对于 HR 来说也是相似的。当今的腾讯在面临转型，从过去做 To C 做得不错的公司，到现在要学习如何做好 To B 的工作，HR 同样也要思考，如何拥有提出更强的解决方案的能力。当组织复杂度变高时，HR 不能单纯只考虑某一群人，在设计产品或确定制度时，要能够兼顾到不同的利益群体、不同的业务团队和不同阶段的组织，这要求 HR 能提出更加系统化的解决方案。

案例分析

双引擎驱动的人力资源管理模型，实际上是以员工体验为核心、以数据为驱动、以产品为载体的。双引擎是一种理念，这种理念背后也体现了企业管理过程中如何真正地重视员工、重视人力资源和以人为本。腾讯成功的秘诀在于赢得了用户。要知道用户是谁，不只是表面上了解用户，而是要厘清真正的用户和他们的核心诉求；在产品的整个生命周期中，尽可能地让用户参与到产品的创意设计和产品推出后的反馈、不断优化运营和迭代中；要尽可能地快而敏捷，不断地去迭代；要能够容忍一定程度的有损的服务，同时相信只有赢得用户，才能赢得企业发展的未来！

腾讯作为一家互联网公司，在很大程度上将内部的人力资源管理看作为用户提供产品和服务。腾讯的人力资源管理团队在支撑公司快速发展的同时，也在向身边优秀的产品团队学习他们的成功秘诀，尝试把日常的人力资源管理工作当作面向内部员工的互联网产品和服务。

企业文化是腾讯发展的核心基石。腾讯所有产品和服务的共同基础就是腾讯企业文化。公司企业文化的核心价值就在于拥有共同且坚定的企业文化和价值观，帮助企业与员工达成共识。

腾讯三支柱模式支持和驱动业务发展。COE：HR 专业领域专家，作为总部的专家中心，站在整个集团的角度制定 HR 战略/政策、方法论、研发工具，主导和推动公司级的平台项目。SSC：共享服务中心，共享业务、共享服务、IT 支撑的平台，为全公司不同业务、不同地域众多的员工提供快速、有效、一致性的人力资源服务。BP：和业务团队一起并肩作战，他们的使命与职责是帮助业务团队快速解决在业务发展过程中遇到的问题，通常 BP 关注的是在一年内需要解决的问题。这样的架构导致分工不同，COE 站在整个公司角度思考问题；SSC 更侧重对员工服务；BP 更多站在业务部门角度，来驱动 HR 快速满足业务需求。

用“产品经理”的思维创新人力资源管理。用“产品经理”的思维去思考员工对于人力资源管理真实的需求是什么，如何抓准这个需求，才能确保所做的工作能真正实现员工的核心价值。在人力资源管理工作中有几个关键点：如何真正了解员工需求；是否让员工参与到重要的人力资源管理的决策过程，让他们给出建议和答案；如何使传统的以年为单位的人力资源管理周期变得更快，能够和企业内部业务部门真实工作周期更贴近。

HR 需要有产品思维，以客户为导向，注重用户体验。任何一个项目要做好，都离不开各个部门间的配合，HR 的水准也直接影响整个项目的水准。瞬息万变的社会环境要求 HR 必须去创新，所有 HR 都需要深入到企业的业务线，制定出业务单元真正需要的制度与方案，还要坚持人力资源管理自身的创新性。在企业发展的过程中，不仅是技术创新能给企业带来巨大的经济效益，同时也要坚持管理创新，释放企业的管理能力。人力资源管理不一定需要颠覆式创新，但要持续自我创新才能更好地支撑企业对人力资源的要求，才能更好地调动人力资源为企业的发展创造价值，同时要基于企业自身特色去做人力资源管理创新。因此，企业只有真正完成组织变革，才能真正实现人力资源管理的跃升。

第2章

人力资源管理战略案例分析

学习目标

1. 通过案例分析，了解人力资源管理战略的新趋势
2. 通过案例阐述，重点掌握人力资源管理战略理念
3. 重点掌握人力资源管理战略的内容
4. 重点掌握人力资源管理战略的实施

学习导航

2.1 海尔集团人力资源管理战略
2.2 联想集团人力资源管理战略
2.3 华为公司人力资源管理战略
2.4 宝洁公司人力资源管理战略

知识回顾

关键词语——

人力资源管理战略；组织战略；战略规划；战略性决策；战略性管理。

核心提示——

人力资源管理聚焦于组织的战略目标，有效的分解组织目标，使组织内的每个个体人人有事做，事事有人做。人力资源管理是以员工为基础，以知识员工为中心和导向，将组织战略层层分解、层层落实的一种决策性、战略性管理。人力资源管理是对于全部人员的全面活动和招聘、任用、培训、发展全过程的管理。只要有人参与活动的地方，就要进行人力资源管理。

人力资源管理是组织发展和战略管理不可或缺的组成部分，不再只是战略规划的执行者；人力资源管理是各级管理人员的共同职责，不再只是人力资源管理部门的任务；

人力资源管理的核心功能是增加产出，不再只是控制成本。人力资源管理者必须具备经营管理知识，否则，不再是称职的人力资源管理者。人力资源服务可以外包，也可以向外提供，不再只限于组织内部。

相关链接——

坚持聚集管道的针尖战略，有效增长，和平崛起。数字化时代云端人力资源管理战略，把人力资源转变为实现变革的战略力量。

前沿话题——

人力资源管理战略罗盘。人力资源管理战略从组织开始，以团队为核心，落地到个人。

2.1 海尔集团人力资源管理战略

2.1.1 海尔集团背景资料

海尔集团（以下简称海尔）1984 年创立于青岛。创业以来，海尔坚持以用户体验为中心的创新体系驱动企业持续健康发展，目前已成为全球最大的家用电器制造商之一。海尔大型家用电器在 2016 年品牌零售量占全球市场的 10.3%，居全球第一。海尔在全球有十大研发中心、25 个工业园、122 个制造中心、108 个营销中心。用户遍布全球 100 多个国家和地区。2018 年，青岛海尔正式入围《财富》世界 500 强。2019 年 9 月 1 日，“2019 中国战略性新兴产业领军企业 100 强”海尔排名第 38 位。2019 年 11 月 13 日，青岛海尔股份有限公司上榜单项冠军示范企业（第四批）名单。

（资料节选自百度百科：青岛海尔股份有限公司）

2.1.2 海尔集团人力资源管理的重要举措

海尔的 CEO 张瑞敏表示，“人才是企业竞争的根本优势。人可以认识物、创造物，只要为他创造了条件，他就能适应变化、保持进步，成为取之不尽、用之不竭的资源。有了人才，资本才得以向企业集中，企业在竞争中才能取胜”。海尔人力资源管理的重要举措有如下几点。

1. 构建按单聚散的开放动态人才战略体系

为适应开放式创新战略环境，海尔构建了动态循环的人力资源体系，提出了“世界就是海尔的研发部，世界就是海尔的人力资源部”的口号。海尔动态循环的人力资源体系适应了开放式创新的自组织、自循环的实时动态性特点。第一，动态实时的人才配置方式。海尔的人才需求来源于市场需求和企业战略目标，按照市场需求和企业战略目标，海尔通过开放平台自动吸纳和聚集企业内外部人才，实现了市场需求、战略和人才的动态匹配，改变了传统中依靠招聘、选拔和甄选等方式获取人才，造成的人才与需求相互脱节的现象，提高了人才使用效率，适应了时代的要求。第二，海尔的小微团队通过 PK 方式“竞单上岗”，与企业签订“单”承诺，成为“单”的负责单位。当某类技术产品出现市场需求时，企业的“单”开始出现，平台亮单，小微团队成员通过自主申报和抢单的方式“竞单上岗”。第三，根据结果进行优化调整，实现动态循环。小微团队按单发展，在这个过程中会存在两种结果。第一种结果是“单”的发展态势好，产品在市场上出售价格提高了，因为满足了用户的需求，销量也增大了，这时候会出现高单高酬，员工和用户同时实现价值。此时，企业的订单量扩大，或者在这个订单完成的同时，新的订单出现了，小微团队成员会继续留在海尔平台上，继续抢单并参加下一轮的工作。第二种结果是小微团队在按单发展过程中，“单”的发展态势有偏差并且不能限期交差，这时候启动互选机制，若状况改善，则该小微团队继续留在海尔平台上，参与下一次的抢单；若状况没有改善，则该小微团队解散。

2. 海尔对赌薪酬分享激励机制

海尔对赌薪酬分享激励机制：公司通过出资持股、期权、跟投等股权激励机制，驱动员工从“打工”转变为小微团队的“主人”，实现收益共享、风险共担、资源对赌、自挣自花。海尔通过实施这种机制，完成了两个方面的改变。第一，改变了薪酬支付主体，突破了人力资源是企业成本的局限。传统薪酬激励模式是企业给员工支付薪水，人力资本高则企业付的薪水多，企业成本也就高。海尔通过有价值的“单”，采用人单合一的模式，使得企业在实现客户价值的同时实现人力资源价值，既实现了双价值驱动，又解决了过去由企业付薪激励而员工处于被动激励，不利于自主创新的问题。第二，将传统刚性薪酬制度改变为与市场价值相挂钩的动态薪酬形式。传统薪酬体系往往是刚性的，一般由企业高管在一定时间内根据企业实际情况制定相应的薪酬体系，短期内不会轻易改变，这种薪酬体系使得薪酬水平上调容易下调难，无法与外部市场价值挂钩。海尔的对赌薪酬分享激励机制，以薪酬与市场价值挂钩的动态形式，高单高酬，使企业与员工实现双赢。

3. 海尔完善的教育培训体系

在提高员工的创新能力和技术水平的开放创新模式下，海尔以“基因传承”作为企业文化；以“人单合一，速决速胜”作为企业作风；以“创业、创新”作为企业发展观，加强企业文化建设。另外，海尔还通过不同渠道和方式对员工进行创业培训和教育，如海尔大学、海尔国际培训中心、海尔北大联合创业基地等，都成为海尔给员工进行创业培训和教育的基地。

4. 海尔构建基于客户的人力资源管理平台

为了支持开放式创新战略的有效实施，海尔建立了基于客户的人力资源管理平台体系，这个平台体系包括服务共享平台、创客孵化平台、人才吸引平台、资源创新平台和合作伙伴支持平台等。这些平台系统分别拥有各方面的专业人才和专业资源，同时相互协同，一起致力于对前台小微的支持。这解决了传统的后台职能部门支持前台业务部门存在的滞后性问题，从而提升了人力资源管理效能，加大了开放创新模式交互平台和资源库的共享作用。①

① 韦晓英. 开放式创新下的企业人力资源管理变革策略研究——基于海尔实践的案例分析[J]. 管理现代化，2019（6）：87-92.

2.1.3 海尔集团人力资源管理战略转型

海尔人力资源体系的转型，包括四个方面。一是人力资源管理体系（Human Resource Management，HRM）：主要包括对岗位体系、能力体系、绩效体系、薪酬体系和职业发展体系五个核心模块的制度和流程进行梳理和优化。二是人力资源发展体系（Human Resource Development，HRD）：分别从选拔、任用、培训和保留四个角度加强对核心人才的培养和管理。三是人力资源转型体系（Human Resource Transformation，HRT）：包括三支柱的构建，实质上是人力资源管理部门自身的转型，提升 HR 专业人员的能力，使其能够逐渐承担起 HR 专家角色，通过人力资源共享服务中心使 HR 从大量的事务性工作中解放出来，真正起到业务伙伴的作用。四是人力资源信息技术体系（Human Resource Information Technology，HRIT）：通过信息化系统对人力资源管理体系变革的成果进行固化和完善，使转型项目中设计的各类方案和表单落到实处。

1. 海尔人力资源管理战略模型的核心价值

对于企业：将员工的能力和企业战略目标结合在一起，提供了共同的框架和语言，向企业提供了一组清晰的关于优势、劣势的数据。对于业务部门：有助于强化人才队伍并最大限度地提高线条整体绩效；提供了制定员工绩效目标的标准，有助于在团队中识别人才。对于员工：通过了解自身工作获得成功的关键因素而不断提高工作能力，在员工和经理之间提供了关于绩效评估和个人发展等方面的沟通基础。对于 HR：为完整而稳定的人才管理解决方法提供了基础，使人力资源管理的重点转移到更成熟的水平（使用学历、资历和经验以外的维度）。

2. 海尔 HR 转型的能力体系

能力的定义：聚焦于区别绩效优异的领导者或员工和普通的领导者或员工的那些可观察、可衡量的行为或个性特征。这些行为和个性特征易于观察并可衡量、可发展，是在既定岗位推动更高绩效的要求。海尔的目标：掌握海尔能力模型——明确集团对海尔人的能力期望，运用能力模型评估工具对个人能力做全面解析，加强自我认知，明确能力发展方向；HR 提供专业的咨询和能力评估服务，提升自身能力，提高全员的能力素质水平，从而保证本单位业绩持续增长。

3. 顺应战略的人力资源探索

在组织方面的探索。为了适应互联网技术的快速发展，海尔正在探索按单聚散的模式。在海尔，以“单”的价值为索引聚散人和资源。在竞单上岗、按单聚散动态优化的基础之上，创立海尔创吧。人力在这里面不再是传统的到外边去招人，而是在整个创吧的平台上，把人力所有产品从各个模块做成全流程的服务。海尔按单聚散的平台，颠覆了传统的选育用留，海尔提供的是一个创业的平台，不仅为在校大学生提供了创业机会，同时也连接到其后台更大的创新平台——HOPE 平台。

在机制方面的探索。在海尔平台上有三类人：平台主、小微主和创客。在海尔平台上有两种类型的小微：一种是转型小微，另一种是创业孵化小微。海尔从传统制造产品的企业要转型成为一个互联网的平台，把自己变成互联网的节点。针对海尔内部不同类型的小微有六大类机制，如对赌投入产出的机制、对赌跟投的机制、协同分享的机制等。转型小微采用虚拟股权的跟投，跟投对象不实际持有小微的股权，跟投对象拿出一定的对赌金进行对赌跟投，如果达成对赌目标，则将赌金溢价增值返还给员工；如果达不成对赌目标，则将赌金进行折价，直至零值退出；如果连续几个对赌周期都不能达成目标，就会取消跟投资格，进行本金清算和人员动态优化。通过这样的机制，解决了虽然不真实持股，但可以与小微进行绑定，收益共享、风险共担的问题。创业孵化小微采用的是创客出资持股，是真实的股权，根据个人在小微的贡献决定每个人的出资比例，对单不对人。出资持股后成为小微真正的股东，成为合伙人，享有股东权利，最终可以通过独立上市、上市公司回购、被第三方并购等多种方式变现退出。另外，还有协同分享的机制，这都是在用户付薪的平台上实现的。

在创客加速方面的探索。海尔大学创客加速平台：以前海尔大学是企业内部大学，培养和提升员工工作的能力；现在海尔大学不光行使这个职能，还开放做培养创客的平台，加速创客的孵化。海尔大学创客学院通过创客公开课、创客训练营、创客联盟等多种形式提升创客能力，搭建创业资源对接的平台。同时还建设小微能力解码中心和创客自助测评平台，在小微创业创新转型过程中，精准地解码小微和创客在能力特质方面的助力与阻力，加速小微引爆引领。此外，还通过云学习平台、微信社群学习、微信订阅号等互联网新兴手段，建立基于用户痛点的创客知识创新交互平台，提供创客随时、随地、随需而变的学习资源和平台。

海尔人力资源 E-HR 信息化平台也是创客加速器的一部分，在海尔的人力资源体系里面有九大流程，都是用信息化的系统来支持的，它集合了海尔人力资源对小微和创客在人力资源服务方面的全流程信息化、智能化的显示和支持。E-HR 系统从最初存储信息到标准化、规范化的信息加工式人力资源管理，再到运用数据支持人力资源决策，最后成为小微创客交互、协作创新的知识共享平台。

案例分析

海尔合理并且有效地进行了内部和外部的人力资源管理，建立了企业文化、激励考核体系、培训体系、用人体系。海尔从传统的人事管理体系中转化出来，建立了一套科学的现代科学管理体系，从经验管理走向科学管理，并最终走向企业文化管理。海尔的管理方式主要有“斜坡球体人才发展论”和“变相马为赛马”两种方式。海尔认为，每个人都恰似在斜坡上上行的球体，市场竞争越激烈，企业规模越大，这个斜坡的角度就越大。员工的惰性是人才发展的阻力，只有提高自己的素质，克服惰性不断向目标前进，才能发展自己，否则只能滑落和被淘汰。止住人才在斜坡上下滑的动力是人的素质。在海尔谈到素质，人们都认同这样一种理念：在一点一滴中养成，从严格的管理中成长。为此，海尔实施了全方位的对每天、每人、每件事进行清理、控制，“日事日毕，日清日高”，以求把问题控制在最小的范围，在最短的时间内解决，把损失降到最低的程度，这就是海尔管理模式，即全方位优化管理法（Overall Every Control and Clear，OEC）。海尔认为，企业不缺人才，人人都是人才，关键在于企业是不是将每个人所具备的最优秀的品质和潜能充分发挥出来了。为了把每个人最优秀的品质和潜能充分开发出来，海尔人“变相马为赛马”，并且在企业员工高度认同的情况下，不断实践、提高。变相马为赛马实际上是斜坡球体人才发展论的一种体现和保证，二者是相辅相成的。在OEC管理的基础上，海尔实现了自己的企业文化管理，海尔拥有自己的内部期刊《海尔人》《海尔世界》等，以追求“敬业报国、追求卓越”为己任；以培训、研讨推广企业价值观念；以舆论工具宣导价值系统；以条幅标牌制造氛围；以“海尔员工画与话”实现互动；以文化活动培育文化精神；以系统责任强化团队精神，形成人人以海尔为荣的集体主义文化氛围。

海尔将人力资源管理放在了首要位置。在海尔，人力资源开发中心是一个非常重要的服务部门，它下设生产效率组、市场效率组、中心主管和培训部四个子部门。至此，海尔内部各个机构部门人力资源的规划、吸收、培训、考评、管理统一由人力资源开发中心负责。可以说，如果海尔是一支联合舰队，那么人力资源开发中心堪称这支舰队中最重要的配给舰。一个公司的成长和发展绝不是只凭借某一个方面的成绩，而是综合作用的结果。人力资源开发中心使人力资源管理人性管理核心化、人力资源管理技术系统化、人力资源管理合作团队化、人力资源管理战略化、人力资源管理价值化。海尔的人力资源管理让我们看到了它带给海尔的巨大效益，人力资源管理与企业发展的各个方面息息相关。

海尔的人力资源管理中心管理着人员的发展、绩效和薪酬。海尔在竞争中选人才、用人才，就是要最大限度地选出优秀人才，将人才推到适合他的岗位上去，去发挥最大的潜力，从而使每个人都能在企业里找到适合自己的位置，实现价值。海尔对员工进行个人培训，包括多种培训形式（岗前培训、岗位培训、个人职业生涯规划培训、转岗培训、半脱产培训、出国考察培训）。海尔拥有一整套绩效管理制度，这些制度基本上都是以OEC管理法为核心发展出来的，包括绩效考核目标的确定、绩效考核制度的制定、绩效考核的评价体系。

海尔的人力资源管理中心，用激励机制、人的理念、培训机制和对人力资源的整合，实现了对人才的引进、培养、开发和保持，不仅对员工提出了要求，还对企业管理人员提出了要求，提高了员工的工作绩效，适应了企业发展的需要。海尔重视内部人力资源的整合，通过“在位要受控、升迁靠竞争、届满要轮岗”等规定，在内部选拔优秀人才；同时在外部聘请大批科技人才，通过与国内外科研院所的合作借力、借势使用人才；通过对企业内部人力资源潜力的挖掘，有效实现人力资源的最大化。在国际化的过程中，海尔积极推进跨国发展人才配置本土化。在外部环境上，海尔通过平台建设，为员工打造上升空间和职业规划，同时营造动态的人才管理环境。通过资金和股权奖励、福利和保障机制等进行物质激励和非物质激励，提高海尔员工的士气。

海尔对人力资源管理模式的探索还在路上。人单合一模式不同于一般意义上的竞争方式和组织方式，也不同于传统的业务模式和盈利模式，而是顺应互联网时代“零距离”和“去中心化”“去中介化”的时代特征，从企业、员工和用户三个维度进行战略定位、组织结构、运营流程和资源配置领域的颠覆性、系统性的持续动态变革，在探索实践过程中，不断形成并迭代演进互联网企业创新模式。海尔通过对人力资源的整合提高了企业的整体竞争力，使人力资源管理的地位再提高一个档次。

2.2 联想集团人力资源管理战略

2.2.1 联想集团背景资料

1984年，柳传志带领的10名中国计算机科技人员认识到了PC必将改变人们的工作和生活，怀揣着20万元人民币的启动资金，以及将研发成果转化为成功产品的坚定决心，他们在北京一处租来的传达室中开始创业，将年轻的公司命名为“联想”（legend，英文含义为传奇）。2003年4月，联想集团（以下简称联想）在北京正式对外宣布启用集团新标识“Lenovo”，用“Lenovo”代替原有的英文标识“Legend”，并在全球范围内注册。2013年，联想电脑销售量升居世界第一，成为全球较大的PC生产厂商。联想主要生产台式电脑、服务器、笔记本电脑、智能电视、打印机、掌上电脑、主板、手机、一体机电脑等商品。2019年7月，2019年《财富》世界500强发布，联想位列第212位。2019年9月，“2019中国制造业企业500强”发布，联想位列第16位 。2019年10月，“2019福布斯全球数字经济100强榜”发布，联想位列第89位。2019年12月18日，《人民日报》发布中国品牌发展指数100榜单，联想排名第16位。

（资料节选自百度百科：联想集团）

2.2.2 联想集团人力资源管理战略体系

1. 联想的人力资源管理战略理念

联想的人才战略都是基于业务战略发展出来的，并且要随着组织转型不断做出调整。HR需要了解联想的业务需求、业务战略，然后通过专业知识、能力提供支持，推动战略目标的实现。在进行组织人才盘点时，要先了解业务战略，再从业务战略出发制定人力资源管理战略，最后看现有的组织、人才是否能满足业务战略的需求，支撑人力资源管理战略的实施。

联想一直十分注重完善人才管理体制建设。HR的组织架构按照三支柱原理构成。HRSSC：共享服务中心，负责管理档案、薪酬、社保、入职离职手续、员工福利等。HRCOE：制定HR业务流程并保证合规，主要工作是政策制定和流程管理。HRBP：负责与业务部门合作，扮演顾问角色，针对各业务线或区域的情况制定人力资源管理战略，推进人力资源管理项目实施等。联想HRBP的编制、薪酬、考核都划归HR部门管理，因此相对独立客观。

2. 联想的选人战略

“德才兼备，以德为先”的理念要求员工忠诚于联想的事业，个人利益完全服从于联想的利益。联想在选拔人才时先经过多方考核造就一个骨干层，再从中选择经得住考验的领导核心。领导者要无私，对自己严格要求，对合作伙伴大度和宽容，要具有卓越的领导能力，还能看到别人的长处，不断反省自己的不足等，领导者拥有这些优良品质才能使人信服。联想还提出员工价值承诺（Employee Value Promise，EVP）：为员工创造发展空间，提升员工价值——“联想，成就人，成就于人”，倡导员工“将个人追求融入企业的长远发展之中”。

3．联想的用人战略

联想为那些肯努力、肯上进的年轻人提供了很多机会，启用年轻人采取的策略是在“赛马”中识别“千里马”。这包括三个方面的含义：一要有“赛场”，即为人才提供合适的岗位；二要有“跑道”，即引导他们有秩序地竞争；三要制定比赛规则，即建立一套较为科学的绩效考核和奖励评估系统。从1994年开始，联想每年都会进行组织机构、业务结构的调整。在这些调整中，管理模式、人员变动都极大，给员工提供了尽可能多的竞争机会，使在工作中崭露头角的年轻人脱颖而出，并淘汰那些故步自封、跟不上时代变化的人。

联想成立二十多年，培养了很多行业精英，特别对管理者的培训十分在行。值得介绍的是它的组织和人力资源计划（Organization Human Resource Planning，OHRP）。该计划是联想每年会在固定的时间给全员做评估，从下到上、逐层汇报，从业绩、潜力两方面评估每个人能在联想走多远。如果某个人的表现总是比同岗位的人表现优异，他将获得晋升机会。公司对每个人评估都要提出佐证，需要部门经理和部门外人员的共同参与，大家一起讨论，整个评估过程就像是答辩会，是项非常艰苦的工作。HR对每个员工负责，最大限度地避免任人唯亲的情况出现，挖掘优秀人才并提供发展空间。在联想，每个人都非常清楚公司的战略。公司的战略目标会逐层分解成每个部门、每位员工的目标。员工能明确知道做了某项工作能帮助到公司的总体战略实施。所有的绩效管理、目标设定及奖金体系的设定都要公示。HR会和员工沟通部门和个人的目标是什么。每个季度结束的时候，CEO会分析今年业绩的状况、战略执行的状况。员工心里清楚每一步已经走到哪儿了，下一步就会根据自己的业务情况进行调整。从上到下，一直到每个组织内部的绩效都是透明的。联想的奖金计算非常直接、明白、易懂，最后员工能拿到多少奖金，自己随时可以算出来。绩效的结果都直接和薪酬、发展、调薪、年度评优相关。

4．联想的育人战略

在联想，培养员工的方式主要有三个：员工在岗位上积累经验，在实践中学习，这种方式约占70%；员工学习导师、教练、经理的成功经验，接受他们的指导意见与建议，这种方式约占20%；员工通过教室或者在线的正式培训，了解关键的工作原则，并采取行动，这种方式约占10%。其中，20%的培养方式属于教练式领导，这在联想有良好的传统。柳传志在杨元庆成为联想接班人的过程中，通过言传身教，甚至用写信的方式，为杨元庆分析他自身的优缺点，启发他改进领导艺术，柳传志在这个过程中有效地扮演了企业教练的角色。为了帮助高级管理者提升全球化领导能力，联想建立了一个面向其全球副总裁的“教练库”。入库的都是与联想签约的全球知名企业教练。联想副总裁级别的高管根据每个教练的背景和员工个人的情况，挑选合适的教练，这些教练会对高管们进行一对一的辅导。特别在管理“80后”“90后”年轻一代时，需要靠激励，更多地要从价值观方面驱动，教练式管理风格比指令性管理风格更有效。因此，联想逐渐开始开展教练式辅导的培训项目，帮助各级管理者在管理下属时，渐渐使用教练方式，而不是以前单纯的指令方式。

5. 联想的储备和发展人才战略

随着联想国际化发展，逐步开发了三项人才培养计划："继任者计划""TOP100 计划"和"Knowledge Exchange 国际轮岗计划"。"继任者计划"是有目的、有计划地提前培养高潜质人员，明确将识别和培养后备人才的责任落实到每位管理者身上，培训发展的资源重点主要向高潜质人员倾斜。"TOP100 计划"是在未来三年内培养出 100 名具备国际化管理能力的中高层管理者。"Knowledge Exchange 国际轮岗计划"最开始是为联想文化融合专门设计的，互派员工轮岗，已经取得了良好的交流效果。"为员工创造发展空间，提升员工价值，提高工作生活质量"已经被联想写入了公司的使命。联想原来实行的是窄带多级薪酬体系，由于缺乏规范的岗位序列作为基础，定薪缺乏足够的客观数据依据，这种薪酬体系既不利于与市场薪酬做对比，又不利于以能力导向的绩效考核机制的建立，更不适应扁平化的柔性组织架构。岗位序列是人力资源管理体系及薪酬体系的基础，联想的人力资源管理转型时，基于岗位序列建立了宽带薪酬体系。

案例分析

柳传志有句名言："小公司做事，大公司做人。"人力资源管理是企业发展的一个核心内容，在评价与激励员工、增强企业凝聚力和竞争力、促进企业发展等方面发挥着重要的作用。做好人力资源管理是一个庞大的系统工程，在做好"内功"的同时，还要不断紧跟世界先进公司的经验和技术，传统的人力资源管理已经不再适合现代科技企业的发展要求。联想非常注重人力资源管理，已经建立起一套针对全体员工非常完善的培训体系。

传统的人力资源管理部门在部门性质方面是非生产、非效益部门，是单纯的成本中心；现代的人力资源管理部门是生产与效益部门。在管理模式上，传统的人力资源管理部门以事为核心，现代的以人为中心，人事相宜。联想的核心理念：把员工的个人追求融入企业长远发展之中，办企业就是办人，全体员工与企业一同发展，员工会因为他们做的贡献得到社会的尊重。联想的用人观：给你一个没有天花板的舞台，不唯学历重能力，不唯资历重业绩。在管理目的上，传统企业注重组织短期目标的实现，现代企业注重组织和员工利益的共同实现。联想的大局观从联想的根本利益出发考虑问题，注重组织和员工的互利共赢。联想有个发动机理论：员工作为"发动机"，在与领导一同确立了以客户需求为导向的目标之后，就该主动地推进，甚至主动驱动他人为目标服务。

管理方式的变化：传统企业是命令式、控制式的；现代企业强调民主、参与。联想将人力资源作为第一资源，以人为本，赢得了成功。联想一直倾力培养自己的人力资本和科研力量。在用人、招人，以及提拔人才的过程中，联想所体现和重视的人才企业文化就是不唯学历重能力，不唯资历重业绩。联想是一个非常重视业绩和能力的公司，每个季度、每个年度的考核非常严格。联想要求在每个季度、每个年度，每个干部、每个员工都来制定自己要达到的目标，并且要跟上级把一、二、三、四、五都列出来；列出来之后，在每个季度、每个年度末期还要回头审视是不是完成了，完成的情况是什么样的。员工的升迁、薪资、培训，以及未来的发展都跟业绩相关。

人力资源管理的四大功能是吸引、培养、开发、保持人才。

吸引人才。提出员工价值承诺：为员工创造发展空间，提升员工价值——“联想，成就人，成就于人”，倡导员工“将个人追求融入企业的长远发展之中”。制定有针对性的招聘策略——在人才招聘渠道上加大猎头和内部举荐力度，并与全国 30 多所重点高等学校合作，成立实验室，合办软件学院等；建立企业人才信息库，实现资源的共享。

培养人才。建立适合业务当前需要并不断发展的绩效评估机制，对员工的业绩、能力和态度三方面进行评估，并建立有效的沟通反馈机制保证绩效评估的公正和透明。评估结果将运用于确定员工的工资、奖金、晋升等方面，还特别作为轮岗、培训、个人发展的依据。在绩效评估的基础上，制定适合不同岗位特点的薪酬体系，特别是通过认股权计划，将员工与企业的长远利益紧密结合。

开发人才。建立技术职称体系，联想目前已经完成了研发、工程和技术支持三个体系，并尝试建立除行政升迁以外的发展路径；建立研发咨询、产品经理、市场营销、职能管理、资材等十几个专业序列，以此为员工提供多渠道发展路径。

保持人才。人才选拔以内部培养为主，外部引进为辅，这种选拔方式为内部人才提供发展的机会和空间。建立公平竞争的选拔机制，如关键岗位（包括管理岗位）竞聘制度等，让人才在组织内能有效发挥其个体价值从而推动组织价值实现。人才有其位必然降低离职的愿望，从而保持人才的留用率。

在联想的发展中，随着企业规模的不断扩大，企业的管理者对人才有着更深的认识。联想提出了十分新颖的理论——项链理论。该理论认为要想制作一条精致的项链，不一定要用高质量的珍珠，而是先需要一条主线，将珍珠一粒一粒地串起来。在联想的人力资源管理中，联想把人才比喻成珍珠，把管理体制和企业的凝聚力当成主线，应用这种理论招聘更多的优秀人才。

2.3 华为公司人力资源管理战略

2.3.1 华为公司背景资料

华为技术有限公司（以下简称华为）是一家生产、销售通信设备的民营通信科技公司，于 1987 年正式注册成立，总部位于中国深圳市龙岗区坂田华为基地。华为是全球领先的信息与通信技术（ICT）解决方案供应商，专注于 ICT 领域，坚持稳健经营、持续创新、开放合作，在电信运营商、企业、终端和云计算等领域构筑了端到端的解决方案优势，为运营商客户、企业客户和消费者提供有竞争力的 ICT 解决方案、产品和服务。2018 年 7 月 19 日美国《财富》杂志发布了最新一期的世界 500 强名单，华为排名第 72 位。2018 年《中国 500 最具价值品牌》分析报告显示，华为位居第 6 位。2019 年 12 月 15 日，华为获得了首批“2019 中国品牌强国盛典年度荣耀品牌”的殊荣。

（资料节选自百度百科：华为技术有限公司）

2.3.2　华为公司人力资源管理战略体系

华为从成立之初到现在，其人力资源管理一直发挥着特别重要的支撑作用，期间经历了四个阶段。

第一阶段（1987—1994 年），属于起步阶段，在当时强手如云的通信行业，“活下去”是华为最核心的目标。这个时期人力资源管理的任务只是基础的人事管理和有效招聘。第二阶段（1995—2004 年），这十年可以说是华为的主营业务在国内快速增长的时期，销售额从原来的十几亿增长到了 400 个亿，员工人数也从 2 千多人猛增到了 2 万多人。公司制定了《华为基本法》，对公司的未来发展做出了全面的规范；建立了人力资源管理体系、流程，并建立了 HR 专业模块。第三阶段（2005—2013 年），华为开始走向海外市场，实现全球化运作。为了应对全球化挑战，华为建立了领导力与干部标准，完善评价与激励政策，搭建全球范围的人力资源管理体系。第四阶段（2014 年至今），从 2014 年开始，华为已经在行业内处于领先位置，已经真正实现全球化运作。这个时期，人力资源管理已经完全融入业务中，HR 三支柱已经非常成熟。在 2009 年，华为开始引进 IBM 的 HR 三支柱模式，建立以增长、效率为导向的 HR 业务管理架构，升级完善了 HR 管理新体系。

华为的 HR 组织基础十分独特，三个关键词为人力资源委员会、行政与业务关系分离、懂业务的 HR。华为的人力资源管理体系，在集体决议、业务、行政与业务关系分离的基础上，简单来说就四个字：选育用留。选人即选出合适的人，通过多途径、多方法考查选用人才，可从组织外选拔人才，也可从组织内选拔人才，要不拘一格选拔人才；育人就是培养人才，通过挖掘人才的潜能，将人才的潜能最大化开发出来，提高人才的工作效能；用人关键在于用人之所长，用对人、用可用之人，用不人疑、疑人不用；留人就是通过感情留人、待遇留人、事业留人、环境留人，让人才愿意为组织做出自己的贡献和价值。当各级人力资源管理部门真正成为战略伙伴之后，各个机构便开始发挥自己的功能。公司层面的人力资源管理部门包括招聘调配部门、薪酬考核部门、任职资格管理部门、员工培训部门这四大支柱，此外还有荣誉部门和人事处等。每个部门都有自己的故事，它们为解决华为成长过程中的问题而生，为华为企业文化的落地发挥着各自的作用。

1．华为人力资源使用战略

人力资源管理部门是对业务部门起支撑作用的，人力资源管理的第一责任人其实是各级业务的一把手。如果企业的各级领导都不关注人力资源管理，那是很危险的，因为我们所有的任务都是依靠人去完成的。

人力资源管理的出发点和痛点都着眼于人。对于人才，要么你及时用，要么你把他淘汰掉，因为在一些情况下，人才的破坏性也会很大。人才同时也是难以辨识、难以测试的，因为人才从事的是脑力劳动。所以说让人才发挥好的作用，要靠激励机制。人力资源是第一资源，企业经营客户的前提是要先经营我们的人才。员工和企业之间有两个契约，一个是经济契约，一个是心理契约。如果员工的心理契约没有达成，就会发生“人在曹营心在汉”的事情，员工虽然人在你这里，但他的内心不愿意在这里。员工需要认同组织，并且认同组织的观念，所以作为管理者，如果天天跟员工对着干，大家好像是对头，这肯定是不行的，企业的效益想得到提高更无从谈起。企业的持续成长靠的是核心竞争力和行业优势，核心竞争力、核心资产是支撑企业进步的关键要素。企业的核心能力首先体现在自己的人力资本的积累。华为给人力资源管理下了一个定义，它是影响员工的态度、行为，以及员工的绩效投入的管理实践和制度的总称，人力资源管理影响到企业内部的所有关系和运作。

2．华为人力资源评价战略

高绩效团队要具备几个必备的标准，包括要有与公司共同的方向和目标，要有与战略方向高度一致的执行计划，建立层层闭环的战略执行管理机制，要有良好的绩效，实现个人与团队的共同成长。人力资源管理部门的价值不在于自身，而在于支撑组织的事务性工作，它在战略目标制定时就要开始介入，在战略的执行过程中起到主导、支撑的作用。人力资源管理实现的途径是价值链的闭环管理，价值创造、提升效益是人力资源管理的核心内容，价值创造必须以客户为中心。在这个闭环中，做好价值评价很重要，因为评价的结果对价值创造直接起到了牵引的作用，要进行正向牵引。华为的管理干部有这样的总结：华为的成功很大程度上是人力资源管理的成功。华为人力资源管理理念如图 2-1 所示。

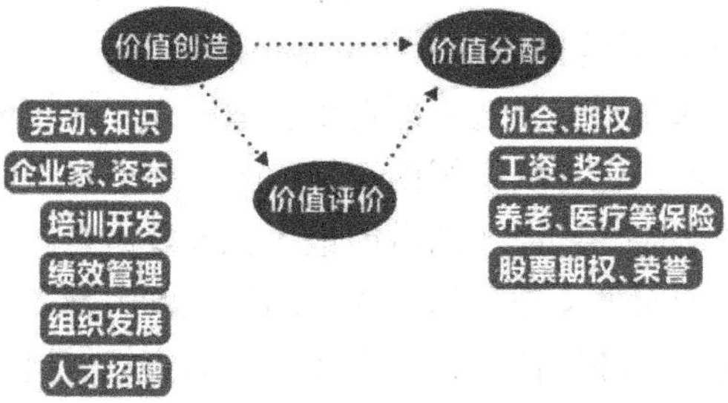

图 2-1　华为人力资源管理理念

核心价值观是一个企业的世界观，是企业判断是非的标准，同时也是企业建立内部和外部关系的标准。华为建立了自我批判的纠偏机制，打造了一个价值创造的管理循环链，让利益驱动机制发挥出最大的作用，让奋斗者得到丰厚的回报，保持企业持续进步的活力。人力资源管理是企业保持发展、持续进步的一个驱动因素，非常重要。华为不断做大做强的两个推动力一个是精神推动，另一个是物质推动。重视人力资源管理的企业几乎都成功了，不重视人力资源管理的企业都在艰难中茫然地挣扎着。

3．华为人力资源管理部门调整战略

人力资源管理部门实现企业的期望和诉求的步骤：发现、设计、落地、执行。发现问题、设计方案、解决问题，这是人力资源管理部门处理业务的一个思路和方法论。人力资源管理部门工作的误区往往是耗费时间和人力做了很多事务性的工作，但到最后发现，最重要的工作往往被忽略了。人力资源管理部门要深度理解自己的业务，面向企业的战略，建立自己的人力资源管理战略。其次，要构建好企业的人才模型、专家模型，还要建立服务共享模型，使一些事务性、政策性、常规性的人力资源管理工作能够在这个服务共享平台统一得到解决，提高办事效率和服务质量。人力资源管理工作要提升到企业的战略人力资源管理的高度，在工作模型的设计、运行中不断优化、提升，在实际工作中不断进行标准化的改善，以满足战略目标的要求、人才的要求和各项工作合规性的要求。变革的核心本质是权力的重新分配，管理员工关系，帮助企业了解员工，帮助员工理解企业。人力资源管理部门还是企业例行业务的运行者，是人力资源管理解决方案的执行者。比如，现在很多企业面临人才流失的问题，人力资源管理部门的职责就是用激励机制留住关键人才，并为企业引进适配的急需人才。华为要求每个核心部门每个月例行学习公司的政策、文件、各种规则。员工对价值观的接受不是靠领导说教，而是靠政策、制度的规范、培养。

4．华为人才战略观

华为内部实行一种“轮岗制”的体验式快速学习方式，包括业务轮换和岗位轮换两种方式。业务轮换即让不同部门的人进行轮换去体验不一样的工作，方便人才更深入地了解产品，如让研发人员去做中试、生产、服务等工作，让他真正深入了解什么叫作商品，以便更好地完成研发工作，使产品更加贴合消费者需要。岗位轮换即让中高级干部的职务发生变化。除了华为的“轮岗制”，还有末位淘汰制、自由雇佣制，消除“沉淀层”和瓦解工号文化等一系列人才制度。

华为唯一可以依赖的是人，认真负责和管理有效的员工是华为最大的财富，员工在企业成长圈处于主动位置。华为在其人力资源管理上不仅建立了自由雇佣制，而且引入了人才竞争和选择机制，在企业内部建立了劳动力市场，促使内部人才的合理流动，消除“沉淀层”。“沉淀层”主要是因为一个组织时间久了，老员工收益不错且地位稳固就会渐渐地沉淀下去，成为一团不再运动的“固体”：拿着高工资不干活。先进的管理模式在针对人的管理中，个人收益与贡献大小几乎严格对等，不容有一点轻率与忽视。华为的人力资源管理体系进行了许多大胆的尝试。

在华为，几乎所有的高层管理者都不是直接晋升上去的，今年你还是部门总裁，明年可能就成了区域办事处主任，后年可能又到海外去开拓新的市场。几起几落，经受若干失败的打击，是司空见惯的事情。因此，华为人对自己的成就和所处的位置，都能保持一种比较平常的心态。华为的人才培养模式在业界也是独树一帜。为了提高员工的能力与素质，华为提出“折腾员工”，让博士当工人，制订全员低重心培训和培养“院士”的计划。

华为的选人策略。华为认为，看一个企业的招聘是否有效，主要体现在以下四方面：一是是否能及时招到所需人员以满足企业需要；二是是否能以最少的投入招到合适人才；三是把所录用的人员放在真正的岗位上是否与预想的一致，适合公司和岗位的要求；四是“危险期”内离职率是否为最低。华为的招聘套路可谓是出其不意，招聘思路随需而变，让应聘者难以用惯用套路蒙混过关。

案例分析

华为敢于直视自身短板，及时纠偏，正视问题。华为人力资源管理的基本出发点有两个，一是承认劳动是公司价值创造的主体，二是用持续激发个体的创造活力，把个体劳动和创造活力放在基础性位置来抓。华为的核心纠偏机制通过充分的自我批判否定自己、剖析自己，以更好地改良自己，打造组织与个体自我纠偏机制。华为秉承的持续管理改良讲究因地制宜、因材施教。

树立鲜明价值导向，以贡献大小见高低。组织活力除来自目标牵引、机会牵引以外，很大程度上是利益驱动的，只有以科学合理的薪酬分配体系和选人用人机制做基础，做出贡献的人得到应有回报，组织才能保持持续发展的活力和激情。在华为，个人学历、工龄、社会荣誉、社会职称都不是员工获得激励的依据，责任结果才是员工获得回报的唯一基础。华为把责任贡献、多劳多得作为薪酬价值分配的基本原则，推行"以岗定级、以级定薪、人岗匹配、易岗易薪"的工资管理制度，根据员工承担的责任及在岗贡献度确定员工薪酬水平。华为重视人才、抢占人才，更说明了华为开放的薪酬分配方式和先进的人才管理理念。华为在"以岗定级，以级定薪"的同时，也构建了用"合理的价值分配来撬动更大价值创造"的"后轮驱动"。华为树立了"干部是自己打出来"的干部选拔理念。建立了在成功实践中选拔干部、在关键事件中考查干部、在业务实战中磨砺干部的干部管理机制。在干部选拔上，以"上过战场，开过枪、受过伤"为基础，基于责任结果，坚持基层一线导向，坚决抵制论资排辈、平衡照顾等，让担当作为、敢闯敢拼的青年干部脱颖而出。在干部评价上，实施干部能上能下制，实施 10%的不合格干部末位淘汰制，用危机感促进干部担责冲锋。在干部激励上，充分授权、鼓励担责，给火车头加满油，让"大拇指"作用充分发挥出来。华为拉大绩效差距，引导个人科研成才。华为的"个人英雄主义"非常适用于科技研发方面。通过发挥薪酬分配的杠杆与导向作用，将价值回报向创造更多价值的绩优者和奋斗者倾斜。强调激励资源向科研一线倾斜，科研关键岗位要高于支撑服务岗位，获得更大价值分配比重。华为为科研人员提供更优厚的后勤保障和薪酬激励，培养职工的个人英雄主义和爱国主义情怀，鼓励职工在科研攻关、科技立项上创新创造、贡献力量。

构建人才梯队，发挥个人最大能效。华为基于不同人才在公司战略实现的不同价值定位，按所承担的责任性质进行人才分类，按所承担的责任重要性进行人才分层，构建人才金字塔，为针对不同人群探索差异化人才管理机制打下初步基础。建立了基本工资具有市场竞争力、短期激励体现绩效结果、长期激励分享公司发展成果的薪酬结构，及时回报人才的创造贡献。坚持优胜劣汰的赛马文化，鼓励培养优秀人才，及时处理低绩效和懒惰职工。

华为的末位淘汰制，有效促进了员工之间相互竞争，推动他们更进一步，充分发挥人力资源的能动性和再生性，使员工的能力不断提高。自由雇佣制充分体现了华为对员工的尊重，公司将人作为最主要的资源，正体现了人力资源的生物性，人力资源是最根本、最富裕的资源。华为人力资源管理的架构分工明确，各个部门各司其职又互相协助监督，促进人力资源管理四项功能——吸引、保持、培养、开发的充分实现。

华为对于员工的要求之高，也从侧面反映出公司对于员工的重视。一个公司的成败与人力资源的质量有着千丝万缕的关联，人力资源的质量高了才能保证企业的上升能力，质量低了则很难使企业进步，企业人力资源需要注重数量更需要注重质量，质量的高低将关系到企业未来的发展与成败。本案例也体现出现代人力资源管理的突出特点：人性管理核心化、人力资源管理价值化等。

2.4　宝洁公司人力资源管理战略

2.4.1　宝洁公司背景资料

宝洁（P&G）公司（以下简称宝洁）始创于 1837 年，是世界上最大的日用消费品公司之一，在 80 多个国家设有工厂及分公司，员工接近 10 万人，所经营的 300 多个品牌的产品涉及家居护理、美发美容、婴儿及家庭护理、健康护理、食品及饮料等行业，畅销 160 多个国家和地区。2018 年 7 月 19 日，《财富》世界 500 强排行榜发布，宝洁位列第 135 位。2018 年 12 月 18 日，世界品牌实验室编制的《2018 世界品牌 500 强》揭晓，宝洁排名第 18 位。2019 年 12 月 25 日，宝洁获得 2019 年度人民匠心品牌奖。

（资料节选自百度百科：宝洁公司）

2.4.2　宝洁公司人力资源管理战略体系

曾担任过宝洁董事长的 Richard Deupree 说过："如果你把我们的资金、厂房及品牌留下，把我们的人带走，我们的公司会垮掉；相反，如果你拿走我们的资金、厂房及品牌，而留下我们的人，10 年内我们将重建一切。"

1．宝洁人才招聘战略

宝洁通过招聘高素质的人才，来保证他们有较大的培养潜力。宝洁特别重视从大学应届毕业生中招聘员工，看中大学应届毕业生的可塑性。在内部提升机制下，大家都是刚从大学毕业，处于同一条起跑线上，竞争与升迁的条件均等。宝洁尽量不招收有工作经验的人。同时，由于大学应届毕业生刚刚跨出校门，思维没有条条框框，更容易接受宝洁的文化和管理模式。在宝洁，毕业生只要有能力，很快便会得到升迁。

在整个招聘过程中，宝洁对人才素质的要求归结为八个方面：领导能力、诚实正直、能力发展、承担风险、积极创新、解决问题、团结合作、专业技能。除有些较为专业的部门，如产品供应部、产品发展部、管理系统部和财务部等要求应聘者最好有一些基本的专业背景外，其他部门对学生所学专业几乎没有任何限制，只要能通过考查，学习文科、理科的学生都可以。因此，在宝洁"学非所用"的人比比皆是。之所以不特别强调专业技能，一方面是因为目前大学的课程设置和社会的职业发展、能力培养有一定差距，学习成绩并不能说明一个人是否是公司需要的优秀人才；另一方面，工作中所需要的专业技能，可以通过一系列培训获得。

宝洁对应聘者的品质非常重视，受过处分的学生严格不予录取。由于许多能力与品质并不是通过考试就能考查出来的，多数要靠面试时用具体的提问去衡量。在宝洁的整个考查过程中，没有一道题是考死记硬背的知识。因此，在招聘前，有关部门会对参加招聘的员工进行非常专业的培训。为了保证面试的可靠性，只要有需要，宝洁就会从全球的公司中抽调相关人员，为此，宝洁每年都将花费2000万～4000万美元从美国派遣100多名专家前来中国。宝洁不盲目追求高学历，在每年的招聘中，被录用的本科生往往占到总数的70%～80%。在录用大学应届毕业生后，宝洁不会要求他们签订一个“必须为宝洁服务几年”的保证书。宝洁的人力资源管理部门说过这样一句话：“如果一个人要走，就不会给你好好地干，公司要通过自身的魅力吸引每位人才——给他合适的待遇，并帮助他达到能力的极限。”

2．坚持从内部晋升

员工的晋升关乎员工的发展，如果一个企业从外面雇用“空降兵”，势必会对员工的积极性带来挫伤。宝洁一贯主张坚持从内部提拔员工，虽然这个比例无法达到100%，但这显然是对于员工的一种承诺和激励。

内部晋升制度建立在员工认同公司价值观的基础之上，该制度有利于鼓舞士气，提高员工对工作的热情，调动员工的积极性，给每个人带来希望；该制度能更好地维持员工对企业的忠诚，使那些有发展潜力的员工自觉积极地工作以促进企业的发展，从而给自己带来更多提升职务的机会。基于此制度，宝洁建立并维护了一个全体员工的综合数据库，员工绩效通过每月和每年的人才评估进行仔细跟踪。

宝洁的经理认识到自己的绩效与发展下属能力息息相关，所以协助下属成功是他们的职责。这是通过“工作和发展策划系统”来进行的，用于员工的提升、定薪和员工发展。每个员工的“工作和发展策划系统”都包括四个部分：第一，将前一年计划与结果相比；第二，需要进一步成长和发展的领域；第三，近期和长期的职业兴趣；第四，下一年培训和发展计划。

3．每个员工都是管理者

宝洁在鼓励员工积极扮演管理者角色方面创造了很好的氛围。前任宝洁总裁认为：“别让员工感到被过度管理，应该将责任与决策下放到组织基层。”管理层提出需求，如缩短新产品上市时间、提高服务品质、积极开展多元化等，并全权交给一线员工负责，由每个团队分工合作。鼓励员工勇于担任管理者的角色并不是意味着所有管理者可以对事业漠不关心。实际上，宝洁的管理者要花费许多时间深入事业的核心，如公司的高级管理者需要经常拜访研发部门、生产部门，并与消费者进行交谈。

4．完善的培训机制

宝洁认为，在职训练是最好的训练。宝洁将每天的经营活动视为学习和培训的源泉，每个部门都有自己的训练课程。比如，品牌部门针对不同管理层级设计不同的课程和研讨会。此外，宝洁的员工可以在全球范围内寻找相应的学习课程或研讨目录，他们只要向上级咨询并确认此课程对个人发展是必要的，即可登记上课。宝洁成立宝洁学院的宗旨就在于将公司高级经理的经验及理念传授给其他年轻的员工，学院的教授来自公司的高级管理层，每年大约有成千上万名员工在宝洁学院接受培训。

5. 科学的绩效管理

每个财政年度末宝洁都要开展绩效评估工作，评估对照年度工作计划进行。宝洁绩效评估工作的特色有以下几点。第一，将业绩分为业务成绩和对组织的贡献两部分，其中对组织的贡献中包括了培养下属、招聘及培训、效率提升和知识分享等方面。第二，年度业绩评估没有采取单项指标打分的方法，而是由经理对员工进行综合评分，如果由于客观条件没有达到目标，只要尽了最大努力，照样可以得高分。第三，业绩评估结果采取强制分布，分为 1 等、2 等、3 等，1 等为最优。1 等、2 等、3 等分别占 10%～15%、60%～70%、15%的比例。经理在打分时有时会做出“2+”和“2−”的区分，只有等级在 2 等以上的员工才有资格升级和跨部门轮岗。第四，在业绩评估的同时，对员工进行能力分析和评估，明确员工的优势和需要提高的能力。第五，由员工个人提出自己长期（3～5 年后）和短期（1～3 年）的职业兴趣，由经理根据员工个人的意见、同事的反馈及经理自己的观察提出员工个人的发展计划，个人发展计划中包括要参加的培训内容。第六，对组织的贡献几乎占业绩考核的 50%，这使所有员工将对组织的贡献与业务成绩同等看待。

6. 有竞争力的薪酬福利制度

宝洁在业界一直有着良好的口碑，尤其是在员工的薪酬方面。每年，宝洁都会请国际知名的咨询公司做市场调查，内容包括同类行业的薪酬水平和知名跨国公司的薪酬水平。然后，根据调查结果及时调整薪酬水平，以确保群体平均收入具有竞争力，从而使宝洁的薪酬具有足够的竞争力。

对于员工的福利，宝洁还首创了全体员工享有员工认股选择权，且不限于管理层。在住房福利方面，公司会为新员工安排 1 个月的暂时住所，且无须支付房租。公司为员工提供医疗福利，员工只需要支付小部分的门诊费用和极少部分的住院费用。自正式加入公司起，员工享受人寿保险和人身意外伤害保险两项人身保险，保险费全部由公司负担。公司为所有因公务出差的员工提供宝洁全球差旅意外保险，在发生人身意外死亡的情况下，公司将赔偿员工的直系亲属该员工 3 倍的年薪。根据其服务年限，员工每年可以享受一定工作日的假期。此外，员工每年除享受国家法定的 10 天公共假期外，公司还给予 4 天全薪假日，分别在中秋节和圣诞节期间。为了让员工有更全面分享公司成功的机会，正式员工可以参加股票选择计划，有权在参加该计划的第六年到第十年间得到一定数量的宝洁普通股的增值部分。

案例分析

人是企业生存和发展的最根本要素。在企业的各种组织中，只有清楚地识别每个员工与众不同之处，并在此基础上进行合理地任用，才可能使每个员工充分发挥他的潜能，组织也才可能因此而获得最大的效益。企业的发展归根结底是人的发展，所以只要留下公司的人，十年内将重建一切。

人才是公司最为宝贵的财富，人的创造潜能是无限的，人力资源是第一资源，人力资源的潜能可以得到极大开发，是组织生存发展的重要资源。企业通过对人力资源的有效开发和管理可以极大地提高生产经营效率。用什么办法才可以让员工一直留下来？问题的关键在于使员工对企业产生较强的归属感，使员工的价值观与企业的价值观相吻合，而内部选拔制度非常有利于实现这两个目标。创业初期，宝洁两位创始人比较强调与员工的交流，也非常强调对员工承诺的兑现，这使他们赢得了员工的信任，也赢得了建立内部选拔制度的时间。当然，内部选拔容易带来员工同质性高的后果，造成企业缺乏新鲜血液，进而可能影响企业的创造力。为了消减这些消极影响，宝洁非常强调“外向性”，如加强外部市场调研，加强与研究机构、供应商、分销商的合作，注重引入外部积极因素来化解内部选拔带来的某些不利影响。宝洁的这种做法比许多选择了并坚持自身特色的企业多走了一步。内部选拔是企业用人方式的一个自然选择。但在宝洁，这种自然已经超越一般，成为宝洁企业文化的一个显著表现形式，是宝洁用人制度的核心，也是宝洁取得竞争优势的一个重要源泉。

宝洁一直把校园招聘作为人力资源管理的根基来经营，这是由宝洁本身的组织发展策略决定的。宝洁奉行的是以内部提升为主，引进为辅的人力资源管理策略，这种策略注定要关注校园里的学生。关注校园里的学生，实际上是关注人的潜能。

从选拔人才开始，宝洁就非常注意比较候选人在某些方面的潜质，以及目前的情况是否跟公司的期望和需求一致。在宝洁，大学应届毕业生一届一届地进来，公司要选拔出价值观与公司价值文化相符合的人才进入公司并加以培养。宝洁认为，培养这种人才有这样的好处：文化认同感强。从学校刚毕业就开始培养的人才更容易认同公司的文化，因为他们就像一张白纸，可塑性很强，更能够接受企业的理念和标准的行为规范。

在复试阶段，选拔过程十分严格，宝洁对应聘者的品质非常重视，受过处分的学生严格不予录取。由于许多能力与品质并不是通过考试就能考查出来的，多数要靠面试时用具体的提问去衡量，被选拔出来的人才一般都需要经过培养训练，才能成为各种职业和岗位要求的专门人才。宝洁要培养具有特殊技能和能力的人才，培养具有国际视野和前瞻性思维的人才。

宝洁的人力资源管理部门说过这样一句话：“如果一个人要走，就不会给你好好地干，公司要通过自身的魅力吸引每位人才——给他合适的待遇，并帮助他达到能力的极限。”这是现代人力资源管理的特点，人力资源管理树立以人为本的理念，始终贯彻人才是组织的宝贵财富和第一资源的思想，强调对人才的关心爱护，把人才真正作为资源加以保护、利用和开发。

以上内容都体现了人力资源管理的构造，人力资源管理是组织发展和战略管理不可或缺的组成部分，不再只是人力资源管理部门的任务。人力资源管理的核心功能是增加产出，不再只是控制成本。人力资源管理者必须具备经营管理知识，否则，就不再是称职的人力资源管理者。人力资源服务可以外包，也可以向外提供，不再只限于组织内部。想要把一个企业经营好，对人力资源的管理十分重要。因此，人力资源管理在企业中的地位也得到了提高。

第3章

人力资源规划案例分析

学习目标

1. 通过案例分析，了解人力资源规划的含义、内容和分类
2. 通过案例阐述，重点掌握人力资源规划的程序
3. 重点掌握人力资源规划的需求预测与方法
4. 重点掌握人力资源规划的供给预测与方法

学习导航

知识回顾

关键词语——

人力资源规划；需求预测；供给预测。

核心提示——

人力资源规划一般包含以下内容：组织机构的设置；组织机构的调整与分析；人员供给与需求分析；人力资源管理制度的制定；人力资源管理费用预算的编制与执行。

人力资源规划的目标：得到和保持一定数量的具备特定技能、知识结构和能力的人员；充分利用现有的人力资源。

人力资源规划是企业管理中一项重要的战略性管理职能。人力资源规划会影响组织的战略规划、组织规划、人员规划、费用规划和制度规划。所以，在每个企业进行人力资源规划时，一定要与企业的战略规划、组织规划、人员规划、费用规划和制度规划相

接轨，也要综合各方面的因素进行。

人力资源规划的内容可以分为广义的人力资源规划和狭义的人力资源规划，广义的人力资源规划泛指各种类型的人力资源规划，而狭义的人力资源规划特指企业人员规划。

相关链接——

人力资源规划是企业战略的关键部分，当企业总体战略和人力资源规划相融合时，企业发展就会更有力。人力资源规划能帮助企业控制人力成本。在对人力现状进行分析时，也是对企业的检视，人力资源规划可以改善人力不均的情况，保证人力资源合理匹配，从而控制人力成本。人力资源规划可以让管理活动变得更有秩序。

前沿话题——

O7P 模型：Organization 组织（组织结构、组织能力、组织文化），Position 岗位（岗位设计、岗位定义、岗位评价），Performance 绩效（绩效层次、绩效定义、绩效管理流程），Payment 薪酬（内部公平性、发展激励性、外部竞争性），People 人才，Path 学习发展通道（培训体系、培养项目、学习地图、学习活动），Pipeline 职业发展通道，Platform 数字化人力资源系统。

3.1 百胜集团人力资源规划

3.1.1 百胜集团背景资料

百胜餐饮集团（以下简称百胜）是全球大型的餐饮集团，在全球 110 多个国家和地区拥有超过 35 000 家连锁餐厅和 100 多万名员工。百胜旗下包括肯德基、必胜客、小肥羊、东方既白、塔可钟、艾德熊及海滋客等品牌，分别在烹鸡、比萨、火锅、中式快餐、墨西哥风味食品、海鲜连锁餐饮领域名列全球第一。2007 年百胜全球营业额达 100 亿美元，其中包括直营和加盟费收入。

百胜中国从 Yum! Brands（纽约证券交易所代码：YUM）分拆出来之后，于 2016 年 11 月 1 日独立在纽约证券交易所上市，股票代码为 YUMC。百胜中国在中国市场拥有肯德基、必胜客和塔可贝尔三个品牌的独家运营权和授权经营权，并完全拥有东方既白、小肥羊和 COFFii & JOY 连锁餐厅品牌。

（资料节选自百度百科：百胜餐饮集团）

3.1.2 百胜集团人力资源规划体系

百胜的招聘是根据政治、经济、社会、法律和未来发展趋势为基础进行的，由管理者确定未来发展所需要的储备人才。这样能够有效地实现企业管理的组织设立目标，提高员工的工作效率和绩效，并且可以减少企业未来的风险。百胜的招聘胜任力具有其独有的企业风格，它是在结合公司战略发展的同时，针对其餐厅储备经理这个职位提出来的，所以它的内容及标准是独一无二的。同时，百胜选择以这种方式晋升内部员工，减少了向社会招聘高级职位员工的费用。

1．领军人才养成规划

百胜以提高人才的经营管理能力与领导力为目标，制订了主要针对青年员工的“领军人物养成计划”，通过更系统的个人成长和更扎实的职业发展培育体系，全面培养员工的经营管理能力与领导力。通过有序的、系统化的培训，承诺四年内将加入百胜的年轻人培养成连锁餐饮零售的商业领军人物。

员工关系部希望达到的效果是“南美洲的一只蝴蝶扇动几下翅膀，就引起北美大陆上的一场风暴”——一个员工良好的行为，能影响周围的同事，进而形成一股合力，为企业带来正面的效应。如果你仔细观察，就会发现在肯德基的餐厅里，不同的工作人员的帽子是不一样的。那些在工作中表现出色的员工会被奖励一顶特别的帽子，而如果下次再表现出色，他就会再获得一个奖励，积累到一定数量，则可以换取相应的礼品。当然，如果这位员工连续表现出色，那么就会有薪酬奖励。每个月员工都会有一张考核卡，贴在员工休息室内，并且每个月和每个季度都会推选出优秀员工。家庭内有困难的、家人有重病的还可以提交申请得到补贴。

2．人才的需求与储备

百胜进行了科学的需求分析。百胜每个月都会发生许多人员变动情况，运营部会向人力资源部提交人员变动和需求的数据，包括需求人数、离职人数、调动人数、请假人数等详细的人员变动信息，以便人力资源部明确未来的招聘方向，合理地进行人员招聘，有效地避免人员不足或人员浪费。

百胜进行了丰富的人才储备。在招聘的过程中存在许多面试者放弃面试的情况，工作地点远、工作时间长、薪资福利低、实际工作情况复杂等都是面试者可能放弃面试的原因。据统计，在面试环节，放弃面试的人数占该轮应面试总人数的百分比，即面试放弃率分别为：区经理面试环节 25%，餐厅面试操作环节 10%，区域经理面试环节 20%。针对这些放弃面试的人员，百胜建立了人才储备库，并将这些人的资料录入、保存，作为储备人才，一旦人才缺失便优先将这些人作为招聘重点。

3．人力资源结构指标

在百胜，85%的见习助理的年龄都在 25 岁以下；餐厅助理中 50%在 25 岁以下，40%在 25～30 岁之间；餐厅副经理中 30%在 25 岁以下，70%在 25～35 岁之间；餐厅经理 50%在 25～30 岁之间，50%在 30 岁以上。

随着业务的发展，百胜对于人员的学历要求也是有变化的。目前，所有的基层管理人员都要求有大专以上学历。餐饮行业是个服务性行业，大部分女性的亲和力和承受压力及忍耐力较男性要有优势一些。百胜的基层管理人员四成是男性，六成是女性。百胜对于整个企业的人员配备情况：每家店配备见习助理、餐厅助理、餐厅副经理、餐厅经理。

4．员工参与度与发展环境指标

让每位餐厅经理都理解和感受到他们是公司业务的关键。餐厅经理会被全面告知公司总体的发展策略和进程。公司的文化是从上至下推行的，在百胜日益壮大的同时，最基层的管理人员也同样能感受到公司的文化，听到同样的信息，而不会因为组织的庞大使公司倡导的东西走样。百胜从 1997 年开始，每年都会举办 Winning Together（简称 WT）的文化倡导会。在倡导会上，公司的总裁和各品牌总经理都会发表演讲，就公司的文化和发展的战略与策略进行宣导。所有的餐厅经理及以上人员都会被邀请，同时各服务共享部门的主要领导人也都会参加。餐厅经理在 WT 上了解到的和听到的是公司最高层的声音，是对公司战略、策略和文化的解读。举办 WT 的目的就是要大家听到同一个目标、听到同一个信息。WT 的精髓一直没有改变，那就是自上而下的战略。公司内有一份针对餐厅经理的杂志，在杂志中有公司的政策、动向的介绍。这也是餐厅经理除 WT 外了解公司业务发展情况的另一个途径。餐厅经理清楚了解公司对自己的要求和期望是什么，从而以管理自家店的态度去管理和经营自己所管辖的餐厅。餐厅经理的业绩目标和考核参数都十分明确和清晰，餐厅经理的意见会被纳入目标设定的过程中，他们不是被动地接受，而是可以参与决策，同时意见被倾听和重视，这是非常有序的两级管理。并且在平时的工作中，餐厅经理也会向基层员工提交建议表，征求员工的意见，使餐厅绩效越来越好。

案例分析

百胜根据政治、经济、社会、法律和未来的发展趋势为基本来进行对于储备经理的招聘，并且在招聘中很好地结合了企业的发展战略。而这种在各店提升员工的方式也是一种内部提升的制度，内部提升了也可以很好地降低企业招聘高级人才的费用，百胜在这方面可谓做得很好。这种人才规划很好地诠释了人力资源的目的，即确定企业需要找人填补哪种职位，以及如何去填补这些职位空缺。

百胜制定了一系列系统的培训任务及目标，对员工进行科学培训，这里体现的是人员培训规划。并且，员工在某方面获奖时，百胜会给予员工一定的奖励。在肯德基，每个员工会有对应不同奖励的帽子，在奖励的帽子获得一定数量时还可以兑换一定的奖品，并且表现很好的员工也会有薪酬奖励，这里体现的是员工薪酬激励规划。每个月员工都会有考核卡，并且每个人的考核卡都会放在员工休息室的上方，当然每个月也都会有优秀员工的推选，这里体现的是绩效考核规划。当有新员工入职，店长就会向员工询问家里是否有困难，这时候企业会向家庭有困难的员工提供一定的帮助，这里体现的是其他规划。很多员工便是被这些规划而深深吸引。所以，在企业进行人力资源规划的时候，一定要做好这四项规划，这不仅可以提高员工的能力、综合素质，还能使员工增加积极性，对于企业的发展甚有益处。

百胜每个月都会让运营部统计每个店的员工流动情况，包括需求人数、离职人数、调动人数、请假人数等详细的人员变动信息，并且要定时向总部进行汇报。目的就是为了能够明确未来人力资源的发展方向，这样可以合理地进行人员分配及招聘员工，可以很好地避免人员的浪费。在寒暑假的时候，每个店都会招聘备用的人才，也就是所谓的寒暑假工，非假期时间可能没有假期的时候忙，这种方法很好地避免了突发情况的发生。在面试的时候，虽然有些人在某个职位上被淘汰了，但是负责招聘的经理会观察他是否适合店里的其他职位，并可能把他作为合适的职位上的重点培养对象，这不乏是一种储备人才的做法。这种做法提高了招聘的效率，同时也提高了员工的录用率，可谓一箭双雕。由此可见，做好人力资源现状分析是一件多么重要的事情，它可以使企业更好地利用人力资源，避免浪费资源，做到人尽其用。

在人员结构方面，百胜招聘的大多都是年轻人，因为是餐饮行业，所以富有朝气的年轻人便是百胜青睐的对象。百胜比较注意人员结构，这能很好地满足企业的发展需求。

在员工参与度与话语权方面，百胜每年都会举行集会，目的就是为了交流全国各地的餐厅经理的意见及对于企业未来发展的想法，也顺便让餐厅经理吸收总部的想法，他们不是被动地接受，而是可以参与决策，同时意见被倾听和重视。餐厅经理每个月也会向员工发送建议表，员工如果有建议可以写在建议表上然后提交。这也是百胜想法不断新颖的原因。员工可以作为一份子参与决策，在企业的发展中拥有话语权。企业不应该完全剥夺员工的决策权和话语权，有时候，员工的建议可能是注入企业的新鲜血液。

人力资源是企业的第一资源，企业的发展大多依靠人力资源，所以企业应该不断地让员工提升自己的知识技能水平。当然，思想素质也是很重要的，这就要求企业能够形成好的企业文化。企业文化价值观是企业在发展中所形成的一种全体员工认同的行为准则，能够带领员工在企业中发展。在企业出现冗员情况的时候一定不能马虎大意，而是应该科学合理地分析，合理地处理冗员，并且着力调查员工的情绪稳定程度，科学分析员工的离职率和流动率，以此进行深度的人力资源分析和了解。这样才可以保证企业正常经营和长远的发展。

大多数企业人力资源规划的实施分为四个阶段：创业阶段、成长阶段、成熟阶段和衰退阶段。当企业招聘进新人的时候，不光要进行技术技能的培训，更重要的是以领导者的魅力吸引新员工。当新员工慢慢成长起来，这时候可以放手让他自己去做，也是让他可以自己适应规范化的管理，而不再只是注重领导者的魅力。当员工进入成熟阶段，大多都可以独当一面了，这时候便是晋升人才的好时候，使他们进一步晋升为专业人才，能够为企业做更大的贡献。但是，每个人都会进入衰退阶段的，这时候就应该进行人才的更新换代了，这样人力资源可以得到充分的利用，做到人尽其用。人力资源规划对每个企业都十分重要，企业应当重视起来，做好人力资源规划，为企业未来的发展做好铺垫。

3.2　华为公司人力资源规划

任正非表示：“过去公司的人力资源对标功能组织建设，逐渐脱离‘作战’系统，建立了自我封闭体系，成了落后于业务发展需要的体系。人力资源是‘主战部队’的助手，‘作战’需要资源，人力资源要对资源负责任。什么是资源？资源就是优秀的员工（各级骨干+英雄+领袖），以及合理的作战队形。所以，人力资源体系一定要改革，HR 要注重绩效管理、组织激活、领袖选拔和英雄评选，其他事务性工作（如签证、人事）应该逐渐剥离出去，不能捡了芝麻，丢了西瓜。”

3.2.1 解决绩效管理的合理性和规则性

人力资源部首先要集中精力解决绩效考核的合理性和规则性，这是公司当前的战略重心。优化绩效管理要把握三点：第一，要坚持以责任结果为导向，“产粮食（销售收入、利润、优质支付、提升效率、账实相符等）”的结果是可以计算出来的，占比多少可以探索，例如 70%；第二，要强调战略贡献，“增加土地肥力（战略贡献、客户满意、有效风险管理）”是评议出来的，按微软 CEO 萨提亚 • 纳德拉的三条领导原则[①]，相关部门也要投票，占比多少也可以探索，例如 30%；第三，要差异化管理，不做一刀切。

组织绩效管理与业务结合，利益问题用“包”的方式来解决，人力资源部提供考核方法和工具，授权给各级团队和他们的干部去考核。人力资源部可以利用虚拟考核报告来计算出初始薪酬总包。可以根据过去三年该公司的薪酬包（即组合使用激励工具，建立合理的薪酬体系）平均值作为基数，形成薪酬总包的基础值。再计算艰苦系数、困难系数，确定调整值。最后算上整个公司的通货膨胀系数（比如可以按公司年收入与薪酬包的关系来计算出膨胀系数），这样就得出一个薪酬总包的总值。基于薪酬总包总值的边界，授权团队发挥主观能动性，自行去评价，可以绝对考核，也可以相对考核。要坚持以“贡献面前，人人平等”为价值评价基础。当然，对贡献的注释，可以进行讨论与细化。

个人绩效管理坚持责任结果评价导向，以促进“为客户创造价值”“相互协作”“差异化管理”为优化重点。微软 CEO 萨提亚 • 纳德拉的三条领导原则很科学，值得我们思考。

3.2.2 用考核选拔“将军”

我们要允许一部分部门和岗位实行绝对考核制，激发员工活力，加强团队协作。个人绩效管理有两个作用：一是对过去责任结果的评价，二是对未来努力进取更要有牵引。末位淘汰制在公司全面实行，早期发挥了重要作用，但后来这个机制越走越僵化。现在我们要改变一下，允许一部分部门可以采用绝对考核制，但是要逐步推行，不急于大规模变化。有些小部门可以自愿选择是否采用绝对考核制，只要完成任务，就给相应额度的薪酬包和奖金包，自己内部去分配。员工每三年考核一次对本职岗位的认识和理解，他要晋升就要去接受更上一级的考核。不需要考核对于公司战略的理解，泛战略考核是对人力的浪费。主管对发出的命令承担决策责任，员工对命令执行的符合度承担责任，而不是对结果负责，这就减少了沟通成本。如果总在沟通，一是延误了时间，占用大量资金；二是增加了人力编制，没有必要。主管一定要珍惜机会、尽心担责。公司每年必须淘汰一部分主管，他们需要重新找岗位。如果到了内部人才市场，18 级的干部只能找到 17 级的岗位，那职级就降到 17 级，工资、股票也要降下来。只有这样大家才会珍惜在岗的机会，不会去混，这样才能带动队伍风气的改变。

① 萨提亚 • 纳德拉的三条领导原则：第一，向共事的人传递明确信息；第二，领导者要产生能量，不仅在他们自己的团队中产生能量，而且在整个公司产生能量；第三，找到取得成功和让事情发生的方法。

3.2.3 人力资源体系要敢于提前规划

华为强调在未来要练“内功”，加强内部改革，一定要让整个改革和业务融合起来，一定要将“作战”的权力和运作重心下沉。首先从人力资源部自我改革开始，加强“经线”管理的同时，也要加强“纬线”管理。把人力资源规划改对了，再去改别人，但是要谋定思动、逐步调整，避免因人员变动而导致过去良好的做法、经验和模板的丢失。人力资源体系要率先自我革命，从而去团结所有人，形成公司的价值体系，带动整个公司革命。

公司要对未来经济形势有正确判断，掌握命脉，不要带有盲目性。未来几年，整个大形势应该没有想象中那么乐观，公司及员工要有过苦日子的准备，对经济形势做出正确估计。比如，5G 不可能像 4G 一样势如破竹，它可能是东爆一个“地雷”，西爆一个“地雷”。如果不能成片性地爆炸，那么公司要养活 18 万名员工，每年的工资、薪酬、股票分红超过 300 亿美金，就会有些吃力。如果没有产生这么多产品，如何获得资金？在当前形势下，公司应该怎么办？所有工作都要对准“产粮食”和“增加土壤肥力”，如果对标没有价值，就应该裁减和放弃一部分工作，让其聚焦；放弃一部分平庸的员工，降低人力成本。第一，行业软件工程师的改革是成功的，目前产品线开始盈利，公司应该对一些留岗和转岗的优秀人员进行表彰。如果没有行业软件工程师的整改，就没有今天终端的辉煌，也就没有云业务的曙光。公司在上海战略务虚会上提出对第一批调整出去的人员先涨一部分工资，但是绝大多数人还没有等到涨工资，就出去了。面对现实困境，组织还需要做一些精简，每个精简的组织都要有正确心态。被整改都会有情绪，但是不能整改一个垮一个，所以公司要对整改进行正面鼓励，一定要化消极因素为积极因素。纪念被裁掉的、转岗成功或留下艰苦奋斗的人，才能为公司将来整改队伍留下正面的评价。第二，大家不要歧视编余的员工，编余是领导的责任，不在于员工。领导要组织一支能打胜仗的团队，并保证团队内的每个人时刻都能上“战场”。所以，对于编余员工要妥善安置。公司现在使用先进工具和先进方法，但是要避免过度裁员。第三，重视质量的建设，这个“质量”不是指交付，而是以财务为中心，重视财务指标，重视财务贡献。

人力资源系统和干部系统最重要的是 34 个人力资源模块，所有人员都要努力学习，有效掌握以后才会使用工具。大家都知道，必须会用螺丝刀才能做电工，必须会用扳手才能做管道工，必须会抡锤子才能做铆工，如果没有工具，拿手去拍钢板，能拍出轮船来吗？因此，所有人员要善于掌握工具，用工具帮助团队解决干部体系的建设和考核体系的建设。人力资源有 34 个模块，每个模块先出一个“单板王”，至少就有 34 个；将来每个模块至少会出 3～5 个“单板王”，那就产生了 100～200 名“专科医生”，这个体系就强大了。

在贡献面前要做到人人平等，就要精简一些长期不需要的环节，这样才能引导团队去冲锋建设。“贡献”可以去细化，可以去解释。战略性的环节有战略评价体系，来解决战略成长问题。华为之所以提出荣耀的提成机制，是因为当年荣耀追求技术荣耀感，不愿意做低端。为了鼓励他们，公司提出“按台数提成，不按销售金额提成”，越低端的产品提成越高，这样促使他们愿意去防守“喜马拉雅山北坡”，防守的人也有功劳。公司把奖金包分给终端，终端自己聚焦去解决内部的分配关系和战略平衡关系。

干部管理不要缺位，基础工作要做扎实，不要总谈高大上，每个人在自己的岗位上才能谈贡献。如果企业高层管理者都不在自己的岗位上，那么如何管理员工？干部管理是企业高层管理者的助手，要有企业高层管理者的视角，但有些时候还需要有全面视角。比如，有多少层级压在员工头上我们要从基层员工的角度来看，上面到底有多少层级，每个层级有什么独特价值，干部管理部门要推动每个层级有自己独特的价值。即使成立八层管理层级，所有的权力都在一层，那么设立这么多层级做什么？开七、八层会？无论是干部管理岗位还是人力资源管理岗位，要做好这个工作不能仅凭着热情，还要求具备专业技能，要利用人力资源 34 个模块来支撑业务成功。干部管理和人力资源管理要解决公司的导向问题。人力资源政策一定要考虑为整个公司成功、为整个业务的健康发展负责任。

案例分析

人力资源规划战略步骤：第一步，要能够识别公司成功的一些战略性能力、关键成功要素；第二步，基于这个关键成功要素识别关键岗位；第三步，再基于这个关键岗位来盘点一下现有的关键岗位上的人员，他们的岗位胜任度是怎么样的，然后要做一些必要的人员调整，包括培训发展；第四步，在前面三步的基础之上还有一个非常重要的工作就是要针对这些关键岗位和关键人才，采取一个差异化的或者倾斜式的激励政策，让这些为公司做出贡献的人员得到相应的回报；第五步，重新设定人力资源管理部门的评价指标，把重心放在关键岗位要尽快地补充到优秀的人才、关注关键岗位的空缺率、关注这些岗位上人员的胜任度等方面。杠杆点上的这些人才队伍的建设对于企业的成败来说更加重要。这五个步骤归纳为 SHARP 模型。识别关键岗位、加强关键岗位的人才的管理有两个关键点：一是要能够敏锐地把握到公司在客户产品组织业务和人员方面的变化，觉察其中的战略机会点；二是要利用 SHARP 模型来识别和管理好关键岗位和关键人才。

对公司而言，人力资源规划应当能够更有力地支撑公司的业务和战略。从人力资源规划到公司战略的关键点就是要识别公司成功的一些战略性能力和关键成功要素，然后基于关键成功要素，识别关键岗位。

2008 年的时候，华为的人力资源体系已经建设得非常好了，这时提出要授权一线。授权一线持续了五六年的时间，到了 2014 年的时候发现，公司业务最重要的一个快速增长点是软件和服务业务的增长，原来的硬件业务的增长已经放缓甚至是趋于负增长了。软件和服务业务都是以项目的方式来交付的，当年华为运作了 9000 多个项目，项目管理的水平是参差不齐的。很多海外办事处下面挂了很多个项目，管理幅度已经过宽了。一线的同事也提了一个需求，公司以奋斗者为本，希望公司能够划小经营单位、为员工提供更强的激励。

在这个基础之上，华为提出一个组织变革的方向，就是打造以项目为中心的眼镜蛇式组织。前端小型化、特种部队化；后端网络化，能够有效地整合资源、敏捷地支持前端。在这个模式之下，任正非非常敏锐地发现了一个问题：项目经理，也就是一线主管变得非常重要。任正非的讲话里面谈到，在过去传统的管理金字塔这个框架之下，一线主管是个非常不起眼的职位，但是在今天公司业务增长的趋势之下，在今天的这个情景之下，他们面对的是 CEO 级别的客户和高管团队，要解决的是一些非常困难的问题。所以，这个岗位的人员配置必须加强，通过人才的加强来推动整个组织变革目标的实现。华为在这个基础之上，甚至要在这个岗位上打破原来以岗定薪的传统方式，通过激励的手段，吸引更多的资深管理者愿意到一线去担任项目负责人这个职位。

3.3　谷歌公司人力资源规划

3.3.1　谷歌公司背景资料

谷歌公司（Google Inc，以下简称谷歌）成立于 1998 年 9 月 4 日，由拉里·佩奇和谢尔盖·布林共同创建，被公认为全球最大的搜索引擎公司之一。谷歌是一家位于美国的跨国科技企业，业务包括互联网搜索、云计算、广告技术等，同时开发并提供大量基于互联网的产品与服务，其主要利润来自 adwords（关键词广告）等广告服务。1999 年下半年，谷歌网站“Google”正式启用。2010 年 3 月 23 日，谷歌宣布关闭在中国大陆市场搜索服务。2015 年 8 月 10 日，谷歌宣布对企业架构进行调整，并创办了一家名为 Alphabet 的“伞形公司”（Umbrella Company），成为 Alphabet 旗下子公司。2017 年 12 月 13 日，谷歌正式宣布谷歌 AI 中国中心（Google AI China Center）在北京成立。2018 年 5 月 29 日，《2018 年 BrandZ 全球最具价值品牌 100 强》发布，谷歌排名第 1 位。2018 年 12 月 18 日，世界品牌实验室编制的《2018 世界品牌 500 强》揭晓，谷歌排名第 2 位。在 2019 年度全球最具价值 100 大品牌榜中，谷歌排名第 2 位。

（资料节选自百度百科：谷歌公司）

3.3.2　谷歌公司人力资源规划战略

在快速发展的组织中，与人员相关的最大挑战之一就是准确预测招聘需求。这些组织的业务部门负责人都希望能够灵活应对不断变化的市场环境，如市场上出现了新技术。他们还希望能够自如应对临时性招聘，如当竞争对手裁员时，他们能够做出快速响应。与此同时，HR 团队需要有时间来有效地分配资源，建立候选人渠道，与候选人发展长期的关系。

1. 人员编制规划

人员编制规划是对组织未来招聘需求的预测。通过这种类型的规划，团队将预期招聘需求在他们确定实际招聘需求之前与人员配置团队进行讨论。由于这些需求通常与组织的目标和战略紧密结合，因此招聘的每个员工都有明确的目标，最终填补空缺的员工应该能快速了解岗位将如何帮助推动业务向前发展。例如，在谷歌经常规划推出新产品或更新现有的产品套件。公司会提前几个月（有时几年）为这些产品设定上市日期。通过确定推出何种产品及何时推出，公司的员工团队可以了解到支持新产品需要哪些类型的员工和技能，如工程师、设计师或项目经理。招聘需求预测方法能够计划出通过内部或外部招聘，每个角色应该雇用多少人，每个新员工在产品创建、发布和推广方面应该得到哪些方面的支持，以便能高效开启工作。通过这种前瞻性的招聘需求预测方法，HR 团队能够提前规划非常长的招聘期。由于团队使用组织的目标来推动他们的计划，因此从招聘广告创建的那一刻起，每个未来员工的目标都是明确的，HR 可以充满自信地谈论该角色的职责。

需要注意的是，员工需求计划只是更广泛的战略性人才规划流程的一部分。在确定未来的招聘需求之前，你的组织应该首先明确制定业务和产品目标，明确当前员工的技能和能力差距，并战略性地考虑通过内部调动和技能提升来填补这些差距。只有这样，团队才能真正确定他们对外部人才的需求。

通过更深入地了解组织的目标,HR 可以更清楚地确定哪些候选人具有影响这些团队或公司目标的优秀技能。这种积极主动的方法也为 HR 提供了时间来询问业务部门招聘负责人一些问题，这些问题可能有助于 HR 找到更有实力的候选人，如这个候选人将从事什么工作，或者这个角色需要什么具体技能。

人员编制需求规划还允许业务招聘负责人花更多时间来识别这些优秀的候选人。为了在即将到来的角色上有足够的准备时间，业务招聘负责人可以提前与强有力的候选人建立更紧密的关系——这在传统做法上是不可能的，这为以后的招聘提供了更多的机会：如果业务招聘负责人在招聘广告发布之前就开始与理想的候选人建立关系，那么当招聘广告发布后，业务招聘负责人就可以立即采取行动，加快招聘过程。

2．了解业务战略规划

要成功规划未来的招聘需求，就需要对组织的业务战略有更深刻的理解。要了解有关公司业务战略的更多信息，可以从以下问题开始。未来 1～2 年公司的主要投资方向是什么？这些可能是财务投资，包括公司正在开发的新产品或者对当前产品的重大升级；也可能是人员投资，如需要扩充团队或者额外的培训计划。公司正在扩大覆盖的区域吗？这包括开设新办事处和扩大现有办公室，这两项工作都需要雇用更多的工作人员。公司在哪些领域变得更大或者增长最快？例如特定团队或者业务领域，开发、工程或者营销。所处行业正在发生怎样的变化？技术的进步是否会增加机器学习或者 3D 打印等新技能的重要性？这些问题的答案可以通过与公司领导层交谈获得，也可以在公司收益报告、新闻稿、博客文章或内部新闻中找到。通过收集这些问题的答案，你将开始掌握未来需求的领域及满足需求所需的资源类型。

收集公司特定的信息，这是获得有关组织内部未来职位空缺有用信息的另一个机会，在这之后，人员配置团队能更好地为新角色做准备，或者为公司方向的变化做准备。该团队将如何支持业务战略？比如开发团队目前可能支持一种产品，但很快就会开始研发新的产品。了解每个团队在实现未来目标中所扮演的角色，使招聘人员能够更好地掌握当前可能缺失的角色或者技能。此外，还可以关注一些问题。例如，需要什么类型的角色？业务招聘负责人是否期待新职位的设立？或者他们只是在增加与团队现有职位类似的岗位？这些空缺会在多长时间内形成？为避免过度雇用员工，人员配置团队必须在合适的时间填补空缺——而不是在真正需要员工之前。

3．大数据预测规划

大多数组织至少使用一个系统来跟踪组织中当前和未来员工的数量。这些可以是人力资源信息系统（Human Resource Information System，HRIS）、申请人跟踪系统（Applicant Tracking System，ATS）、电子表格或者其他工具的组合。一旦人员配置团队获得了关于预测员工的详细信息，就会将这些数据添加到他们的系统中。在记录这些信息时，一定要包括你与领导层和业务招聘负责人谈话的所有细节，包括需要的角色、职称、所属团队、大致的薪酬和职责。这些员工将如何支持组织的目标，是否被招聘来进行特定产品的开发，还是为了满足某个特定团队的预期增长。当这些招聘确定开展时，应该尽可能接近所设定的日期，以便人员配置团队可以利用他们对组织招聘时间的了解，来安排招聘广告发布的时间，以及相关面试时间等。为了避免在未来招聘计划中出现任何障碍，所有人员编制需求数据应存储在同一个地方。这为所有角色提供了唯一的人员数量信息，无论这些角色是计划立即填补的还是预测未来的。

保留与不确定性水平成比例的超额人员配置能力。每当领导层提出新的职位空缺时，人员配置团队都需要时间来编写职位描述，准备面试指南并搭建候选人渠道。随意关闭或者改变开放职位的要求会降低人员配置团队的生产力。因此，预计情境会迅速变化的公司应该保留与不确定性水平成比例的超额人员配置能力。组织可以留出一部分时间来让招聘人员快速响应临时要求，或者留出多余的预算，以便在招聘需求意外激增时可以聘请外部机构。

为临时性招聘制定明确的规则。有时候，招聘人员可能遇到一位没有对应职位空缺的优秀候选人，或者一个职位空缺可能有两名优秀的入围者。与其做出一个看起来难以取舍的选择，招聘人员可能更愿意同时向两名合格的候选人提供工作机会，即便他们没有固定的招聘预算。面对这样的情景，建立明确的指导方针，清楚说明公司何时应该进行需求计划中所没有包含的临时性招聘，有助于维持招聘流程的公平性，限制过度招聘，并防止关键人才的流失。

案例分析

谷歌并没有把 HR 的职能部门称为“人力资源部”，而是称为“人力运营部”。谷歌认识到每个领域都需要基于数据的决策。谷歌的人力资源管理决策是通过强大的“人事分析团队”来引导的。谷歌所有的人事决策都是基于数据和数据分析的。公司的目标是人事决策所采用的精确化水平与项目决策的水平相同。对于 HR，谷歌不再采用 20 世纪主观决策的方式，尽管谷歌仍旧称它的方法为“人事分析”，但是它的决策方式也可以称为“基于数据的决策”“基于数学的决策”，或者是“基于事实和证据的决策”。谷歌的人事管理是具有前瞻性的，它开发了一个预测模型并运用有效分析进一步改善对未来人事管理问题与契机的预测。谷歌也将运用数据分析提供更具成效的员工计划，这是实现企业快速发展与变革的关键。

谷歌的目标是通过引入“与工程决策具有同样精确水平的人力决策”，使人力资源部成为“与其工程部门同样具有科学性”的职能部门。

谷歌的领导者意识到，如果不致力于推动与工程决策具有相同精确性与科学性的人力资源决策，人力资源部将无法实现向技术驱动、数字化方向转型。科学性人力资源规划的特征有以下几点。（1）直接影响业务结果，像管理业务一样管理人力资源。（2）依靠数据驱动的决策制定而非依赖于直觉或过往管理实践。在这一科学性模型之下，关键的人力管理决策是基于绩效数据做出的，与人才招聘、保留、发展与激励等最为有效的人力资源策略相关的决策，也都建立在最新的可用数据之上；数据与客观的标准也同样用于决定所需完成的工作何时由企业员工完成。（3）强调假设检验与实验。谷歌的人力资源部都是假设检验的支持者，特别是当假设本身涉及能够有效预测新员工成功表现的特定因素时。（4）需要持续学习与持续改善，强调对绩效数据的持续收集与汇报，以支持人力决策。（5）提出人力资源折旧假设，全新的、更富成效的策略与方法也将不断地被开发出来，并能够为 HR 所用。（6）无一遗漏的全面数字化。人力资源的方方面面都需要加以数字化，以确保所有信息在人、流程与系统之间以电子化方式直接共享。（7）应对未来。几乎所有人力资源指标都关注历史数据，然而科学性人力资源则更强调前瞻性预测分析。（8）识别优先事项。业务单元、员工、工作任务与绩效都应当区分优先次序。（9）带来外部聚焦。在传统的内部战术性聚焦之外，人力资源必须监控并能够适应外部环境。这意味着在人力资源流程与结果方面打造超越企业竞争对手的竞争优势。不断变化的外部环境也要求 HR 将敏捷的基因注入人力资源流程，以使其在业务环境发生重大变化时能够快速地适应并增减规模。

像谷歌这样不断发展壮大的大公司，需要不断招聘新的员工来支持公司的业务战略，同时谷歌也处于快速增长模式中，即不断向新领域扩张，因此更需要定期发展员工以满足这些需求。

规模较小的组织或者那些没有增长动力的组织，会发现人员编制需求规划很有用。一家小型企业的招聘人员，虽然每年只招聘几名员工，但是有关未来需求的讨论，将能让他更好地了解需要支持的部门的招聘需求。人员编制规划对所有企业来说都是一个有用的过程。虽然人员编制规划似乎只对非常大或者正处于快速增长模式中的企业有价值，但是对于任何规模组织的 HR 团队来说，这都是一个非常有用的流程。通过投入时间和精力来了解公司未来的需求，不仅可以为即将到来的招聘做好准备，还可以向业务招聘负责人表明，无论他们的需求何时出现，你都已经准备好并愿意满足他们的需求。这种积极主动的方法通常会使员工配置团队与其他业务团队之间的关系更紧密。反过来又可以通过防止混乱或者冲突来强化招聘过程，并促使所有团队和谐地朝着他们的共同目标努力。

3.4　海尔集团人力资源规划

海尔成立以来至今已经经历五个战略发展阶段，2012 年进入网络化战略发展阶段以来，顺应互联网时代的“零距离”“去中心化”“分布式”“迭代创新”等新趋势，海尔明确了新的人力资源管理开放、共享、共赢的核心思想，即通过从传统封闭的科层制组织转型为开放包容的创业平台，创建机会均等、结果公平的规则，实现利益攸关各方共建、共享、共赢。

按单聚散的目标是在开放的组织下，打破组织边界，让外部优秀的人和资源可以无障碍进入，让组织保持持续活力。海尔的按单聚散流程如图 3-1 所示。

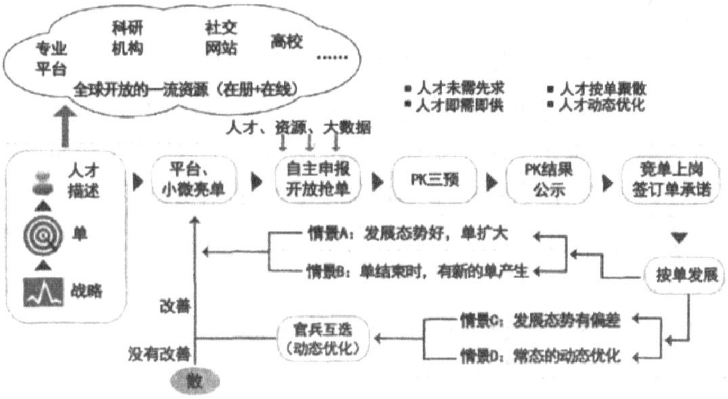

图 3-1　按单聚散流程

海尔 HR 平台搭建了一个模块化、流程可以自由组合的灵活的信息化平台。按单聚散流程对人才描述根据公司战略需要，建立靶向人才需要清单，对需求人才进行描述，通过专业平台梳理人才资源，形成人才未需先求、人才即需即供、人才按单聚散、人才动态优化的模式。海尔“人单合一双赢”模式（见图 3-2）将人和单合一，让员工在为用户创造价值的同时实现自身价值。海尔“人单合一双赢”管理模式九大要素（见图 3-3）从顾客价值（单）和自主经营体（人）合一，建立日清体系（行），进行闭环优化（酬），实现知行合一和人酬合一。经营人则是人单合一的灵魂。

图 3-2　海尔“人单合一双赢”模式结构图
（资料来源：根据互联网公开资料整理）

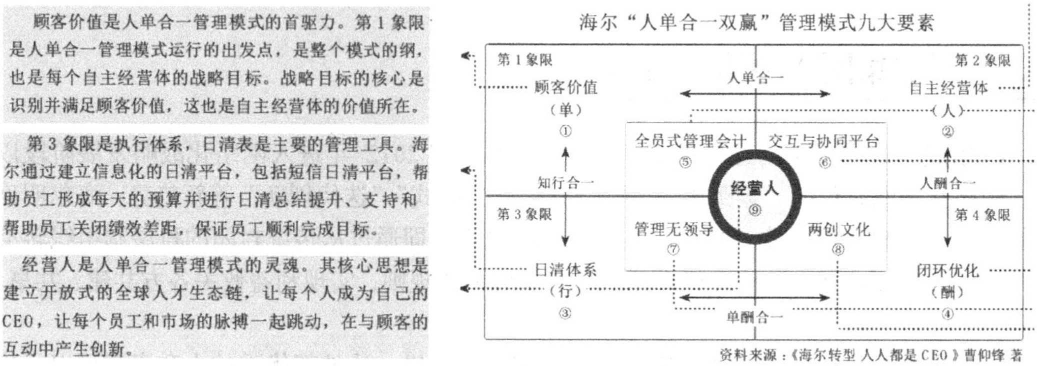

图 3-3　海尔“人单合一双赢”管理模式九大要素

1. 海尔集团按单聚散流程

第一，明确人力资源需求来源于战略和市场目标。

第二，构建开放的人力资源交互平台，解决了人力资源来源问题。这个交互平台可以快速挖掘和搜索各类社交网站、各类专业领域网站等，把上面的人和资源动态聚集在交互平台上，同时可以把这些人和资源进行“画像”，然后匹配战略和目标的需要，进行优先级排序，显示在平台上，小微可以自主用人。另外，这个平台可以实现资源、人和小微组织之间的实时动态交互。

第三，解决了人和资源如何进入海尔平台上的问题。主要通过自主申报、开放抢单、PK 三预竞单上岗、签订契约四个小流程来实现。

第四，动态优化。人和资源进入平台以后，不是一劳永逸的，而是动态变化的，基本上可以分成三个情形：第一个情形，发展的趋势非常好，可以实现高单高酬；第二个情形，抢了市场目标，单是周期性的项目工作，完成这个单之后可以去抢其他的单，也就是说在企业内部，每个人都是节点，这个节点不是静态不动的，而是基于目标的需要聚散；第三个情形，抢单之后，发展趋势和竞单上岗时的目标承诺有差异并且不能限期交差，这时会启动“官兵互选”的机制。

通过按单聚散平台，企业由原来的科层制部门转变为动态的小微公司。主要解决了三个问题：第一，“官兵互选”的机制让团队能够持续保持活力，并且让更优秀的人持续动态地进入海尔平台上；第二，PK 三预竞单上岗的机制，解决了员工主动抢大目标和员工快速发展的问题；第三，通过开放接入一流的资源，解决了现有的人的能力和更大目标之间差距的问题。

2. 海尔“人单合一双赢”管理模式

“人单合一双赢”模式是一种创新的管理模式，企业员工必须做到全员观念创新，树立“一切满足市场实际需求的经营，才是真正的经营”的观念。坚持以市场为目标的流程再造，将设计订单、直发产品和回收货款组成一个闭环。由于“人单合一”，所以对市场需求反应迅速；由于“直销直发”，产品个性十足，成本较低；由于“正现金流”，企业充满活力。海尔重视差别化管理。差别化管理就是企业创新力的管理能力。注重差别化管理就是强调每个职位的创新。海尔提倡软竞争力，即重视推进直销团队式企业文化建设，而这种企业文化可以最大限度地调动员工的工作积极性。

案例分析

海尔人力资源战略规划有四点：一是 OEC 管理，即与名牌战略相契合的人力资源战略管理；二是员工挑战自我，即与多元化战略相契合的人力资源战略管理；三是国际化的人才培养与引进，即与国际化战略相契合的人力资源战略管理；四是战略事业单位运动与雇主品牌塑造。

海尔“人单合一双赢”模式在企业发展壮大和经营管理水平提升方面起到了至关重要的作用。“人”即员工，“单”即市场目标，此处的“单”不是狭义的订单，而是广义的用户需求。“人单合一”即让员工与用户融为一体，“双赢”则体现为员工在为用户创造价值的同时实现自身的价值。“人单合一双赢”的本质：我的用户我创造，我的增值我分享。也就是说，员工有权根据市场的变化自主决策，有权根据为用户创造的价值决定自己的收入。“人单合一双赢”模式使每个人都是自己的管理者，并组成直面市场的自组织，即自主经营体。特别是自 2012 年以来，海尔率先启动了“网络化战略”，在前期“人单合一”的模式基础上，通过对互联网时代企业经营变革的深刻理解，推出了“人单合一 2.0 版”。海尔认为，在互联网时代，企业不再是一个管控型组织，而是平台化的生态系统。在海尔当前的平台型组织下，只有创业的三类人：平台主、小微主和创客。海尔的这种人单合一的管理模式不仅成功地运用在研发、销售和生产领域，也逐步推广到了人力资源管理领域当中，通过“人单合一”在人力资源管理领域内的实践，成功地推动了海尔人力资源管理的转型。

人工智能作为影响面广的颠覆性技术，其发展的不确定性给海尔的人力资源规划带来系统性、多层次的深远影响，主要体现在以下三个方面。第一，基于人工智能在感知和认知领域的能力，形成全新的人机合作模式，大幅度提升工作效率。第二，帮助员工摆脱重复枯燥的工作，提供沉浸式培训，提升员工的工作体验。第三，人工智能对员工的能力结构提出了全新的要求。人工智能擅长信息的获取、记录、检索和处理，但无法做出平衡长期、短期利益，涉及人类情感体验的决策。

在人机合作的过程中，员工原有的能力模型将发生颠覆性的变化。员工的价值判断能力、决策能力、创新能力将变得越来越重要，“做正确的事情”将比“正确地做事情”重要得多。人工智能时代已经来临，人机合作已然成为新的生产模式，机器擅长理性记录、分析，人类擅长社交互动、创新，两者的相互补充将会创造更多价值。对于通信运营商的管理层，应该采取更加开放包容的态度看待人工智能，利用人工智能提升管理效率和决策质量，并做好相应的战略谋划。第一，重新定义员工和员工能力要求。人工智能拓展了员工的内涵和外延，人类和机器都将成为企业的员工，人机的分工配合也将成为一项重要的人力资源管理工作。人工智能将人类员工从网络质量监测、营销方案设计、财务票据整理等事务性工作中解放出来，但也对人类员工的协作能力（包括人机合作）、共情能力、决策能力、创造能力提出更高要求。第二，制订新的人力资源计划。未来企业在制订人力资源计划时，需要基于新的员工能力与价值，重新梳理员工的结构变化和能力模型。要在人机协同的前提下，设计全新的工作模式和流程，推动企业人力资源管理的变革。第三，尽量化解员工的“卢德意识”。“卢德意识”来自19世纪英国工人反对纺织工业化的社会运动，意指对工业化、自动化、数字化或一切颠覆科技的反对意识。如今，已经有很多人“谈人工智能色变”，担心人工智能是否会如斯蒂芬·霍金所言成为“人类最大的威胁”，从而对人工智能采取反对甚至敌视的态度。企业应该主动作为，追踪、研究人工智能发展动态，通过人机接触、人机互动化解敌意。

第4章

岗位分析与胜任素质模型案例分析

学习目标

1. 通过案例分析，了解工作分析的程序和基本方法
2. 通过案例阐述，重点掌握胜任素质的内涵
3. 重点掌握胜任素质模型
4. 重点掌握工作分析方法的运用

学习导航

4.1 沃尔玛公司的工作分析与胜任素质模型
4.2 雀巢公司的工作分析与胜任素质模型
4.3 三星集团的工作分析与胜任素质模型
4.4 联想集团的工作分析与胜任素质模型

知识回顾

关键词语——

工作分析；工作描述；工作规划；职务调查表法；工作日志法；关键事件技术法；工作说明书；胜任素质。

核心提示——

工作分析（job analysis）是指企业在战略规划的指导下所进行的工作系统分析，最终明确该项工作的职责和任务，以及完成该项工作必须具备的知识、技能、能力和其他要求的过程。

工作分析是对工作进行全面评价的过程，这个过程可以分为四个阶段：准备阶段、调查阶段、分析阶段和完成阶段。

工作日志法（employee recording）要求工作执行人员将其在一个工作日中所进行的

活动，按时间顺序记录下来，然后进行归纳提炼，取得所需信息。

关键事件技术（Critical Incident Technique，CIT）是通过专门的表格记录被调查对象在工作过程中那些特别有效和特别无效的行为，以此来判断职务的任职资格。

员工胜任素质应该涵盖六个方面内容：知识、技能、社会角色、自我概念、特质、动机。

相关链接——

岗位价值精细管理作为企业管理的一种新方式，是从更宽的视野、更高的境界，把企业的投入产出看作一种由岗位价值链接而成的业务流程，由岗位价值最大化扩展到企业效益的最大化，其目的就是提升企业的管理水平并提高企业的核心竞争力。

前沿话题——

可迁移能力，是指能够在各种有相通性岗位之间相互迁移、相互转换的能力。交流学习合作、计划组织、创造领导等方面都可以概括为可迁移能力。专业知识、价值观和可迁移能力的作用不是单向度的，而是相互影响的。如果你的专业知识和技能发挥得好，可能促进可迁移能力的提升，甚至会强化人才对组织价值观的认同。我们把价值观定位为基础，可迁移能力是保障，如果没有这两者，再扎实的专业知识也不能有效地发挥作用。

4.1 沃尔玛公司的工作分析与胜任素质模型

4.1.1 沃尔玛公司的工作分析

沃尔玛十分清楚工作分析的重要性，所以在战略规划的指导下进行工作系统分析，明确其工作的职责和任务，并掌握完成该项工作必须具备的知识、技能、能力和其他要求。沃尔玛大部分的职位都与销售和营销有关，所以大部分职位的任职资格都要求具有销售和营销方面的知识与技能。工作描述针对的是销售员、销售主管、销售经理和门店经理，后两者的任职资格要远远比前两者的要求高。沃尔玛的人力资源管理部门对销售经理和门店经理这样的职位通常都会要求至少有一个销售或相关专业的学位。工作分析与人力资源其他职能具有密切联系。

1. 组织目标与工作分析

沃尔玛的人力资源政策中强调“诚实”，组织目标、组织战略、组织任务会随着组织的经营环境和竞争环境而不断变化，但沃尔玛的文化没有因此受到影响。在沃尔玛的文化中，犯任何错都是可以被原谅的，沃尔玛还会有专门的人去帮助犯错者改正错误，但是只有一个错误不可以被原谅，那就是不诚实。沃尔玛始终坚信，只有个人诚实，才能保证其遵守公司的相关政策，同样承担起对消费者健康安全的责任，只有这样才能拥有光明灿烂的前途。保障食品安全是必不可少的，但是只有员工拥有好的身体，一切才能成立。沃尔玛每年还会组织员工进行体检，如果发现有患传染病的员工，立即请其暂停工作并进行治疗，治愈后方可返岗。

2．工作分析为员工培训开发提供信息

沃尔玛明确组织的工作任务和每项工作所需要的知识、技能等，这就使组织明确了培训需求、培训方式和培训所应该达到的目标。沃尔玛要求食品公司相关部门的人员具备一定的工作经验，并为他们提供专业的培训开发。沃尔玛成立的鲜食学院里都是经验丰富的鲜食专家，他们会定期到全国各地出差，给商场鲜食区域的管理层和员工提供培训与支持，其中培训的课程覆盖所有的鲜食部分的培训。除此之外，沃尔玛还会举办面向员工的公开课，帮助他们了解与自身工作有关的其他技能和知识，以便更好地为顾客服务。为了解决员工的过剩或短缺的问题，沃尔玛利用其信息系统来确定该组织的哪些领域或哪些方面将面临人力资源需求的增加，哪些领域将有剩余。然后，公司的人力资源管理部门实施相应的人力资源计划，以稳定人力资源。劳动力计划会规划出所需员工的数量，以及增加招聘的推荐时间表。在供需平衡方面，沃尔玛的目标是确保有足够的机会雇用合格的员工。公司有连续雇用和培训新员工的程序，这个连续的过程确保空缺职位能立即被补缺。这种不间断的招聘活动有助于沃尔玛获得充足的人力资源，以满足门店员工需求的变化。

3．工作分析为薪酬设计提供了依据

沃尔顿曾经说过："沃尔玛业务的 75%是属于人力方面的，是那些非凡的员工肩负着关心顾客的使命。把员工视为最大的财富不仅是正确的，而且是自然的。"因此，沃尔玛始终将建立企业与员工之间的伙伴关系视为最重要的部分。公司建立的"利润分享计划"就是倡议与员工共享利润，不管是以工资、奖金、红利方式，还是以股票折让方式，源源不断流进公司的利润都会越来越多。因为员工会不折不扣地以管理层对待他们的方式来对待顾客。公司善待员工，给员工归属感，那么员工就能够善待顾客，顾客就会不断地去而复返，顾客多了，销售额上升，利润自然也会上升，这正是零售行业利润的真正源泉。公司的经营理念就是：善待员工就是善待顾客。

沃尔玛组织结构的特点是层次化和集中化，并有一定程度的权力下放。层次化和集中化的组织结构指的是由公司总部来监督和指导组织中的所有活动。公司各部门对沃尔玛的所有门店都有管辖权，但对门店有一定程度的权力下放。比如，每个门店都会有自己的人力资源部并设立人力资源经理，人力资源经理会根据门店自身的特性来应用公司的人力资源战略。这种权力下放能保证门店的经营更具有灵活性以应对业务中出现的新问题。

沃尔玛采用"匹配式"的工作分析方法，这种方法主要对申请人、员工和主管进行面谈和调查，以确定问题和需要。沃尔玛的目标是将实际需求与现有人力资源结合起来，并确定两者之间可能存在的差距。在沃尔玛，工作分析中对于岗位的工作描述各式各样，大不相同。该公司的人力资源部门主要负责开发与销售活动有关的工作描述。

4.1.2　沃尔玛公司岗位工作描述

沃尔玛的零售店通常设置总经理 1 人，常务副总、副总各 2 人，财务总监 1 人，下设人事部、财务部、行政部、防损部、白班收货部、夜班收货部、夜班理货部、各商品部和前台收银部。沃尔玛在组织结构的设计上，将矩阵式结构转变为以各产品事业部和其他职能部门为中心、以各大区为单位的结构。大区内设置大区物流主管，由其协调与工厂、配送中心、销售分公司之间的所有物流活动，包括销售计划、订单、运输调度、生产与采购计划。大区物流主管的作用不仅在于反映问题、传达政策，更主要的职责在于根据区域情况制订整合计划。

1．采购部门工作描述

沃尔玛实行进销分离的体制，总部采购部的20个人负责所有分店商品的采购，而各分店是一个纯粹的卖场。沃尔玛现在已经舍弃了系列化经营原则。拿牙膏来说，市场上有1000多个品牌，每个品牌又有若干个品种、规格，一个商店80%的销售额通常是由20%的商品创造的。沃尔玛称这个现象为“80／20原则”。采购员的任务之一就是经常分析这20%的商品是什么，然后把它们采购进来。新品购进以后，采购员要注意顾客及商店营运回应，从第一个星期开始就要跟踪、监控销售情况，然后根据不同商品的市场表现，增加有需求的品种，同时删除表现不好的商品，以此来减少供应商和公司的风险。对于已购商品的销售评估，沃尔玛让电脑提供支持工作。电脑系统能够跟踪每个品牌、每种商品不同规格的销售情况。采购员根据电脑提供的数据，能够详细了解各个星期的销售情况，以此对供应商提出要求。

2．员工岗位要求

沃尔玛对本公司员工要求廉洁、诚实。每位员工进入公司时都要签一份“廉洁诚实声明”，以后还要经常进行廉洁、诚实培训，特别是要求采购员一定要诚实，客户请吃、送礼品、送红包一概不能接受。沃尔玛不仅这样要求员工，同时还从体制上杜绝商业贿赂。沃尔玛中国投资有限公司总部设有防损部，内部设调查员，专门调查采购员与供应商的关系。此外，对采购员一般半年调换一次业务范围。

3．人力资源管理部门岗位要求

人力资源管理部门的工作职责：制定与推行薪酬福利政策和计划方案，以及操作指引；协助维护职位评价系统和对应的级别薪酬福利水平；参与或组织各种内外薪酬福利调研活动并进行整理、分析与研究；配合跟进薪酬福利方面的内部审计及内部操作流程合规审核；负责薪酬福利方面的沟通、宣传和培训。人力资源管理部门员工的任职要求：本科或以上学历，英文口头与书面表达优秀，电脑操作熟练；组织协调及沟通表达能力优秀；较强的分析能力及高度的团队合作精神；优秀的数据分析能力，能熟悉各类分析工具，具有三年以上大型外资企业相关工作经验。

4.1.3 沃尔玛公司的员工测评

沃尔玛发展评估中心（assessment center）作为员工发展、选拔、考核评估的一个重要工具，结合胜任力的要求设定了胜任力模型和行为标准，根据员工的工作表现，考核评估员工的综合潜能和胜任能力，每年在4月和10月分别安排两次测评。在沃尔玛中国投资有限公司，如果从主管级别及以上进行晋升，必须经过发展评估中心。

1. 评委库

发展评估中心的评委库由资深的人力资源经理和高级业务专家组成，并经过不少于16 课时的相关培训方可上岗参加测评，此举在一定程度上确保了人才选拔标准的相对一致性和执行流程的统一性。首先，由总部人力资源部员工发展组的同事对各区域、各商场人力资源部，以及各部门负责人员发展的同事进行有关评估的培训；然后，各区域、各商场人力资源部，以及各部门负责人员发展的同事，利用总部人力资源部员工发展组发出的“沃尔玛发展评估中心”的 PPT、资料、表格等，来培训需要参与发展评估中心的人力资源部和各部门的同事，让每个同事都清楚发展评估中心的目的、作用和具体操作过程，让每个同事在真实的情景中掌握发展评估中心的每个工具和具体环节的要求。在培训过程中，人力资源部相关人员必须仔细阐述不同测评工具的目的和作用，让每位评委都能有效运用不同的测评工具去评估被测评者，达到利用发展评估中心来评估、发展员工的目的。

2. 测评题库

在发展评估中心通常使用的工具是 360°调查、案例分析、行为事件面试和公众演讲，根据这些工具来设定相应的测评题库。根据测评层级来设定对应的题目，并将对应的胜任能力具体描述作为衡量标准来对测评对象进行考核评估。由于每层级或职位都将有不少同事参与测评，为公平起见，对于纳入发展评估中心的每层级或职位，都应准备多套题目，避免重复。

3. 沃尔玛核心能力的实质

支撑沃尔玛两大核心服务的核心能力在于沃尔玛发达高效的供应链管理。供应链是围绕核心企业，通过对信息流、物流、资金流的控制，从采购原材料开始，到制成中间产品及最终产品，最后由销售网络把产品送到消费者手中的整个过程，将供应商、制造商、分销商、零售商直到最终用户连成一个整体的功能网链结构。供应链是一个复杂的系统，要使它运转起来，必须有效地协调和管理，这便是供应链管理。

案例分析

工作分析不仅要对工作本身进行分析，还要对从事该项工作的员工资格进行研究，在此基础上最终形成两个文件：工作描述和工作规范。

工作描述是介绍工作本身的文件，明确了工作任务、工作职责、工作条件等。沃尔玛下放一定的权力给沃尔玛的所有门店，让他们更具灵活性，以此有利于发现问题、解决问题。沃尔玛对岗位的工作描述也各式各样。

工作规范是企业对完成该项工作的人员应该具备的知识、技能、能力和其他任职资格提出的综合要求。沃尔玛对于任职资格的要求是根据每个岗位的工作范围来划分的。工作是完成组织目标的重要手段，在一个组织中有许多工作，有些工作由一个人完成，如总裁、总经理、部门经理等需要完成的工作，这些工作只有一个职位；有些工作可能需要许多人共同完成，如商场会需要大量的售货员销售商品等，这些工作能提供很多职位，每个员工占据一个职位或工作岗位。每项工作可能由若干任务组成，为达到某一特定目的进行的每个活动都是一个任务，如售货员整理货架、销售商品等都是工作任务。工作职责是由一项或多项任务组成的活动，如市场调研是销售经理的一项工作职责，他负责完成调查方案设计、调查实施、调查结果整理与分析等一系列工作任务。

沃尔玛采用“匹配式”的工作分析方法。这种方法包括对申请人、员工和主管进行面谈和调查，以确定问题和需要。面谈法是工作分析的一种方法，是指通过同与工作有关的员工进行交谈而获得信息的方法。使用面谈法时要注意两点。（1）与主管人员进行合作，可以找到对工作最为了解的员工。（2）与被访谈者建立较为融洽的关系。与被访谈者建立融洽的关系可以通过几种方法来实现：用通俗易懂的语言聊天；简要介绍访谈目的；向被访谈者解释选择他的原因等。但是面谈法比较耗费时间，所以沃尔玛可以采用其他方法和面谈法相结合，以便提高组织工作效率。例如，可以将观察法和面谈法结合使用，对员工在一个完整工作周期内的工作进行观察，并把所有的工作记录下来。当所累积的信息足够多时，再同被观察者进行面谈。也可以以非定量问卷调查表法、工作日志法、关键事件技术法等其他工作分析方法为主，以面谈法为辅，解答一些特殊问题。

在人力资源管理活动中，通常依据工作说明书来确定职位的任职资格，但是在实际操作中，符合工作说明书的员工并不一定能够取得比较高的绩效，因为工作说明书只是确定完成本工作的最低标准。在当前的人力资源管理活动中，越来越多的知名企业运用胜任素质模型来弥补工作说明书的缺陷，沃尔玛也有一套自己的胜任素质模型。一个胜任素质至少包括六个构成要素。（1）名称：胜任素质的名称是“成就欲”。（2）定义：胜任素质的具体内容。（3）维度：“成就欲”的两个维度，即“激励成就强度和完整性”及“成就的影响范围”。（4）分级：对每个维度划分等级。（5）标头：对每个等级的概要性进行说明。（6）行为描述：通过行为描述来对每个等级进行界定。

胜任素质模型是指完成某项工作或达成某一目标所需要的一系列胜任素质的组合，包括不同的动机表现、个性与品质要求、自我形象与社会角色特征，以及知识与技能水平等。胜任素质模型指的就是这些职位所要求具备的胜任素质，以及这些胜任素质之间的权重关系。

沃尔玛胜任素质模型的作用：加强胜任素质、用人标准的建设，也就是将人力资源管理的重心前置，进行事前管理，提高员工的适岗率，使人员与职位更为匹配；提高培训的针对性，降低流失率，降低人力资源管理成本，提高投入产出比；使继任计划、 人才梯队建设与员工职业生涯规划更为客观有效、精准。了解人才通道上不同级别员工的胜任力要求和差异， 清楚员工的胜任力现状和差距，从而为员工提供合适的培训和发展资源。

沃尔玛根据某些领域或者某些方面面临的人力资源需求的变化，还有员工的过剩和短缺的现象，从工作分析人岗匹配的角度实现供需的平衡。从组织目标与工作分析的关系来看：沃尔玛的经营环境和竞争环境不断变化，组织目标、组织战略、组织任务、组织结构、组织的运用过程都不一样。沃尔玛不同职位的人员都是根据实际需求和公司的人力资源战略来确定的。公司会分析哪些领域或哪些方面将面临人力资源需求的增加，哪些领域或哪些方面又会有剩余。根据供需平衡，制订人力资源计划，这样就为计划招聘和选拔提供了依据。沃尔玛在工作分析中对职位的工作描述各式各样，大不相同。不同职位任职资格也不同，但大部分的任职资格都要求具备销售和营销方面的知识和技能，这样就为员工的培训和开发提供了相关的信息。组织在对员工进行业绩评估的时候，也要依据工作分析提供的标准判断员工是否完成了工作任务、完成得如何。沃尔玛大部分的员工是销售人员，工作描述针对的是销售员、销售主管、销售经理和门店经理。工作任务越大，工作职责越重，对组织的贡献就越大，对员工的要求也就越高，这为薪酬设计提供了依据。

沃尔玛的核心能力在于其发达高效的供应链管理。沃尔玛的成功不仅在于它找到和培育了自己的核心能力，还在于以该核心能力为支撑，通过三种终端渠道向消费者提供两种适应顾客需求的核心服务。沃尔玛定位的这两种核心业务是天天平价与提供超值的名牌商品，而它所凭借的三种终端渠道是沃尔玛购物广场、山姆会员俱乐部与沃尔玛社区店。此外，沃尔玛还同时向消费者提供了众多的外围服务，包括著名的日落原则、超越顾客期望、三米微笑原则、无条件退货原则、服务当地社区等，以此来吸引顾客和培育顾客忠诚度。沃尔玛的核心能力、核心服务、终端服务和外围服务是不可分割的整体，共同为沃尔玛的发展做出贡献。

4.2　雀巢公司的工作分析与胜任素质模型

4.2.1　雀巢公司背景资料

雀巢公司（Nestle，以下简称雀巢）是全球最大的食品制造商之一，也是首屈一指的咖啡品牌，是由亨利·雀巢（Henri Nestle）于 1867 年创办的，总部位于瑞士日内瓦湖畔的韦威。雀巢以生产婴幼儿食品起家，以速溶咖啡和巧克力棒驰名，旗下代表品牌有雀巢咖啡、雀巢能恩奶粉、奈斯派索、雀巢冰爽茶、雀巢专业餐饮等。CIS 作为企业形象一体化的设计体系，是一种建立和传达企业形象的完整和理想的方法。企业可通过 CI 设计对其办公系统、生产系统、管理系统，以及营销、包装、广告等系统形象形成规范化设计和规范化管理。2018 年 12 月，世界品牌实验室编制的《2018 世界品牌 500 强》揭晓，雀巢排名第 22 位。2019 年 7 月 22 日，2019 年财富世界 500 强排行榜发布，雀巢公司排名下降至 76 位。2019 年 10 月，在 Interbrand 发布的全球品牌百强榜中雀巢排名第 60 位。

（资料节选自百度百科：雀巢公司）

4.2.2　雀巢公司胜任素质模型

雀巢胜任素质模型强调六大角色，并以此模型为基础，作为 HRBP 工作的指引。雀巢的 HRBP 胜任素质模型主要从 HRBP 扮演的六大角色谈起。

（1）Strategic Partner（战略伙伴）：这个角色要求 HRBP 具有较深的业务洞察力，能够把 HR 带进业务中去，首先 HRBP 需要理解业务需求，进而从人力资源的角度给业务足够的供应。

（2）HR Integrator（人力资源整合者）：HRBP 应成为人力资源的整合专家。以往各部门在涉及人力资源管理内容时是各自为政的。但现在有了三驾马车的模型之后，作为 BP，他的价值和角色的体现是把现有的一些 HR 的部门、HR 的团队、HR 的制度和政策进行了整合，当业务提出需求时，HRBP 能从人力资源各个方面去考虑，这需要 HRBP 具有系统思考能力。

（3）Capability Builder（能力建设者）：能力的建设包括两方面，一方面作为 HRBP 应做好自身的提升或者团队能力的提升，另一方面 HRBP 要通过自己的提升来帮助业务，促进业务人力的成长和业务团队能力的提升。

（4）Culture Enabler（文化推动者）：对于雀巢的 HRBP，文化促进和建设是重要的工作，HRBP 需要把企业文化或业务独有的价值观贯彻到员工的日常工作中，能够在员工日常的行为中看到企业的文化，进而发挥文化的隐形作用。

（5）Change Engine（变革者）：最近几年，无论是外部环境还是公司内部环境，都在发生非常大的变化；无论是业务模式还是组织架构，以及工作的方法，都发生很大的变化。在变化的过程中，每个变化都与人相关，HRBP 是否能够从人力资源的角度去推动变革，每个变化发生的时候，HRBP 是否能够应对，是否能够确信哪些变革是有益的，这对于企业来说都是至关重要的。

（6）Insight Advocate（领悟洞察力）：HRBP 应具备领悟洞察力。当业务管理者在进行热烈的会议讨论时，他们自己往往很难发现和洞察到某些问题，包括与人相关的一些问题，此时，HRBP 需要发挥其洞察力，在参加业务管理者的一些会议时，帮助业务管理者洞察一些隐性的问题。

在能力要求的基础上，雀巢同时也使用一些测评的工具，以帮助 HRBP 评估自己。每个模块有其对应的具体要求——围绕着以上六个模块，对不同层级的 HRBP（Junior HRBP 、Senior HRBP），雀巢都有非常具体的能力和行为要求。针对每项具体的能力和行为，HRBP 可以进行自评，其直线领导都将对其进行打分（参考以下打分标准）。

【打分标准】（打分范围为 1～5 分）

1 分：不知道，对该项技能或知识不知道 / 不了解

2 分：知道，但还是有差距存在

3 分：非常清楚

4 分：非常熟练，并且会运用

5 分：专家，不仅知道和运用，而且能够很好地辅导他人

针对自评和领导要求之间存在的差距，企业将采取针对性的措施来补齐短板。如何补足能力差？雀巢内部有一些提升方式，遵循“70-20-10”的原则——10%的部分培训，20%的部分通过教练的指导，70%的部分通过日常的工作。比如领导某个项目，或者融入相关

的团队工作、轮岗等。至于采取什么样的方式，是 70%、20%还是 10%，更大程度上取决于 HRBP 通过测评所体现的能力差。

针对以上六大模块的能力要求，在每个模块下，雀巢有其具体要求——作为不同层级的 HRBP（Junior BP、Senior BP），有不同的职业发展要求。

HRBP 职业发展同样基于“70-20-10”原则。例如，针对战略伙伴这一角色，在 70%的部分，会要求 HRBP 具有领导并负责一个 HR 的项目、人力资源的整合等相关经验；在 20%的部分，将关注 HRBP 是否具有参与过一些教导的过程或者关系的建立等相关经验；10%的部分则将关注 HRBP 是否参与过某些培训，并掌握一些基本技能。

案例分析

在评估 HRBP 的能力时，企业不仅要关注 HRBP 是否有相关经验、经历，更需要关注 HRBP 的行为所产生的影响和价值。用雀巢的话说：“HRBP 参加业务会议很容易，但仅仅参加是不够的，因为参加会议只是一种获取信息的手段和方式，我们更要关注 HRBP 在会议中是否勇于提出质疑，提出质疑的过程是否具有技巧性；或者是否积极参与讨论，利用自己的洞见，提出自己的想法和相关建议；又或者业务发生变化，HRBP 是否能马上反应到‘人’的角度，提出帮助落实战略的想法。”总而言之，对 HRBP 的培养不仅要关注形式和过程，更要注重实际效果。

由于组织的经营环境和竞争环境在不断变化，组织目标、组织战略、组织任务、组织结构、组织的运用过程等都会发生相应的变化。一项新技术的采用，会使组织中的工作岗位发生变化，以及使员工的技能发生变化。工作分析要随时审视组织的这种变化，研究由于这种变化导致的工作任务、工作方式、人员要求的变化，为其他人力资源管理工作提供信息。

有效的人力资源计划是企业人力资源管理的基础，工作分析给人力资源供求预测提供帮助，最终为制订人力资源计划提供基础信息。人力资源管理的核心是将合适的人安排在合适的岗位上，通过工作分析明确岗位要求，做到事得其人，人尽其才。雀巢为此形成了一套独特的人力资源管理制度。一直以来，雀巢员工始终是将雀巢精神带到生活中的关键因素。也正是这种“人”的精神，引领雀巢从一个小公司发展成当今世界上最大的食品公司之一。员工是雀巢最有价值的财富。雀巢今日的优秀成绩源于世界各地员工的努力和忠诚。作为一个致力于生产优质食品，创造美好生活的公司，雀巢十分关心自己的员工。雀巢的管理者和员工之间形成了亲密无间的工作氛围，使雀巢成为员工的首选雇主。作为一个不歧视任何民族、种族、宗教、性别、年龄的世界性大公司，雀巢欢迎文化和社会的多元化。一个公司拥有这么多国籍的员工，这在世界上是少见的。雀巢坚信，只有将本土和不同国籍的人才相结合，才能更好地发挥他们的潜质和能力，才能无论何时、何地、以何种方式，都能为消费者提供优质的产品和品牌。若不是雀巢正确的工作理念，对于不同国籍、民族、种族的员工采取不同的分工方式，如此多元复杂的公司不可能取得今天的成就。

工作分析明确了组织的工作任务和每项工作所需要的知识、技能等，这就使组织明确了培训需求、培训方式和培训所应达到的目标。雀巢的员工培训从以下三点入手：态度、思维和领导力。雀巢在新员工入职后，会让其尽快了解雀巢的历史、文化、管理和领导的原则、业务原则、行为规范、制度政策、公司的蓝图及10年路线图，帮助新员工适应变革并加速融入雀巢团队和文化。新员工通过参加雀巢中国管理发展培训的10个模块的学习，能够更全面地了解雀巢的业务，增加对不同职能部门的专业知识和技能的了解，开阔视野，为承担更多、范围更广的管理职能做准备。

4.3 三星集团的工作分析与胜任素质模型

4.3.1 三星集团背景资料

三星集团是韩国最大的跨国企业集团之一，三星集团包括众多的国际下属企业，旗下子公司有三星电子、三星物产、三星人寿保险等，业务涉及电子、金融、机械、化学等众多领域。三星集团成立于1938年，由李秉喆创办。三星集团是家族企业，李氏家族世袭，旗下各个三星产业均为家族产业，并由家族中的其他成员管理。三星电子是三星集团旗下最大的子公司，在2009年全球500强企业中，三星电子占第40位，其在2011年的全球企业市值为1500亿美元。2020年1月，2020年全球最具价值500大品牌榜发布，三星排名第5位。2020年2月20日，入选福布斯区块链50强榜单（第2期）。2020年4月26日，获评艾媒金榜（iiMedia Ranking）发布的《2020年中国智能门锁品牌发展势力榜TOP10》第2名。2020年6月11日，获评艾媒金榜（iiMedia Ranking）发布的《2020年5月中国十大智能电视品牌排行榜》前10名。2020年7月28日，三星名列福布斯2020全球品牌价值100强第8位。

（资料节选自百度百科：三星集团）

4.3.2 三星集团的工作分析

三星电子未来十年的目标是“Inspire the World，Create the Future（激励世界，创造未来）”，这个新目标反映了三星电子的承诺，利用三星集团的三个主要优势（行业、合作伙伴和员工）来激励其团队，并推动三星集团核心网络新价值。在三星，工作分析中对于岗位的工作描述各式各样，大不相同。公司的人力资源管理部门主要负责开发与销售活动有关的工作描述。

1. 准备阶段

确定工作分析目的。通过对项目部发展战略、组织结构和组织流程的深入分析，结合实际情况，确定此次工作分析的首要目的就是将企业的职能分解到各项工作中，明确企业中各项工作的纵向和横向的关联关系，即明确工作职责、工作权限和工作关系等方面。

确定工作分析团队。工作分析由于涉及面广、内容多且需要专门的技术，所以在组织开展工作分析活动之前要先成立工作分析团队。工作分析团队由以下人员组成：一是项目组长，由公司高层领导常务副总担任；二是项目执行组长，由人力资源部经理担任；三是工作分析人员，主要由人力资源部专业人员和熟悉部门情况的各部门经理助理组成。

确定团队成员分工。项目组长主要负责工作分析的各项支持工作。项目执行组长负责编写本工作团队工作分析的工作计划，督导项目团队成员的工作。工作分析人员主要负责收集各项资料；调查问卷的下发与回收；工作分析对象的联络和确认工作；资料回收后的汇总工作；工作说明书的编写工作。

讨论确定需要工作分析的岗位。当需要分析的工作有很多但它们彼此又比较相似的时候，如果我们对所有的工作逐一进行分析，必然非常耗费时间，成本也会增加。在这种情况下，我们应选择典型（关键）的岗位工作进行分析。

争取公司高层和全体员工的理解和支持，培训团队成员。工作分析不是由人力资源管理部门单独完成的，也不是由人力资源管理部门的人员仅凭个人对组织各个岗位的认识闭门造车，编写出工作说明书的，因为这样做会使得工作说明书的质量无法得到保证，也很难在实践中进行运用。因此，工作分析活动需要上至组织的高层，下至每位员工的理解、支持和参与。针对这些特点，为了保证此次工作的顺利开展，三星集团公司做了大量前期准备工作。在组织高层方面，因为其时间紧，工作忙，经常出差，不便于集中学习讨论，公司特意制作了 PPT，介绍此次工作分析在公司战略等方面的积极作用。同时召集所有相关人员召开工作分析说明大会，就工作分析的目的、作用及各级主管应配合的工作等方面进行积极的沟通。

2. 调查阶段

确定工作分析方法。工作分析方法可分为定性的方法和定量的方法。定性的方法主要有问卷法、观察法、面谈法、现有资料法和写实法等。定量的方法主要有职位分析问卷法、职能工作分析法、弗莱希曼工作分析系统法等。组织在开展工作分析活动时，要根据实际情况选择适合的方法。如果工作分析周期较短，费用较为紧张，同时不能影响被调查者的正常工作，那么我们可以采取以职位分析问卷法和现有资料法为主，以面谈法、工作日志法和观察法为辅。设计调查问卷要求结构清晰，针对性强，内容翔实等。

3. 分析阶段

核对所得资料。通过各种方法收集的有关工作的信息，必须同工作任职者、任职者的上级主管和人力资源管理部门的人员共同进行审查、核对和确认。之所以这样做，是因为以下几个方面的原因。第一，可以修正初步收集来的信息中的不准确之处，使工作信息更为准确和完善；第二，工作任职者和任职者的上级主管审查和确认这些信息，有助于他们对工作分析的理解和认可，为今后的使用奠定基础；第三，某些收集工作信息的人员实际上并没有从事过所分析的工作，因此对工作中的一些实际问题和标准并不是很了解，而这些方面恰恰是工作任职者和任职者的上级主管更有发言权；第四，让工作任职者和任职者的上级主管共同对工作信息提出意见，也有利于发现他们对工作不一致的看法，使他们有更多沟通的机会，以便协调一致，今后能够更好地开展工作。

提炼出所需要的材料和要素，将所得的资料进行加工整理分析，分门别类，归纳和总结出编写工作说明书需要的材料和要素。在分析过程中，创造性地揭示出有关工作和任职者的关键信息。

4．完成阶段

草拟工作说明书。根据分析阶段归纳和总结出的编写工作说明书所需要的材料和要素，草拟工作说明书。工作说明书内容包括：该职位的基本情况，如名称、职级、所属部门、编制等；该职位存在的价值和目的是什么；对该职位的要求有哪些要素，如规划、组织、审核、创新等；如何定义该任职者的责任和权力；该职位需要和外部有什么样的互动关系；该职位需要使用什么设备仪器，需要什么证照；该职位的工作环境和工作地点怎样；该职位的上下级汇报关系如何；服务的相互关系怎样；这份工作需要具备什么样的素质、技能和经验的人担任。

讨论验证工作说明书。召集整个调查中涉及的管理人员和任职人员，讨论由工作分析人员编制的工作说明书，将工作说明书初稿复印并分发给他们，要求对其中每句话、每个词语进行斟酌、论证，发现问题并修改。

修改定稿。通过多次反馈、修改，最后确定的工作说明书，经工作任职者、任职者的上级主管和人力资源部门负责人签字、盖章认可后，进行归档保存并输入公司人力资源管理信息系统。

4.3.3 三星集团核心岗位分析

核心员工按不同的职位可划分为生产、技术职，销售职，管理职。

1．生产、技术职

三星集团将技术分为基础技术、尖端技术、核心技术、未来技术四大类，同时配备相应人才，建立适合各水平人才的培训系统。例如，三星电子投入巨额资金，每年派遣 200 多名人才到海外研究所进修学习先进技术，旨在使这些高端技术能在未来实现商用化，成为今后 5 至 10 年内三星电子赖以存活的“土壤”。三星电子每年投入再教育系统的资金额达到 500 亿韩元，平均每人超过 100 万韩元。

2．销售职

三星集团对销售职位会进行定期训练。训练前，必须明确以下三点。

第一，明确训练对象是骨干推销员，长期在营业部第一线工作，有一定能力，在工作中担任部分经理职责，却并不是完全的管理者。第二，这样的训练要达到的目的，就是要缩短预期销售量与实际销售量之间的差距，并可以当场反映出效果究竟如何。第三，具体安排训练计划，时间为三天两夜，所有参加者集体住宿，采用授课法、分组讨论法和角色演示法进行。

在明确了以上三点之后，接着要做的是制定训练的内容及侧重点：首先，让骨干推销员了解为达到目标应有的角色意识和执着追求的精神；其次，如何根据自己的能力设定适当的目标；再次，学习有效的商业谈判技巧；最后，具体的为达成目标制订行动方案，如采取何种推销手段、有效的访问次数、推销数量及开拓新的市场等。

3. 管理职

三星集团特别重视对高层管理人员的培训，专门创办了“CEO 学校”。这所学校旨在让集团所有经理接受 6 个月的重新教育，其中 3 个月在韩国、3 个月在海外，后者主要在于强化外语学习。三星集团前会长李健熙曾禁止 CEO 学校的学生在国外时乘坐飞机，只允许他们许乘坐小汽车、公共汽车或列车旅行，目的是让他们对所到国家有更深切的体验。三星集团的员工培训卓有成效。被誉为全球第一职业经理人的杰克·韦尔奇在参观完三星集团的人力开发院之后感慨，三星已经走在了人才培养的前面。

案例分析

我们经常发现这样一种现象，有些组织尽管进行了工作分析活动，编写了工作说明书，但却束之高阁，使之成为文件柜里的摆设，更不用说将工作分析的结果与招聘、培训和考核等人力资源管理工作相结合加以应用。这种“雷声大、雨点小”，为了工作分析而工作分析的形式主义做法会直接影响员工的行为，使员工感觉不到进行工作分析之后带来的相应变化和改进，也就很难在今后的工作中再度配合人力资源管理部门的工作。我们在实践中不仅要注重工作说明书的应用，而且要及时地对工作说明书进行修正。任何组织都要随着外界客观环境的变化进行相应的变革活动，组织机构、工作构成和人员结构等都可能处于不断变动之中，这种动态环境要求人力资源管理部门制定相应的审核制度，定期或不定期地对正在使用的工作说明书进行梳理，发现问题并及时修正。工作分析今后也会更具有灵活性、创新性，只有这样，工作分析才能保持其活力，也才能够适应今后组织弹性化发展趋势的要求。

在高层及高技术人才的任用上，三星采用“吸纳天才用怪才”的办法。三星一直坚持在不同部门大胆任用多种类的人才，甚至曾经做过电脑黑客的程序高手也能因为技术出众而被聘请进公司从事开发工作。除此之外，三星还非常敢于使用个性很强的人才。这样的人才整体看起来不算十分优秀，通常不合群，在组织内部协调共事方面存在缺陷，许多企业经营者不喜欢、不爱用。但在三星看来，他们在特定方面兴趣浓厚，才能超人，能够在所在领域独树一帜的人，一旦扬长避短，便可担当大任。

对于中层管理者的选拔和任用，三星采取的是“能者居之”的办法。为了用活人才，留住人才，三星在选拔干部时，并不迷信“外来的和尚好念经”的观点，而是着眼于公司内部，进行内部选拔。公司常常做出看似“出人意料”的任命决定，果断起用人们眼中的“小人物”“小职员”，甚至有“劣迹”的员工。在三星集团，生产工人、业务技术员出身的科长、部长、经理，甚至总经理，都大有人在。

4.4　联想集团的工作分析与胜任素质模型

4.4.1　联想集团胜任素质分析

在联想，渠道销售序列的胜任能力模式分为两大模块，即该序列员工需要具备的通用核心能力和专业胜任能力。渠道销售序列的基本能力可视为该序列的通用核心能力，这些通用核心能力包括沟通表达能力、逻辑分析能力、协调推进能力。渠道销售序列的员工还必须具备一些专业胜任能力，这些专业胜任能力包括不同程度、不同方面的专业胜任能力：市场信息分析能力、产品技术知识能力、渠道规划建设能力、渠道管理支持能力、营销策划实施能力。

1．通用核心能力

沟通表达能力。喜欢与他人沟通，即使面对不熟悉的场合或者相当多的听众，仍不畏惧当众沟通，并表现出足够的自信。耐心倾听他人/客户的需求，积极了解其他部门/客户公司业务流程的操作及操作过程中的问题，记录、复述并确认自己与他人/客户沟通的重要信息。善于运用书面表达方式，为他人/客户提供观点明确、思路清晰、简洁的呈现材料，如产品/方案介绍材料和专业文件等。作为公司代表，能够用口头陈述和肢体语言准确地向他人/客户传递自己的意向及意向产生的背景和原因，在双方意见不统一时，虚心听取他人的观点并了解产生的原因，积极寻求达成一致。耐心听取代理商的质询和投诉，并及时做出判断，给出反馈意见和处理方案，在回答他人/客户提出的问题时能够明确说明前后的因果关系。

逻辑分析能力。从客户支离、零散的信息中总结整理出客户真正和可能的潜在需求，从多角度思考问题。能在不同事件中找到相关的联系或者确定没有关联性，能够将现行的业务步骤流程化。发现问题时，能快速找到关键节点和突破口，学会用数据说话，善于运用与本岗位相关的关键绩效指标（如销量、销售额、回款率等）解释问题，并注意以文档形式进行历史数据积累。遇到问题不是一味蛮干，而是独立或者与其他成员仔细寻找问题的根源再解决问题，尤其是能参考自己或者他人以前的工作经验，加以分析后应用。

协调推进能力。根据本部门/本人的业绩目标，制订日、周、月工作计划来实施具体的工作目标，在处理多重任务时，能分清主次，有效利用自己和他人的时间。对已明确承诺的内、外部客户需求和工作目标能积极完成，协调内、外部资源予以落实，并将落实结果及时向相关客户通报。对于已达成一致的沟通或协议，要列出时间推进表，有计划地监控客户方或者公司内部协同部门落实，并对未达成一致的沟通结果按“公司沟通四步骤”及时反馈给公司内相关部门/人员协商解决办法，同时将结果再次与客户通报，注意在做工作规划时，应考虑一种（以上）备用方案。根据已找到的关键绩效指标（Key Performance Indication，KPI）制订出相应的实施推进计划和提高完善措施。

2．专业胜任能力

市场信息分析能力。充分掌握辖区内渠道、产品、市场等信息资源，了解相关产品的历史和现行市场情况，有意识地建立所辖区域的情报信息体系。利用相关数据，分析联想相关产品的市场发展趋势，不仅能够发现渠道当前存在的问题，还能够预见潜在的危机。将自身“分析数据监控驱动业务”的工作成果以书面形式与他人/相关部门分享，能够对各种代理和终端用户进行进一步的市场细分，分析不同用户的具体需求。通过获得的竞争对手情况，分析其市场策略对联想产品的影响，区分自己公司与竞争对手在能力上的差别，由此提出联想短期应对策略的建议，并与相关人员及时沟通自己的建议。总结辖区内如市场秩序等方面出现过的问题，协同联想内部相关部门制定或修改规划、政策，以免再犯。此外，还可将自身在市场分析方面的经验（如获取、分析信息的技巧等）主动总结、传授、转移给其他同事。

产品技术知识能力。了解 IT 行业的各种技术和应用知识，不断关注新的技术应用发展趋势，并能将其很好地应用到渠道销售业务中。除本公司的产品外，了解重要配件供应商的质量、价格、技术性能方面的状况；能够通过典型案例在技术和效能方面宣讲解决方案参与应标；能够与公司内部的产品、研发、维修人员或渠道代理、终端客户的技术人员进行技术沟通；能够在渠道销售过程中发现公司产品在功能上和客户需求定位等方面的问题，并及时向相关部门反映；能够对渠道代理提出多线产品的代理组合建议；能够对公司产品的规划和定位等决策提出有效建议。

渠道规划建设能力。对辖区内的渠道状况了如指掌，选择明确的目标渠道进行业务拓展，特别是针对联想新产品或服务。根据自己的工作经验，对建立良好的代理渠道结构（地域、行业、多线产品组合等）有鲜明的见解和良好的预测。能够针对联想既定的年度业务目标（经营指标、新产品或服务）及发展方向，制定辖区渠道拓展的整体规划，特别是针对联想新产品或服务的合理渠道布局，制订具体可行的合作伙伴（渠道代理或终端商用客户）年度发展计划和实施推进时间表。对联想目标行业、客户群的特点、发展和变化很了解，并能提出向新行业、客户群渗透的拓展计划（针对商用产品或服务）。参与辖区年度销售预测的决策，并能够将辖区总体销售指标进行分解。全面掌握辖区内渠道代理的经营状况及其他市场动态信息，提前发出预警帮助联想规避经营风险和做出准确的销售预测。主动总结自己在业务拓展、渠道规划方面的经验，记录成内部培训资料，并能够以培训、讲座等形式做知识转移，以协助其他员工的发展。

渠道管理支持能力。能有效利用、整合内外部资源满足代理商的特别需求，在不影响联想根本利益的前提下，利用自己的信息优势和影响力有效平衡不同辖区内不同代理商之间的利益，从而维持良好的市场秩序。制定、调整业务流程监控代理商的业绩表现，并及时调整相应的销售计划。时时掌握渠道任何涉及组织结构、经营策略、经济状况等变更的信息，提出应对策略，预防并规避由主要渠道变化而可能产生的对联想业务目标的影响。透过渠道代理收集，总结、分析终端用户或竞争对手的信息，向公司建议调整相关产品的销售和市场推广模式。对代理商自身的业务运作目标和面临的挑战有深刻了解，能帮助代理商找出其业务流程的瓶颈和可提高的地方，根据市场状况帮助代理商分析和预测市场前景，共同制订合理的辖区营销计划和市场应对策略。深刻理解联想文化、经营管理运作模式的特点和历史发展的经验教训，并结合渠道代理的实际情况和需求，引导其向专业化方向发展，帮助其提高管理水平，积极学习市场上、国际上先进的销售管理流程，将之运用到自己的工作中。总结自己在渠道管理方面的经验，整理成内部培训资料，并能够以培训、讲座等形式做知识转移，与其他同事分享，协助他们成长、实现共同提高。

营销策划实施能力。结合辖区的消费特点、渠道结构和市场竞争等情况，将公司的全国总体营销计划在全国实施过程中进行本地优化，并及时向公司市场营销部门提出调整和反馈建议。积极与相关部门沟通，积极争取协调各方资源，组织实施组合营销策略，对当期组合营销方案实施效果进行分析评估，并能够明确指出哪一种营销手段/活动效果更好。学习市场营销方面的知识，并与自身的销售管理经验相结合，提高自身的综合管理经验，向公司级产品推广活动提出策划实施建议和效果跟踪反馈，能够对如何改进营销模式提出有效建议，如分期付款、租赁、捆绑销售等。

4.4.2 联想集团领导胜任素质分析

领导力模型的引进曾一度给众多大企业的领导者带来了破解“管理人才密码”的曙光，但是当众多企业盲目跟风，纷纷落败之际，“怎样才能构建出企业需要的领导力模型”“符合需要的领导力模型该如何运用”就成了当今人力资源管理者提出的更深层的攻关难题。独具特色的联想领导力模型的成功为其领导力模型的构建、运用及特征蒙上了一层神秘的面纱。

联想国际化后，对业务战略和文化做出了重大调整，过去的领导力模型已经不能支撑新的业务战略和文化，这就迫切需要统一联想对全球管理者的行为要求，以及国际化后对管理者提出新的能力要求。从与 IBM PCD 业务整合起，联想就启动了领导力项目，由公司内部负责组织发展的专家和 Hewitt[①]的领导力发展顾问组成项目组。

1. 确立新文化导向

研究公司的竞争战略和文化导向。联想的文化要求是：求变、快速、纪律和业绩导向。求变，即适应外部变化，快速提高运营效率；快速指现在的行业竞争越来越激烈，管理者做事的速度要加快；纪律要求管理者以身作则、纪律严明，保障任务的顺利执行；业绩导向就是用业绩来说话。业绩导向的关键点：一是要设定挑战性、攻击性的目标，管理者要从意识上不满足于一般的绩效水平，敢于冒险；二是要专注于测量指标，设定的目标一定要可以衡量，而且做出的举措或决策要基于事实。

2. 建立领导力模型的框架

一个好的领导力模型必须涵盖客户指标、财务指标、流程指标和人员能力指标这四个方面。领导力模型需要先建立一个框架（只给出素质类型和定义），这个框架包括两部分。第一，描述未来联想管理者是什么样子，也就是说能够展现给客户、股东及其他竞争对手的是一个什么样的形象（称为“故事”）。公司希望联想的管理者对客户需求充满激情，明确业绩导向，能够主动负责而且能够建立一个高效的组织。第二，每个故事下面应该包含哪些素质，并给出定义。这部分工作由公司的人力资源高级副总裁主导，因为他最了解 CEO 的想法。

3. 描述具体行为

联想领导力模型的行为描述是以素质词典为参照的，这些行为都是可以衡量、培养和发展的。

① Hewitt 是翰威特咨询公司（Hewitt Associates）的品牌。

第一，设定挑战性的目标。与其他企业的目标导向或者结果导向不同的是，联想不仅仅是“设定目标”，而是更强调“挑战性”。联想要求管理者不能满足于一般的工作绩效，要主动设定更高和更具有挑战性的目标和行动方案，不断缩小现实与目标的差距。

第二，有效领导和发展他人。每个组织都会注重“人才发展”，每家公司模型里都有这样的素质，但联想更强调的是：管理者能否对人才做出更有效的区分，也就是说管理者是否对每个下属的优势和劣势都很清楚地了解和把握，并从业绩、能力和潜力上对下属做出明确区分；是否善于启发、激励和辅导他人发挥优势；是否为组织建立了高质量的人才库。

第三，庆祝成功。这也是其他公司模型里所没有的素质。联想每年都举办“誓师”大会、“Sales”大会及“渠道商”大会，来庆祝取得的成绩。通过庆祝成功明确联想下一步的战略，并给予业绩突出的员工激励和表扬。

第四，直接沟通。这个跟很多企业里的“沟通影响力”的素质特征不完全一样。我们强调在沟通时，重要的不是“自我”而是你的“思想”，如果你觉得你的思想是有意义的、有价值的，要直接说出来，不要考虑别人的感受，或觉得磨不开面子。我们鼓励直接表达自己的观点，以积极、开放和富有建设性的态度进行沟通。这与强调“善于倾听别人，能够说服别人，使别人能够接受你的意见和观点”的能力不完全相同。同时，我们也强调沟通的效率。

第五，快速执行。联想强调的是“快速”，并不仅仅强调“执行力”。联想要求管理者能够有效管理时间、资金等资源，合理安排各项事务，时刻带有一种紧迫感，快速、高效地完成任务。

案例分析

联想先是了解岗位的基本情况，明确工作样本，建立工作分析，然后收集相关信息，采取不同方法进行岗位分析，最终明确了什么职位是做什么事情的，什么样的人来做这些事合适。联想这样做有助于员工本人反省和审视自己的工作内容和行为，这样有助于公司的人力资源管理职能真正上升到战略地位，有助于提升企业的协调效应，提升风险防范能力，提高企业核心竞争力。信息化建设的效果不仅是提高效率，更重要的是能够降低决策中的不确定性和风险，支持组织结构和管理模式的变革，为企业大规模运作提供有力保障，大大提高企业的核心竞争力。

有核心的团队成员，核心团队成员选拔的正确性、团队的稳定性、团队素质改善方向的合理性，以及团队整体绩效提升目标的实现对于高科技企业的可持续发展具有特殊而重大的意义，甚至事关其生死存亡，而这些企业的成功管理无一例外地需要借助胜任能力模型的大力支持！因此，高科技企业的核心团队管理对于胜任能力管理和胜任能力模型的需求也就日益强烈！

高科技企业核心团队胜任能力模型实际上是一个模型集，一般由领导力模型、专业胜任力模型和全员核心胜任力模型三个部分组成。管理职位的胜任能力模型包括上述三个部分，其他关键职位的胜任能力模型包括专业胜任力模型与全员核心胜任力模型两个部分。三大胜任能力模型都是多维度、四层级的模型。领导力模型是对全体中高层管理职位任职者在领导力等有关领域的能力素质要求。高科技企业管理职位领导力一般分为 4 至 6 个维度。核心团队胜任能力模型设计对高科技企业自身的管理基础有特殊的要求——公司发展战略目标要较为清晰，企业文化要较为先进、开放，绩效管理体系要较为健全且拥有至少两年以上完整的绩效管理数据。只有这样，才有条件开展科学的核心团队胜任能力模型设计。

高科技企业核心团队胜任能力模型设计的第一步是组建胜任能力模型设计团队。鉴于高科技企业核心团队胜任能力管理的复杂性，较为理想的团队组合是由企业高管、人力资源部及外部专家共同构成的胜任能力模型设计专家小组。这样的小组人员构成有利于发挥内外专家在 HR 管理技术、企业经营管理信息和人员管理信息等方面各自的优势，并有利于充分发挥团队的合力作用。

以市场扩张为先导强化竞争地位，以资本运作为纽带合理配置资源，以管理创新为基础提高经营能力，通过积极的市场扩张，实现由区域型公司向国际型公司的转变，并形成以中国市场为基础、加强国际市场作为新的利润增长点的收益，专注于核心业务，保持中国个人电脑市场领先地位，提高在新兴国际电脑市场的占有率，收缩非核心的网站业务、信息管理咨询业务乃至房地产业务，促进公司的良性发展。

工作分析是指企业在战略规划的指导下所进行的工作系统分析，最终明确该项工作的职责和任务，以及完成该项工作必须具备的知识、技能、能力和其他要求的过程。工作分析是对工作进行全面评价的过程，这个过程可以分为四个阶段：准备阶段、调查阶段、分析阶段和完成阶段。常见的工作分析方法主要有面谈法、观察法、非定量问卷表法、工作日志法、关键事件技术法。工作分析最终的结果就是工作描述和工作规范。工作描述是对职位特征的具体说明，工作规范是对从事该项职位的人的特征的详细描述。胜任素质是指与特定组织的特定工作职位的工作业绩水平有因果关联的个体特征和行为。胜任素质是通过职位分析得到的职位规范的重要补充。

联想在 OHRP 过程中，为每位管理者制订个人发展计划（TDP）。个人发展计划里包括个人基本信息，业绩、能力和潜力评价结果，个人履历，短期职业发展计划和发展机会。个人发展计划里最重要的部分是描述发展机会，它包括两个部分：第一部分是基于领导力模型，选择个人的优势项和劣势项，公司要求不管是高潜力人员还是待提高人员，必须选出至少三项劣势（待发展的素质）；第二部分是用具体行为描述这三项劣势，行为描述要做到“入木三分”，把要提升的能力详细、形象地刻画出来，作为今后发展的基础。

第5章

招聘与面试案例分析

学习目标

1. 通过案例分析，了解招聘与甄选的基本流程
2. 通过案例阐述，重点掌握面试甄选的基本方法
3. 重点掌握人员测评的基本方法
4. 重点掌握人才评价中心方法

学习导航

5.1 微软公司员工招聘体系
5.2 美的集团招聘工具案例分析
5.3 欧莱雅公司员工招聘体系
5.4 强生公司员工招聘体系
5.5 华为公司线上员工招聘

知识回顾

关键词语——

招聘；人岗匹配；招聘渠道；网络招聘；校园招聘；人员甄选；面试；评价中心技术；背景调查；录用；招聘评估。

核心提示——

招聘的基本原则；内部招聘与外部招聘的优缺点；招聘的基本流程；甄选的基本程序；人员测评的主要方法；评价中心技术的常用方法；招聘评估的方法。

人力资源规划和工作分析是员工招聘的基础，在此基础上，组织应该按照人力资源规划给出的人员数量和质量的要求，结合所需岗位的工作说明书，制订招聘计划，并开

展招聘。企业招聘工作的流程一般包括准备工作、招募、选拔、录用、评价与反馈五个阶段。

相关链接——

AI机器面试，减少面试官在初面的一些基于外貌、口音、性别等主观因素带来的影响，让更多符合某一岗位需求的求职者获得机会。该系统利用语音识别软件和面部识别软件采集面试过程中求职者的表情、动作，分析收录的声音细节，生成一份关于求职者的评分报告。根据职位要求，AI面试官最终把求职者划分成高、中、低三个等级。

前沿话题——

功能测试也称黑盒测试，即把测试对象当成一个黑盒子，不需要关注该软件的内部结构及处理过程。采用黑盒测试的方法有等价类划分法、边界值分析法、错误推测法、因果图法、判定表、正交试验设计法等。

5.1 微软公司员工招聘体系

微软根据“成功六要素”，把人才能力标准归纳为“个人专长、绩效、顾客反馈、团队协作精神、长远目标及对产品和技术的挚爱”，并对每项才能加注定义，对才能的层次加以更贴切的描述，增加参考书、指导手册和才能卡等辅助资料。

微软通过NGA Human Resource（以下简称NGA HR）分享本地知识，打造全球品牌，提供数字时代领先的服务核心，更好地为企业服务。微软通过使用Office 365在内部寻找和培养人才来增强NGA HR关键职位的专业性，使用Office 365在整个公司甚至世界范围内进行招聘，提高了速度、效率和成本效益，通过在线会议面试世界各地的潜在人才，迅速做出有关人力资源的最佳决策，从而提高公司的核心竞争力。

5.1.1 立足于公司文化制定职位招聘的人才标准

微软的技术人才和研发人才的甄选标准是：具有自信、诚实、镇静、勇气、创造力、模糊决策能力、自我开发能力等个人素质，以及决策力、驱动力、良好的工作表现、计划组织及协调力、解决问题的能力、管理能力等专业岗位工作能力。不同的岗位要有不同的技术能力，但都要有追求技术的热情与执着。微软的用人原则是宁缺毋滥，筛选及面试的淘汰率很高，所有的应聘者（包括内部人员流动）不存在例外。内部人员流动更注重目前工作表现、级别及评语，外部面试更看重必备的竞争条件。为避免人力资源的浪费，公司的岗位定编遵循因事设职而非因人设职的原则。

为了较好地把握和理解用人标准和规范，公司采取了两项措施：第一，建立面试循环小组，面试循环小组一般包括项目经理（Preject Manager，PM）、软件设计师（Software Design Engineer，SDE）、招聘经理（Recruitment Manager，RM），这样可以对招聘人才进行全面客观的评估；第二，重视对面试官的培训，通过培训，面试官不仅要清楚面试过程及一般要求、熟悉基本劳工法和面试策略等，更为重要的是还要理解招聘岗位工作的必备条件等。

5.1.2 面试过程密集而严厉，测试内容紧密结合能力标准

微软严苛的面试机制是众所周知的。微软对于面试采取了严谨的态度，采用精心设计的面试流程。每个申请者的面试都有多位微软员工参加，每位参加面试的员工都事先分配好面试时的任务。微软的面试过程是高科技企业中难度系数较高且时间较长的一个。

应聘者进入微软需要经历一次笔试、三至四轮面试。技术人才招聘一般需要经历两大类型面试，分别是软件设计师面试（SDE 面试）和项目经理面试（PM 面试），每种类型的面试又需要进行三至四轮的大幅度流程，主要过程如下。

第一轮面试是由微软现有的三位软件工程师对应聘者进行全方位的考查，这其中包括简单的网络组建、系统故障分析、Windows 特性、Windows 新增特点及使用，以及微软其他产品的使用与编程方面的问题。

第二轮面试由一位资深软件工程师对应聘者进行综合素质的再考查。面试官的提问范围仍然在前面三位软件工程师的面试内容范围内，但难度大大增加，也就是说应聘者不仅要知其然，还要知其所以然。

第三轮面试是英语水平的测试，测试英语听说能力。面试者需要用英文进行自我介绍，面试官也会问及为什么要到微软工作及对微软的看法等。

前三轮面试环节结束后，应聘者以 4 : 1 或者 5 : 1 的人数进入第四轮面试，第四轮面试依然是差额面试，但却是最终局。此时，微软分公司的负责人将和应聘者直接对话。微软在招聘时很注意让应聘者能够成功地表现自己的才能，尽量不给应聘者造成压力。因此，这一轮谈话通常都是在轻松愉快的氛围中进行的，面试者会询问应聘者一些为人处世、待人接物的问题，基本上和技术无关。这一轮微软的面试将测试应聘者的独立思考能力及应对能力。

微软的智力测试题目不仅能够反映一个人的智力水平，也可以反映这个人在程序设计、决策分析、创新力方面的情况。微软的智力测试题目可以分为以下几种：最基本题型、没有答案型、难题、超难题、主观题和算法题六种。

（1）最基本题型。例如，烧一根不均匀的绳，从头烧到尾总共需要 1 个小时。现在有若干条材质相同的绳，问如何用烧绳的方法来计时一个小时十五分钟呢？

（2）没有答案型。此类题显然不仅仅测试智力，而往往是测试你的反应能力。例如，为什么下水道的盖子是圆的？

（3）难题。这类题有一定难度，如果无法提供答案，也不能说明什么。但是，若能解决这类题目至少可以说明你的智力不错。例如，人民币为什么只有 1 元、2 元、5 元、10 元的面值？

（4）超难题。这类题目非常难，能够测试你是否具备超常智力。例如，五个海盗抢到了 100 颗宝石，每颗都一样大小且价值连城。他们决定这么分：抽签决定自己的号码（1、2、3、4、5），首先由 1 号提出分配方案，然后大家表决，当且仅当超过半数的人同意时，按照他的方案进行分配，否则 1 号将被扔进大海喂鲨鱼；如果 1 号死后，再由 2 号提出分配方案，然后剩下的三人进行表决，当且仅当超过半数的人同意时，按照他的方案进行分配，否则 2 号将被扔进大海喂鲨鱼，以此类推。条件：每个海盗都是很聪明的人，都能很

理智地做出判断，从而做出选择。问题：第一个海盗提出怎样的分配方案才能使自己的收益最大化？

（5）主观题。这类题目测试回答问题的巧妙性，如沟通、处理问题、综合分析能力。例如，营业员王小姐由于工作失误，将 2 万元的笔记本电脑以 1.2 万元错卖给李先生，王小姐的经理怎么写信给李先生才能将钱要回来？

（6）算法题。这类题目考的是你的基础知识怎么样，因此你需要有真才实学。比如，链表和数组的区别在哪里？

5.1.3 内部招聘与外部招聘相结合

微软的招聘信息必须先在内部登载，供内部员工选择。如果两周内没有合适的人选，招聘信息可以登上集团的内部招聘网。如果一个月内，仍然招聘不到满意的人，人力资源部就可以考虑集团外部的招聘渠道了。微软的人才招聘渠道主要有五种。

（1）实习生招聘。微软一直非常重视选拔聪明、基础知识扎实的实习生，优秀的实习生是微软未来优秀员工的来源。微软的实习生计划特别注重实地培训和公司文化与政策宣传，“耳听为虚，眼见为实”，微软认为最好的办法就是让实习生来公司工作和生活一段时间。

（2）校园招聘。微软认为，相对于从社会招聘的人才，校园招聘的人才有很多优点，如人才可塑性强，对公司忠诚度更高，愿意全力以赴地办事，不怕风险，愿意积累多部门的经验等。

（3）员工推荐。微软非常鼓励公司员工推荐优秀人才。如果公司录用了由员工提供的候选人，那么推荐人才的员工将得到公司的奖励。

（4）微软用户。微软公司编有一个专用程序，成千上万的微软用户在进行联机检索时，微软就会得到他们检索的有关信息，并由此可以分析哪些用户技能较高或可列为公司招聘对象。这种方法尽管不是完美无缺，但是非常有用。

（5）网站招聘。微软的广告大多是宣传微软的产品和性能、微软人的工作及每年的收益等。尽管广告与人才招聘并不直接相关，但是这样的宣传累积了微软人才招聘的品牌优势，的确是另一种吸引人才的方式。

此外，微软并不认为员工跳槽是一件坏事，对于离开公司的优秀员工，微软也会对他们的工作情况进行追踪，并会在合适的时间再把他们请回来。

微软员工的平均年龄约 33 岁，大多数员工相当年轻，特别是应用程序组里的开发员。全部雇员中有一半直接来自大学，并且许多微软经理更喜欢这条途径，他们愿意招收年轻人，因为年轻人更容易融入“微软模式”之中。

在公司的早期，微软采用亲自面试人员的招聘方法，那时比尔・盖茨、保罗・艾伦、查尔斯・西蒙尼及其他高级技术人员对每位候选人进行面试。后来，微软用同样的办法，即按早期聘用开发员的办法来招聘程序经理、软件开发员、测试工程师、产品经理、客户支持工程师和用户培训人员。微软每年都派工作人员去美国大学招聘。招聘人员既去名牌大学，同时也留心地方院校（特别是为了招收客户支持工程师和测试员）及国外学校。招聘人员在人力资源部门组织下，协同技术部门和产品部门的资深管理人士一起进行面试。有希望的候选人还要再回微软总部进行复试。可见招聘人员并不直接招聘人员，而是管理招聘的全过程。

微软在校园里会进行一种特别的面试，有招聘人员去那儿做预选工作。此后，有经验和没有经验人员的招聘过程基本相同。候选人在一天之内将与多位招聘人员交谈，最后他们将与做决策的人交谈，合适的人将被聘用。面试过程非常灵活机动，招聘人员是这个过程中的关键因素，他们帮助管理此过程，使得这个过程对于开发经理来说既不痛苦又不费力。

当你想发展得快一些，就要有高效的人员面试过程。好的招聘人员对于某些重要的品格具有不可思议的洞察力……他们知道什么样的人更可能成为一名优秀的微软雇员。一般情况下，只靠人事部门来招收人员的公司其结果往往是失败的。

微软总部的面试工作全部由产品组职能部门的人们承担，开发员承担招收开发员的全部面试工作，测试员承担招收测试员的全部面试工作，以此类推。面试交谈的目的在于抽象地判定一个人的智力水平，而不仅仅看候选人知道多少编码或测试的知识，或者有没有市场营销的特殊专长。在判定新雇员四种重要的素质，即雄心、智商、专业技术知识和商业判断能力时，比尔・盖茨常被作为典型引用，而这四种素质中智商最重要。微软面试中有名的一般性问题，如估计密西西比河河水的流量或美国加油站的数目。候选人的答案通常并不重要，而他们分析问题的方法却很被看重。

能通过筛选的人员相对较少。一旦被聘用，新雇员将面临一系列的挑战和考验。这些考验可能来自每年一度迎新会上比尔・盖茨本人的考验。为了更深入地考验雇员的决心，微软付给他们相对较低的工资。比尔・盖茨通常不付给雇员高薪，并且在一开始时甚至拒绝向秘书和其他人员支付加班费。但在年末，他开始发放年度奖金，并给雇员配股。在年底，此类补偿金数目相当可观，因为微软的股票价格在持续上涨。

案例分析

微软是世界 500 强企业之一，对于微软来说，有效的招聘人才、吸引大量人才加入公司，对于公司的业绩有很大的影响。微软对人才的甄选有一套自己的标准，而它对人才甄选的内容与美国著名心理学家麦克利兰的“素质冰山模型”基本吻合，它的甄选内容包括应聘者的知识与技能、社会角色自我概念、品质与动机、工作经验这几大类。微软从全方位对应聘者进行评估，它的面试过程是很严格的，淘汰率也很高，它所遵循的原则是因事设职而非因人设职。

微软对员工的测评方法之一是面试，微软的面试流程是经过精心设计的，也是高科技企业中面试难度系数较高，且时间较长的一个。微软的面试是集体面试法，由三位考官组成面试组，对应聘者进行全方位的考查，集体面试法的优点在于可以克服考官个人面试中主观因素可能造成的误差，能更全面评价应聘者的真实素质和水平。微软面试的结构化程度属于半结构化面试，它除了会对应聘者提出结构化的问题，也会与应聘者交流，交流内容比较随机。半结构化面试一方面通过结构化问题掌握面试主动权，另一方面又可以弥补结构化面试在双向沟通方面的不足，可以更加完整、深入地获取应聘者的信息。但这种方式也要根据考官水平加以选择和运用，否则容易产生随意性大、效度低等问题。

微软的招聘渠道是将内部招聘和外部招聘相结合，当它需要招聘时，它首先选择内部招聘。内部招聘的主要方式有内部晋升、内部调用、工作轮换。内部招聘的优点在于：（1）内部招聘具有激励作用；（2）内部招聘成本较低；（3）内部招聘的人员适应性强，较少与组织文化发生冲突，对新岗位的磨合期短，能够更快适应新工作；（4）提拔内部员工比外聘新人风险更小。但是内部招聘也有缺点，其缺点在于：（1）内部招聘受到内部候选人的限制；（2）内部招聘可能加剧内部的矛盾；（3）内部招聘不利于企业的创新。所以，微软通过内部招聘无法找到合适的人选时，会使用外部招聘的渠道。外部招聘的主要渠道有广告招聘、网络招聘、内部员工推荐、职业介绍机构招聘、校园招聘，而微软的外部招聘渠道是实习生招聘、校园招聘、员工推荐、网络招聘。外部招聘的优点在于：（1）外部招聘有利于企业的改革和创新；（2）外部招聘可以避免内部招聘带来的内部矛盾，使内部竞争者得到某种心理平衡，避免企业内部成员的不团结和无谓的内耗；（3）外部招聘可以克服内部招聘来源的限制，候选人来源范围广，挑选余地大，能招聘到更加优秀的人才；（4）外部招聘有利于树立企业形象。但是外部招聘也有缺点：（1）外部招聘增加了决策的难度和风险；（2）外部招聘成本较高；（3）外部招聘新员工角色进入慢；（4）挫伤内部员工的积极性。微软将外部招聘和内部招聘相结合，优势互补，尽量避免这两种渠道会产生的问题。微软有其独特的招聘体系，有效的招聘方式为企业补充了人才，提高了企业的竞争优势，扩大了企业的影响力和知名度。

5.2 美的集团招聘工具案例分析

5.2.1 美的集团背景资料

美的集团是一家集消费电器、暖通空调、机器人与自动化系统、智能供应链（物流）于一体的科技集团。美的集团提供多元化的产品和服务，包括以厨房家电、冰箱、洗衣机及各类小家电为主的消费电器业务；以家用空调、中央空调、供暖及通风系统为主的暖通空调业务；以德国库卡集团、美的机器人公司等为核心的机器人及工业自动化系统业务；以安得智联为集成解决方案服务平台的智能供应链业务。美的集团以“科技尽善，生活尽美”为企业愿景，将“联动人与万物，启迪美的世界”作为使命，致力创造美好生活。2018 年 7 月 19 日，《财富》杂志公布世界 500 强企业排行榜，美的集团位列第 323 位。2019 年 7 月 22 日，《财富》杂志公布世界 500 强企业排行榜，美的集团位列第 312 位。

（资料节选自百度百科：美的集团）

5.2.2 美的集团招聘面试

美的集团招聘管理的特点是美的集团对人才的需求特点。基于信度和效度的双重考虑，在各式各样的招聘甄选工具中最常用的主要包括：基于行为的面试（类似行为事件访谈）、无领导小组讨论和公文筐练习。这三种主要的测评工具已在实践中被证实为具有较高的信度和效度，这里主要介绍基于行为的面试工具。

1. 基于行为的面试（类似行为事件访谈）

基于行为的面试是针对应聘者过去工作或生活中所发生的具体事件进行提问的面试方法。行为面试的原理和提问技巧类似于行为事件访谈。行为事件访谈是哈佛教授麦克利兰（McClelland）博士发明的一套面试程序和方法。这种方法通过一系列有针对性的问题，收集应聘者在过去经历过的代表性事件中的具体行为和心理活动的详细信息。

采用行为面试的基本假设在于：人们关于自身动机和能力的所想、所说是不可靠的，只有他们在大多数关键事件中的实际行为表现才可信。评估过去的实际行为表现可以预测未来的行为。过去的行为是可以通过结构化的面试进行识别和分析的。行为面试能够有效地测评应聘者与美的集团能力模型的匹配程度，从而判断应聘者是否具有组织所需要的特质。

测试范围。行为面试常用于测试的能力范围较其他能力评估工具更为广泛，能用以评估几乎所有常见的能力素质。

工具特点：能够获取丰富的、定性的信息；具有较高的预测效果；是结构化和系统化的方法；对面试官的提问技巧有一定要求；较高的应用成本；少数访谈者会过高估计口才较好者。

应用操作：准备校园招聘、社会招聘用的核心能力分级描述表、笔及白纸数张；面试时间 60 分钟；场地安排在一个不受干扰的地点；应聘人员与面试官的座位不宜相隔太远或者有明显身份区别的感觉。

面试官职责：熟悉美的集团七项核心能力和相关专业能力要求；熟悉面试程序和面试问题清单；确认应聘者名单及面试时间安排；面试中提出引导性问题，仔细倾听并记录应聘者描述的事件及行为；面试中不预设或强调自我立场，面试官需客观记录应聘者的回答，在不确定时和应聘者确认其提供的答案或表达的意思；比对核心能力描述，与本组的面试官进行讨论，对面试过程中记录的详细信息进行分析与评分，确定应聘者所描述的行为和事件体现出了哪些核心能力，并列举作为给分理由的行为佐证。

面试官先从一般的引导性问题（可参考面试问题清单）开始，可以针对应聘者的回答从后面的题目中挑选适合的问题再往下做深入的探询。主考官准备结束面试，前应询问其他考官是否还有问题未问完，以及应聘者是否有补充的信息或者希望得到解答的相关问题，最后告知应聘者下一步的安排，并以对应聘者的感谢结束面试。

2. 行为面试要点

在行为面试中，面试官要避免以下提问方式。

寻找事实的面试官："你的 GPA（Grade Point Average，平均学分点）是多少？"或者"你管理几个人？"这样的问题让人很难发现一个人的动机、价值观、自我概念或认知能力，并限制应聘者的谈话。理论家类型的面试官："为什么你那样做？"这样的问题容易让应聘者回答的是应该如何做（信念或价值观），而不是事实。预言家类型的面试官："如果……你会怎么做？"人们对于假设的回答通常是不可信的，聪明的应聘者会说出提问者爱听的话。销售人员："你不认为……是最好的办法吗？"这种问题带有引导性，这样我们收集到的信息通常反映了提问者的想法，而不是应聘者实际的做法。面试官可以通过软性沟通技巧（SOFTEN）营造真诚、开明和友好的氛围（S–Smile 笑一笑，世界更美妙；O–Open Gesture 保持开放的态度；F–ForwardLean 身体微微向前倾；T–Touch 合适的身体接触；E–Eye contact 眼神接触；N–Nod 点点头）。

通常，在面试中面试官不宜过多发言或者与应聘者进行讨论，但面对应聘者太过概括性的语言和回答时，面试官仍需要进一步提出探索性的问题。例如，应聘者回答："我的责任心比较强，一般能把事情做好。"面试官探索性提问："你能否举一个例子？"应聘者回答："我在工作上的确遇到一些问题。"面试官探索性提问："什么样的问题呢？"应聘者回答："我的老板对我的工作不太满意。"面试官探索性提问："你认为这件事情，你做得好的地方是哪些？哪些需要改进？"有时应聘者由于紧张或一时想不起合适的事例可能使面试陷入短暂的沉默，这种情况是正常的，面试官可允许面试有片刻的停顿并对应聘者予以安慰："不要急，你可以慢慢想……我也需要时间整理我们刚才的对话……"或者"我们可以休息一下再继续……"

案例分析

招聘是目前企业人才选拔最主要的工具，是人力资源管理的工作内容之一，过程包括发布招聘广告、线上线下面试、聘用轮选等。负责招聘工作的人被称为招聘专员（Recruiter），他们是人力资源方面的专家，或者是人事部的职员。聘请的最终选择权由用人单位所有，他们与合适的应聘者签署聘用合约。招聘就字面含义而言，就是某主体为实现或完成某个目标或任务，而进行的择人活动。招聘的载体种类有很多，如纸片、广播、电视、报纸、杂志等，它们有各自的优缺点。随着时代进步、科技发展，已经衍生出了如互联网作为载体的方式，这种方式正逐渐兴盛。招聘是人力资源管理体系的入口，决定着组织人力资源的质量。在当今激烈的市场竞争中，人才竞争成为企业竞争的关键和制胜法宝。为了适应市场经营环境的变化，企业必须不断提高自身的核心竞争力和开拓新市场、拓展新业务的能力，这就对企业的人员提出了相应的要求，要求企业人员在数量和质量上能够不断满足企业竞争和发展的新需求。因此，招聘成为企业在竞争和发展过程中必须不断面对和加以重视的重要工作。招聘有以下几个方面的作用，一是提高组织竞争优势，满足生产经营需求，为企业补充新鲜血液，带来新生产技术，增强企业活力和创新能力，提高企业的核心竞争力。二是充分发挥人力资源潜能。成功的招聘，能使企业发现合适的人才，补充所需，还能使人才了解组织并与之共同发展。三是扩大企业影响力，招聘过程中用各种方法进行宣传，这对企业来说是提高知名度的好机会，还能提高企业的良好形象。

招聘基本原则。一是关注长远，美的集团作为一个科技型企业，在市场的不断变化中一定要未雨绸缪，时刻关注企业的未来岗位招聘计划，为企业战略目标的实现源源不断补充人力资源。二是人岗匹配，“世界上没有废物，只有放错地方的资源”，招聘的时候要练就一双慧眼，善于发现人才。三是公平竞争，招聘过程透明公开。招聘的流程有准备阶段、招募阶段、选拔阶段、录用阶段和评估与反馈阶段。

招聘有不同渠道。内部招聘有以下几种方式。（1）内部晋升：美的集团可以从内部选择能力较好、合适岗位的人调配到更高岗位上。（2）内部调用：将一些有能力的人调到重要岗位和能够发挥特长的岗位。（3）工作轮换：美的集团可以让员工在不同时期从一个岗位换到另一个岗位。外部招聘有以下几种方式。（1）广告招聘：通过报刊、网络、电视、广播、抖音等大众媒体向求职者发布人才需求信息，吸引符合企业用人要求的人员。美的集团有足够的资金可以投入到这一方面。（2）网络招聘：互联网这一媒介传播范围广、时速快。（3）内部员工推荐：集团内部员工对所推荐人员足够了解。（4）职业介绍机构招聘：招聘手段较为专业，可以让美的集团的招聘针对性更强一些。内部招聘的优点是使美的集团内部员工受到激励，对于集团来说也可以节省成本，原本就在内部工作过的人会更具适应性，对于管理者来说，对内部候选人的工作态度、素质能力及发展潜力更加了解和把握，风险也更小。内部招聘的缺点是招聘受到限制，人力资源是有限的，原本用人标准有可能降低，影响正常秩序，也可能加剧内部矛盾，候选人会自我表现而不是互相合作，还不利于企业创新。外部招聘的优点是有利于美的集团的改革和创新，这对于美的集团来说是很重要的，这是一个靠着创新科技盈利的企业，没有创新的科技，怎么谈盈利？同时可以避免内部矛盾，可以克服内部招聘来源的限制，也有利于美的集团树立良好的企业形象。外部招聘的缺点是增加了决策难度和风险，同时对美的集团来说外聘成本也更高了，新员工进入美的集团之后适应慢，还会挫伤内部积极性。

美的集团在进行招聘和录用的时候，在人员甄选方面，需要从知识技能、社会角色与自我概念、品质与动机、工作经验、身体素质方面考虑。从程序上来说，有接见申请人、填写申请表、初步筛选、测试（可以分为能力、个性、心理等测试），最后是面试（可采取非结构化、结构化、半结构化面试）。根据案例中美的集团招聘面试中存在的问题，美的集团首先需要有一套科学合理的招聘面试体系，不能使招聘面试流于形式。面试有个人面试法、集体面试法、逐步面试法，也有情景模拟面试、行为描述面试、综合式面试，还有压力面试、鉴定性面试，也可采用评价中心技术，如无领导小组讨论来测试。在这些程序进行完后，对招聘中获得的信息进行收集、整理与分析，注意抓住岗位要素的根本性质，进行统计分析，确定录用要求和标准。比如对于美的集团来说，在人员招聘时较为关注的其中一个点就是创新能力和产品研发能力，因为美的集团是一个以科技创新作为核心竞争的企业，录用的员工要给企业带来效益就必须具备这一特点。招聘时的出题也很关键，面试官是否有水平体现了能否找到合适并有能力的人，面试官需要接受一定程度的培训，减少自己的主观依赖性。最后是做出录用决策，给新员工发通知、跟他们面谈、签订劳动合同、办理录用手续。招聘成功之后，需要进行评估，如对成本、结果、组织与方法方面，这可以帮助企业发现招聘过程中存在的问题，总结经验教训，为以后招聘提供依据。

5.3 欧莱雅公司员工招聘体系

5.3.1 欧莱雅公司背景资料

欧莱雅集团（以下简称欧莱雅）是法国的化妆品公司，创办于 1907 年。欧莱雅是美妆品行业中的领导者，经营范围遍及 130 多个国家和地区，在全球拥有 283 家分公司、42 家工厂、100 多个代理商，拥有 5 万多名员工，是总部设于法国的跨国公司。2016 年 6 月 8 日，《2016 年 BrandZ 全球最具价值品牌百强榜》公布，欧莱雅排第 36 名。2019 年 7 月，《财富》世界 500 强榜单公布，欧莱雅位列第 396 位。

（资料节选自百度百科：欧莱雅公司）

5.3.2 欧莱雅公司员工招聘

欧莱雅一直把理想中的人才称为“诗人与农夫”的结合体，它希望不管是何种文化和教育背景的员工，既能够富有诗人的创意激情和想象力，又能够像农夫那样脚踏实地。这两种看似相互矛盾的气质，筑起了欧莱雅面试时的第一道关卡。

1. 欧莱雅的战略招聘思想

与许多处于快速发展中的企业类似，欧莱雅（中国）的新员工中有将近 90%来自市场招聘。消费品行业的竞争对手之间每年会有很多的人才流动。欧莱雅具有很强的文化选择性，很多时候决定是否接受一位应聘者并非根据他的技能或者经验去判断，缺乏“创新”和“执行”的人在欧莱雅是无法生存的。欧莱雅的员工需要具有一种独立的企业家精神，能够以对待自己生意的态度去投入工作。与同行业中一些组织严格的公司不同，欧莱雅的管理机制很有弹性，并不约束员工按部就班地完成任务，而是在组织中给他们留有充分的空间，让每个人都有发挥的余地。有时候个人的力量甚至比组织更加重要，这需要员工具备很强的方向感，不仅能独立决策，而且可以自我驱动。在欧莱雅，每个员工都应该成为各自岗位上的企业家。不仅仅是销售部、市场部，即使是通常被认为是支持部门的人力资源部或财务部的员工也应如此。比如，一位财务人员除了要做好账目的统计，还要主动去了解来龙去脉，想想如何开源节流；生产线上的员工，也不只是坐在那里生产产品，而要思考为什么要生产这些产品，之后它们会被销往哪里，在市场上的销量会怎样等。企业家精神意味着以更为负责的方式去工作，并且自我激励为将来的发展做准备。对工作主动、好奇、充满热情，才是欧莱雅喜欢的人。

出于对文化适合度的看重，欧莱雅很反对那种为应付人手紧缺压力而“急就章”的招聘方式。有认同感的员工加入，才会是长久的合作。欧莱雅的许多高层经理人在面试中都非常坚持这一点，也在不断完善评估技巧。比如说，热情并不一定意味着要非常能言善道。

如果单以性格内向或外向来判断，可能失去我们真正想找的人。判断与价值观、个性相关的软性素质，不像看经验、学历等硬指标那么简单，这对面试人员也是一种挑战。面试人员必须具备足够的知识和耐心去消除一些偏见，才能够在表象之后分析出真实的一面。

2. 欧莱雅的战略招聘现场

欧莱雅一年一度的校园招聘交流会现场，室内能容纳几百人的报告厅座无虚席，过道、入口两边，甚至窗台上都站满了慕名而来的年轻学子；室外，随处可见的“欧莱雅校园企划大赛”“欧莱雅全球在线商业策略竞赛”的宣传招贴上，欧莱雅正微笑着欢迎这些年轻学子来一试身手。包括全球副总裁、全球战略招聘总监、中国区总裁、中国区人力总监等高层在内的诸多重量级人物都亲自参与校园交流活动，这足以显示欧莱雅对大学校园这一“人才苗圃”的重视程度。

从战略角度来看，作为一家有潜力并有雄心在中国市场长期发展的跨国公司，拥有一批同样有潜力并有雄心的年轻人非常重要。欧莱雅希望通过每年在校园的宣传，不仅让毕业生，而且让更多的学生知道并且喜欢欧莱雅。

校园招聘的应届毕业生进入欧莱雅之后，多数以管理培训生的身份出现在各个部门最基础的岗位上，经过六个月到一年的轮岗培训后，再重新分配工作。其实，这只不过是欧莱雅中国招聘策略的一个缩影，员工年轻化在欧莱雅已经是一种越来越鲜明的趋势。据说，现在很大比例的新入职员工都是工作经验在两年以下的新人。欧莱雅看重的年轻，很大程度上意味着潜能，在选拔时，不仅关注应聘者是否能够胜任目前的工作，还要考查应聘者是否有发展潜力能够担当更重的责任，因此欧莱雅对专业背景比较淡化，更看重基本素质，比如善于分析、思考、创新、沟通、有前瞻性等。年轻人对事业的激情，对时尚的敏感，都是企业招聘时关注的部分。

3. 用多种工具“量身”

欧莱雅有一套全球统一的人才核心素质模型，分为不同的层级，包括专业、经验、技能，还有文化价值观及个性的要求。但是仅仅有了标准的描述还不够，怎么去衡量和评估才是最关键的。而且针对不同的岗位、不同的素质要求，要使用不同的选拔工具。

为了“把优秀的人才找出来”，欧莱雅从 2000 年开始，把集团策划设计的招聘工具“欧莱雅校园企划大赛”和“欧莱雅全球在线商业策略竞赛”先后引入中国，试图通过比赛深入了解自己未来的潜在雇员，也期待他们通过参赛了解并且充分体会自己是否适合公司文化和价值观。这种深层次的接触，避免了双方在选择时的盲目性。

学生像一张白纸，怎么能知道这张白纸比那张白纸更加适合，特别是在没有经验履历的情况下，这就需要对学生的潜能、个性特质、文化适合度用更加科学的工具去衡量。这样挑选的学生进入公司以后，他们的工作会更顺利，忠诚度往往也比较高。

公司市场营销方面的职位，基本上已经由这两项赛事代替了传统的校园招聘，参加者也并不仅限于应届毕业生。其中，欧莱雅学习企划大赛以北大、清华、交大、复旦四所大学的本科生为主要对象，考查品牌营销和市场策划能力；欧莱雅全球在线商业策略竞赛则对各个院校的本科生和 MBA 学生开放，考查管理和决策能力。欧莱雅校园企划大赛让学生三人一组，以国际品牌经理的身份运作一个欧莱雅的品牌，设计一套崭新的营销策略，包括产品组合、包装和传播策略，最后要提交一份完整的计划书，并且向由欧莱雅高层领导和管理专家组成的评审团演示各自的策划。在历时几个月的比赛期间，招聘经理一直保持与参赛者的沟通，有很多机会了解他们如何分工合作，如何给各自的角色定位，以及解决问题的方式、风格等，也能比较准确地判断每个人最真实的个性特点。与此同时，欧莱雅（中国）的工业部门又根据本地工业人才的具体需要，开发了一项校园工业设计大赛，涉及根据生产能力设计生产线、改进生产工艺、厂房布局等多方面工程学技能的考核。

欧莱雅不仅对人才引进的渠道进行了细分，还针对不同的候选人群体设计了不同的策略。由此发展出来的“到正确的地方、用正确的方法、找到正确的人”这一战略招聘思想，正影响着欧莱雅在其他渠道的人才发掘和选拔方式。

在市场招聘方面，欧莱雅选择的招聘渠道很多。根据人才层级的不同，分别通过平面媒体、网络和猎头公司来寻找。由于不太可能像校园招聘那样，在跨度长达数月之久的时间里对应聘者进行全面考核，因此欧莱雅目前的主要评估方式仍以面试为主，但已经从对学历、技能和经验的审核，发展到有针对性地测评不同岗位的特定素质，并量才而用，减少了识人和用人的误差。欧莱雅倾向于使用一些心理测试，不一定用全套的工具，可能在谈话里用类似的问题，考查应聘者领导风格的偏向性。比如应聘者工作的节奏是快的还是慢的，沟通方式是谈判型的、影响型的，还是观察型的等。目的不是了解应聘者这个独立的个人，而是希望知道他在一个团队里会出现什么样的行为。欧莱雅强调要根据不同的岗位、不同的素质模型去找人，不能一概而论。确定了标准才能找到正确的人，也不至于造成人才浪费。比如初级的财务人员，不一定需要非常好的演讲技巧；国内某地区的一个销售，也不需要英语口语多么出色。

在面试方面，虽然形式上仍然是传统的评估工具，但给招聘经理和部门主管带来的挑战已经越来越大。除了要求他们对跨职能、跨业务的知识要广泛涉猎，一些测试工具的使用也需要他们掌握。比如，测试想象能力，面试官自己首先要有想象力，并且很享受这个过程；测试对时尚的敏感度，面试官自己必须是对时尚有兴趣的人。只有这样才可能和应聘者很好地交流，才能判断应聘者是不是具备这些能力。

案例分析

欧莱雅是从一个家族企业发展成为世界化妆品行业龙头老大的。欧莱雅能够从巴黎众多化妆品行业中脱颖而出，走出法国国门，把自己成功推销给世界，这与欧莱雅独特的“用人之道”是脱不了关系的。欧莱雅的每次突破都在用数字说话。欧莱雅是“全球理想雇主”之一、“中国大学生最佳雇主”之一、“中国50家最受应届生欢迎的第一个工作”之一。

欧莱雅的招聘包括两个过程：一是招募，二是甄选。对于招募这一过程，欧莱雅主要靠“欧莱雅校园企划大赛”和“欧莱雅全球在线商业策略竞赛”在全球范围内选拔优秀人才。同时，欧莱雅还会通过它的内部媒体，即欧莱雅在中国办有的《Contact》杂志和内部网站，发布集团业务信息、招聘信息和公司最新动态。多种招聘渠道会拓宽人才的来路，而且欧莱雅的另类游戏面试过程很新颖。例如招聘高管的“另类”方法：12 个人组成临时团队，在 10 分钟内用肢体语言模拟组成欧莱雅公司字母全拼；12 个人被蒙上眼睛，在 30 分钟内用 3 根绳子围成一个最大的正方形。这场“另类”游戏不是一次普通的拓展训练，而是一场招聘新员工的招聘大赛。这种方式更加能吸引人才，这是相比较其他公司的一种优势，对树立企业形象和扩大企业在社会中的知名度也有很大帮助。

欧莱雅的招聘目的很明确：招收一流的人才，让年轻人完全融入整个公司的经营运作体系。欧莱雅的招聘符合招聘的基本原则：欧莱雅关注长远，因此将招聘的重心放在校园招聘，为公司的发展储备了生力军，给公司注入了新鲜血液，并且让年轻人的新潮观念和创意冲击公司已有的概念，从而带动公司长远的发展；欧莱雅重视人岗匹配，在面试的过程中，欧莱雅的高层管理员和特邀的人力资源专家都会盯着应聘者，观察他们的表现，以考查、评估他们的能力，再通过后期的一对一面试，充分了解应聘者的特点和优势，从而为他们安排合适的岗位；欧莱雅会公平对待每个符合条件的求职者，不会产生性别歧视、年龄歧视、学历歧视等，并且招聘过程公开透明，避免不公平现象的发生。这样的招聘原则不管是对于公司还是对于员工的个人发展都是一种好的选择，同时，欧莱雅的校园招聘能解决许多大学生的就业问题，在符合公司招聘理念的同时，也减轻了社会负担。

欧莱雅的人员选拔阶段主要由简历筛选、游戏面试、一对一面试组成。游戏面试是其中最复杂的一个环节，欧莱雅注重员工的团队精神、决策能力、冒险精神及创作力，所以欧莱雅选择的游戏面试方式很适合它的招聘原则。

在内部招聘和外部招聘方面，欧莱雅比较着重于外部招聘。欧莱雅招聘人才的标准就是希望人才既像诗人一样富有激情和创造力，又像农夫一样勤恳、脚踏实地，所以通过外部招聘来的员工带来的新的观点、思路和方法可以使企业在管理和技术方面得到改进。欧莱雅的员工不限国籍、不限年龄、不限是否有经验，因此应聘者的来源范围十分广泛，公司挑选的范围也更大，招聘到优秀员工的概率也大大提高。欧莱雅还使用网络招聘，求职者可通过网上投递求职申请，这样不受时间和空间的局限，也降低了成本。欧莱雅不光依靠外部招聘，它的人事部也建有专门的招聘网站，这个网站只供内部交流，不对外开放，各国分公司都会在里面交流招聘经验，内部员工可以依靠此网站来了解内部招聘的消息，从而发展自己。这种内外部招聘结合的方式，可以削弱单方面的内部招聘或外部招聘带来的一些问题和缺点。一旦公司有员工跳槽，公司就会检讨自己，并不会因为惧怕员工跳槽的发生而只聘用具备相当经验的员工，欧莱雅反而会加大力度培训新人，这一点吸引了很多人才，也造就了欧莱雅极低的人员流动率。

欧莱雅招聘的成功就在于找到了发掘人才的渠道，企业拥有了人才，就拥有了大量的知识资本和知识资本的运营力，就拥有了核心竞争力。欧莱雅的校园活动现在已经是欧莱雅人力资源战略的一个重要部分。欧莱雅首先想到的人才聚集地是大学，欧莱雅已经与全球 110 多个知名的院校保持着紧密的合作，通过各种各样的招聘活动，创造与人才接触的机会，让大学生们在大二、大三的时候就开始了解欧莱雅，了解欧莱雅的企业文化、价值观、市场策略，了解欧莱雅的产品和管理。当这些大学生在将来入职的那一刻就能更快融入公司的大环境中，加快他们迈向成功的步伐，这样一来也可以减少企业后期培训的投入。总之，欧莱雅的校园招聘值得肯定。

5.4 强生公司员工招聘体系

5.4.1 强生公司背景资料

美国强生（Johnson & Johnson，以下简称强生公司）成立于1886年，是世界上规模较大，产品多元化的医疗卫生保健品及消费者护理产品公司。强生公司的产品畅销170多个国家和地区，强生公司生产及销售的产品涉及护理产品、医药产品和医疗器材及诊断产品等多个领域。2018年12月18日，世界品牌实验室编制的《2018世界品牌500强》揭晓，强生排名第72位。

（资料节选自百度百科：强生公司）

5.4.2 强生公司员工招聘

1. 强生公司的企业文化和员工准则

强生公司根据自己的企业文化，制定了招聘标准。这套招聘标准体系会根据市场环境的变化不断补充改进。新的全球领导力形象[①]（Global Leadership Profile，GLP）相比之前，强调以人为本和创新。新的全球领导力的形象包含十项领导力的要素：诚实正直，信条为本；战略思维；既着眼细节，又胸怀大局；组织与人才的发展；求知欲强；协作与团队精神；急迫感；审慎冒险；自我意识和适应能力；以业绩为导向。强生公司全球领导力的形象定义了强生公司的领导模式，各部门对职位技能的要求是对全球领导力形象的补充。十项领导力的要素构成了强生公司员工资质模型。

以强生公司招聘资深采购主任为例。招聘职位说明书中明确规定，强生公司对所要招募的人才素质的基本要求和采购职能部门对于这个职位具体的技能要求。对人才素质的基本要求包括：诚实正直；领导力；挑战困难和创新的精神；项目的管理能力；良好的团队合作精神；以结果为导向。由于这个职位是计划向领导人这个方向培养的，所以它的用人要求都是与公司的全球领导力形象保持一致。具体对采购职位的技能要求是，应聘者有跨国公司工作背景，有技术专业背景，有3～5年工作经验。采购职能部门对于这个职位具体的技能要求标准：有项目管理工作经验；曾领导协调对公司业绩具有重大贡献的项目，如成本节约项目；具备大型会议演讲经验优先考虑；对日用消费品市场和供应商熟悉。以上两个方面的要求构成了强生公司对具体职位的招聘标准，体现了企业文化和价值观念。

① 全球领导力形象是领导者应具有领导员工的核心领导力、全球的敏锐度、多元文化整合力、性格的坚韧性等形象的展示。

2. 合理安排招聘工作权利

强生公司招聘的主体由用人部门和人事部门共同担当。用人部门的权利是确定职位的需求、职位的职责范围和职务。人事部门的权利是拟定招聘说明书，对候选人初步筛选、进行背景调查、确定薪资范围、发放面试邀请和录取信。招聘的流程简要来说包括用人部门提拔、人事部门初选、用人部门面试决策，其具体流程如下。确认职位的需求数量、职务和工作职责由用人部门提出，然后由亚太地区采购总监批准。由人事部门拟定招聘职位说明书与用人部门经理确认，然后人事部门根据职位的要求确定招聘形式，是外部招聘还是内部招聘或者同时进行。经理以上职位或特种人才采取猎头公司或网站招聘。接着人事部门对于应聘者简历根据招聘标准进行第一轮筛选，缺少关键性资历就回绝。通过第一轮筛选的应聘者进入人事部门的第二轮筛选，筛选形式分为笔试（个性测试和智力测试）和面试。面试时，主要考核候选人是否适合该岗位。候选人需要当场填写个人信息表，并且带上学位证书复印件和学历证书复印件以证明信息的可靠性。进行筛选后，定下的几位候选人将由用人部门进行下一轮面试，并且候选人填写的个人信息表会提供给用人部门进行参考。用人部门的该职位的直属领导和部门经理分别对候选人进行面试，全面考核候选人是否符合职位要求，然后讨论最终决定录取谁。一旦确定人选，人事部门会准备录取人员确认表，上面写明录取人的名字、薪资和职务，由用人部门和人事部门签字才可生效。其中，薪资由人事部门根据具体职位性质、横向比较薪资行情后确定。职务由用人部门根据人员的资质情况确定。然后人事部门通知被录取人进行市区医院体检。若体检报告合格，由人事部门拟写聘用邀约信，发给被录取人，一式两份，并要求对方签字返回一份表示接受。另有一份背景调查表，征得被录取人同意后，由被录取人提供前领导联系方式，进行必要的背景调查。如果背景调查情况良好，无不良行为且工作无不合格，被录取人就可根据报到时间准时到单位报到。

3. 招聘考核的方法

强生公司的招聘考核方法主要是三种，笔试（委托第三方进行个性测试和智力测试）、面试和背景调查。

笔试方法的优点是有统一测试标准，比较客观，不受招聘人员的个人倾向性干扰。强生公司认为，人的个性和智力在一定程度上影响他的职业成功。所以通过个性测试可以分析候选人的个性特点，帮助招聘人员判断候选人是否与这个职业匹配，是实际型的还是艺术型的，候选人的行为特征、心理特征是否适应企业的文化和价值观。智力测试是一般智力能力测试，主要考核员工的逻辑性、记忆力、口头表达的流畅性及数字能力。强生公司希望新人能够尽快融入环境，适应工作，并且希望培养有能力的新人成为未来的领导者。智力测试也是公司判断员工要适应新岗位所花的时间及向更高层次发展的潜在可能性。

面试方法的优点是能够弥补笔试中不能考核到的地方。通过在面试中设计一些问题，倾听候选人的回答来了解对录取很重要的几个方面。通过了解候选人对工作的认同态度，以及他来应聘这个岗位的动机，来确保强生公司招聘的人在公司工作的稳定性，以及强生公司相关的一套培训体系实施后能得到较好的反馈；从候选人回答问题的谈吐方式，观察候选人的性格特征是否真正与这个职位匹配；从候选人回答一些具体的问题，如具体工作的经验感受，碰到具体问题的处理方式，能够分析判断他在简历中所述内容的真实性，以及他的能力状况是否能胜任此岗位。强生公司的面试一般通过人事部门和用人部门共同进行，用人部门中由候选人应聘职位的直属领导和部门经理一起考核，通过不同层次的考核，综合分析候选人的技能、性格、管理潜质等，发掘强生公司未来领导力的“基因”。

背景调查方法的优点是，了解候选人是否能与人和睦相处，是否有过有悖商业道德的行为，以前的工作是否合格，以及所述工作经验是否属实等。这些情况的了解帮助公司确保所招募的候选人能够符合要求，尤其对于强生公司，其信条中的第一条就是以诚信为本，所以公司对员工的诚信极为重视。背景调查方法的不足之处在于考核形式不够灵活全面，建议可以采取更加多样的形式，如无领导小组讨论形式，公文筐测试等。通过这种模拟练习，能够更加全面地观察和评价被测试者的处事能力、领导能力、群体接受度和个人影响力。

案例分析

从强生公司的招聘标准、招聘主体和考核的方法来分析招聘制度，来论述强生公司是如何招募人才的，来发掘强生公司领导力的“基因”。强生公司的“我们的信条”，50 多年以来一直帮助员工不断完善对于顾客、社区和股东的责任。全世界强生公司大家族成员共同分享这一价值理念。信条代表了建立领导的基石。

1. 规范和科学地筛选和录用人员

在面试选拔期间，科学性的做法对人员的筛选有至关重要的作用。通过笔试法、能力测试、个性测试、心理测试和情景模拟法等方法了解求职者，达到客观了解求职者的知识与技能、社会角色与自我概念、工作经验、品质与动机、身体素质、个人修养、逻辑性思维等情况，并对是否录用做出判断与决策。要做好前期准备、做好面试的过程与记录，注意细节，在面试筛选中减少不必要失误。另外，还有一些问题应特别引起注意：面试人过早因为印象的原因做出录用决策；面试人过分强调面试表中的不利内容，以致不能全面了解个人；面试人对岗位空缺任用条件不了解，无法用正确的标准去衡量；面试人缺乏面试经验；面试过程中面试人讲话太多；面试人为了完成任务而招聘；面试人易受求职者的影响；面试中采用全面性较差的非结构式方式；心理偏差、首因效应、晕轮效应造成的误差。

2. 注意求职者的背景资料情况

在招聘后期，关注求职者前公司的背景资料，了解求职者的人格品质是十分重要的。有时候在短短的面试时间内不可能了解求职者的全部性格，况且在短时间内或单一环境下，人的性格的隐藏性会掩盖人的本质性格，使面试人员对求职者的表现产生错觉，对求职者的认识模糊不清，不够全面。在一些国家或地区人才市场体系相对健全的地方，已经形成职业经理人在职场中的美誉度环境，公司对其前员工所出具的证明资料就显得十分重要。

3. 避免心理偏好影响评估结果

在面试考核期间，由于面试人员对求职者情况的某一方面有强烈的感受或印象，因此影响了他对此求职者其他方面的评价，觉得什么都好或什么都差，这样造成了晕轮效应误差。这种误差使招聘面试、考核失去了科学性和缜密性，使求职者和岗位脱节，容易造成招聘工作的失败。

招聘结束后，需要对招聘活动的结果、成本及方法进行评价与反馈，以便总结经验和教训，不断改进招聘工作，提升下一次招聘的效率和效果。最后，一个成功的招聘不仅需要完整而又科学规范的流程，还需要面试人员具备公正的态度及相应的知识、技能和科学的评估，避免因为个人的心理因素造成评估结果存在太大的误差，从而影响招聘的结果。“千里马常有，而伯乐不常有。”招聘在企业中的作用就相当于伯乐，只有慧眼识人才并且善于任用人才，才能让更多优秀的人才进入自己的企业，大家一起努力，提高企业的核心竞争力，提高企业的知名度和形象，充分释放人力资源潜能。

5.5　华为公司线上员工招聘

5.5.1　在线招聘的五大趋势

华为在线招聘的五大趋势如下。

第一，蓝领“用工荒”形势严峻。我国中部地区历来是劳务用工人员的主要输出地。例如，围绕湖北周围的河南、安徽、江西、湖南、四川等省一直都是重要的劳务用工输出地。长三角、珠三角、北上广深、东部沿海是我们劳务用工的主要输入地。从 2020 年春季中国的新型冠状病毒肺炎疫情（以下简称疫情）的分布来看，这些地方恰恰也都是疫情较为严重一些的区域。疫情越严重，防疫手段就会越严格。而另一方面，因为疫情的发生，人群的恐慌心理也会影响到这一人群外出务工的意愿和行动力，所以就会出现蓝领的“用工荒”，各大工厂很可能面临的一个挑战就是招不到人。

第二，2019 年，第三产业的企业已经占到我国 GDP 的 56.3%。线下以服务商品流通为主的民营企业的白领工作者的失业率将会增加。很显然，因为大多数企业，尤其是中小型民营企业会因为这场突如其来的疫情，发展速度减缓，甚至是倒退。现金压力大，就会选择控制成本、精简机构等举措，招聘计划也会做出减缓的一个调整。

第三，招聘全面转为线上。疫情导致线下的现场招聘会取消，很多招聘信息的来源、招聘面试、招聘的签约，全部都转到了线上，所以现在“无接触招聘”成了一个 HR 界的新名词。

第四，人才应聘心理波动明显。从求职者的心理动态来分析，这一次的疫情会让想要找工作的人心理发生一个很重要的变化。人才市场出现明显的供大于求，疫情的发生也会加重人们的职业危机感。多数的待岗人员会对找工作更为焦虑和迫切。而优秀的人才，他们希望能抢占先机而加强求职的主动性，他们也希望能够找到更多的机会。所以，求职者的焦虑感和迫切度会增加，尤其在一些优秀的人才身上体现更为明显。

第五，人才识别能力的要求提高。由于疫情所致，多数企业愿意承担的用人试错成本降低了，用人会更加谨慎。企业对人才的这种精准度的要求会更高，因此对 HR 的识别能力也会要求更高。

5.5.2 线上面试降低薪资待遇

行业薪资水平下滑，优化人员结构。受这次疫情的影响，整个行业的招聘规模减小，导致整个行业的基本薪资水平也相应下降，很多企业不得不在面试时商议调整薪资来应对当前局势的调整。同时，伴随行业薪资水平下降，人员结构优化是必然之路。在目前的经济状态下，企业应抓住战略机遇，考虑最佳薪资和人员对接并顺利度过空窗期。因此，求职者需要了解在线上面试中HR适当调整薪资水平可能是迫于当前疫情所造成的形势影响，不必惊慌忧虑，可以向 HR 适当了解当前薪资变化和以后的发展，方便做长久打算。

为了防止疫情的传播和传染，各省市、乡镇都封闭人员进出，这也导致了较多中小型企业效益降低甚至面临倒闭的情况。因此，企业不得不“多做减法，少做加法”，来减少整体预算，这其中便包括新招员工预期薪资的预算。很多中小型企业基本都踩着盈亏平衡线，通过现金流等来维持基本运营，这时候“降本提效”成了重中之重。而招募员工薪资预算便会被压缩，这也是公司的无奈之举。其实，降低预期薪资招揽人才，从而实现最佳性价比，也是 HR 的职责之一。

在这种情况下，求职者需要分析整体局势，运用反向思维，探求 HR 对招募员工的预期薪资，并商议出最佳方案，才能稳定入职，实现自身的长远发展。目前，很多 HR 倾向于压缩求职者的预期薪资来实现业绩目标。在进行线上面试时，求职者应当在和 HR 的交流中商议出自己较为理想的薪资，积极保障自身权益，看准公司后再入职发展。

线上面试者需要对目标做足准备，具备危机意识。若 HR 提出类似降低预期薪资等要求时，需谨慎应对，判断公司是否有安全度过疫情期的能力，再决定是否入职。同时要了解晋升渠道，铺垫职业规划。华为的“狼文化”是众所周知的，华为实行牵引式人才管理关系，推行定岗、定责、定酬的待遇系统，晋升渠道透明公开，从而铺垫员工的职业规划。求职者在面试中，首先应了解目标公司可能提出因为疫情的影响降低求职者的预期薪资是正常手段，并予以商谈，再仔细了解其晋升渠道，描述自身的职业规划，从而得到更好的发展。同时在疫情期间居家隔离的过程中也应当积极提升核心竞争力，看准目标公司，分析职业前景。无论疫情何时结束，求职者都能在新公司寻求更大发展。在线上求职的过程中，求职者需要明确认识到目前的薪资只是暂时的状态，做好自身的职业规划并提高核心竞争力才是最佳良策。

5.5.3 线上招聘须管控企业面试成本

企业在招聘中有有形成本和无形成本。有形成本主要包括招募费用、选拔费用、安置培训费用、离职成本、重置成本。无形成本主要包括不合适人员对公司的影响、失去的市场机会等。求职者如果能力符合，却跟企业文化格格不入，那么入职后不久就会离职。这个离职的成本对团队和文化的冲击，形成的无形成本要比有形成本高得多。一般情况下，影响人才评估质量的因素有价值观、态度、社会角色、自我形象（如自信心）、个性、品质（如灵活性）、内驱力、社会动机（如追求卓越）等。人员胜任的核心素质有团队合作、沟通能力、责任心。

案例分析

在疫情期间，线下招聘相继取消，为了保证就业工作和招聘工作的顺利推进，线上招聘成为最佳的选择。华为等众多企业已经启动了招聘工作，均选择了视频面试、线上签约及线上报到等线上招聘方式，地方组织的春季招聘会也转向了线上，同时，不少互联网招聘平台也加大了线上招聘业务的投入力度。企业和求职者对线上招聘的认知度和接受度在此期间都得到提升，这有利于线上招聘的发展，有利于促进线上招聘技术的提升。华为在心声社区发布了写给应届毕业生的一封信，信中表示，华为 2020 年应届毕业生招聘工作仍在有序进行中，不过为了保障同学们的健康和安全，招聘由线下全部改为线上进行。华为某区域负责招聘的工作人员介绍线上视频面试流程时说，求职者将提前收到面试通知，获悉面试日期、时间、部门、岗位。求职者需要通过通知中的链接下载视频面试所需要的客户端，并在面试开始前输入指定的“会议 ID”进入视频面试界面。疫情期间属于特殊时期，目前的一些互联网、科技公司及大型的地产、物流企业对视频面试的接受度还是比较高的。在传统招聘方式中，求职者从简历投递到面试约见需要等待几天时间，而视频面试解决了该问题，尤其在疫情期间，求职者可以足不出户与企业面试沟通。对于企业而言，视频面试和面对面面试的时间成本相同，所以早期驱动企业尝试新的面试方式时难度相对较大。线上面试的方式除了直接微信视频，还有 QQ、58 同城、Boss 直聘，以及一些招聘云平台等。对于招聘平台的视频面试应用的未来，此次疫情将推动以互联网平台为基础的 AI、VR、视频等线上新兴创新招聘渠道，进一步提升视频招聘在面试渠道中使用的比例，更利于就业大数据（指对学生就业数据的全面管理、统计和分析，为实现就业信息全面管理的数据分析系统）的行业发展，加速供需双方的精准就业效率匹配。

第6章 培训与开发案例分析

学习目标

1. 通过案例分析，了解培训与开发的含义、特点
2. 通过案例阐述，重点掌握培训的系统模式
3. 重点掌握培训的方法

学习导航

6.1 沃尔玛公司员工培训
6.2 西门子公司员工培训
6.3 京东员工互联网思维培训
6.4 海尔集团员工培训
6.5 星巴克员工培训

知识回顾

关键词语——

培训需求分析；“6W+1H”；培训效果转移；培训效果评估。

核心提示——

培训是一种学习过程或者行为，是由企业发起实施的，具有计划性、连续性、系统性的特点。

企业培训的实质是指培训的内容，包括知识培训、技能培训和态度培训。

员工的培训方法：演示法，包括讲座法、远程学习、视听法；专家传授法，包括在职培训、情景模拟法、商业游戏、个案研究法、角色扮演法、行为塑造、可视化视频法、互联网培训；团队建设法，包括探险性学习、团队培训、行动学习。

相关链接——

学习成为业务的一部分；学习资源内部化力度加大；培训外包需求旺盛。持续学习成为在知识社会生存和发展之道。想在瞬息万变的市场中立于不败之地，企业就必须比竞争对手学得更快，需要对其员工不断进行再投资，即进行持续的员工培训与开发，以提升企业的竞争能力。

前沿话题——

沙盘课程重现真实的工作环境。人们在“尝试—失败”的过程中学习，比坐在教室里上课更能学到知识。学员们聚在一起，分析现有信息，共同做出决策、制定战略、付诸行动，一切都由学员们自己掌控！商业沙盘模拟将拥有不同专业技能的学习者聚到一起，从而拥有不同的视角，真实的结果。有效的沙盘课程的设计是建立在学员相关行业的相同商业驱动上的。执行全方位影响企业运营（包括营运资本、市场营销、生产制造等）的决策才能起到至关重要的作用。

6.1　沃尔玛公司员工培训

沃尔玛之所以能够成为世界 500 强企业之首的零售业“巨无霸”，原因有很多。而最关键的在于沃尔玛始终将员工视为最大财富，注重对员工的培训与提升，搭建有效的员工培训平台，以培训打造一流的服务团队。培训工作是沃尔玛人力资源管理的重中之重。在培训中，沃尔玛始终推行员工培训与发展计划相结合的方式。公司为每位员工制订相应的员工发展计划，同时根据员工各自的成长路线提供相应的培训。

6.1.1　员工培训定位

在员工培训计划上，沃尔玛始终推行培训与员工发展计划相结合。在沃尔玛内部，培训工作是沃尔玛人力资源管理的重中之重，每年 9 月份会与沃尔玛国际部共同制订和审核年度培训计划。沃尔玛人力资源部会为每位员工制订相应的员工发展计划，并以此为基础，依据员工各自的成长路线为其提供相应的培训。在沃尔玛，大多数员工的升迁速度很快，经常是半年、一年就会有一个提升。员工的职业生涯发展计划一般由一个个具体的目标构成，最基础的目标就是接任自己上司的职位，这使得员工能以很快的速度达到下一个目标。公司在每个关键环节都会组织员工进行岗位或职位相对应的培训。沃尔玛还对合乎条件的员工进行横向培训和实习管理培训。横向培训是一个长期的计划，在工作态度及办事能力上有突出表现的员工，会被挑选去参加横向培训。为了让具有领导潜力的员工有机会加入公司管理层，公司还设立了为期 8 周的实习管理培训课程，符合条件的员工还会被派往其他部门接受业务及管理上的培训。

6.1.2　培训目标

沃尔玛的培训目标是要求员工了解公司的发展历史及发展目标，了解并接纳企业文化，熟知企业的规章管理制度，培养员工的荣誉感和自豪感。掌握信息系统、业务营运、管理政策等，熟知岗位职责与权限，培养团队精神、增强员工的自信心与企业归属感。另外，员工还要知道如何和其他部门的员工进行沟通，并且要到各个店面进行参观以熟悉公司运营等。这样，既可以了解员工对企业文化的适应度和上下级之间的融合度，又能帮助员工更快适应并融入沃尔玛团队。

6.1.3 培训内容

培训内容包括入职培训、技术培训、岗位培训、海外培训、女性员工培训，所有管理人员还要接受管理技能与艺术方面的培训。

1. 入职培训

培训时长为3～6个月，培训时不确定具体的岗位，而是接受公司文化、信息系统、业务运营、管理政策等方面的培训。采取“1-30-60-90培训计划”，即在新员工入职的第1天、第30天、第60天、第90天分别有一次侧重点不同的入职培训。

2. 技术培训

对关键岗位员工进行技术培训，包括英语交流、谈判技巧、产品认知和产品促销等各种技能培训。

3. 岗位培训

针对不同岗位和不同级别的员工进行培训，包括英语培训、岗位技能培训、管理艺术培训三个方面。

4. 海外培训

培训对象：海外培训是培养和选拔高级人才的重要途径，培训对象为高管人员。

培训地点：在沃尔顿学院，高级管理人员会接受“国际领导艺术培训计划”培训。

培训内容：培训的主要内容是领导艺术和如何在店内做非常细节的管理，之后接受高级领导艺术的培训，再送往卡内基学院进一步深造。

5. 女性员工培训

女性管理者占公司总管理人数的41%，公司对男女一视同仁。公司采用“目标管理者加速培养计划”（简称TMAP计划），该计划是针对有潜力并愿意成为公司高级管理者的女员工设立的。

6.1.4 培训方式

沃尔玛采用寓教于乐的培训方式对员工进行培训，具体培训方式有以下几种。

1. 经验式培训

培训课上，采取故事、游戏、小表演相结合，真实地展现自己。培训师对受训人员进行指导，分析其在展示自己过程中的体验和行为特征，帮助受训人员发现问题、分析问题直至解决问题，最终目的是全面提升受训人员的综合素养和能力。

2. 交叉式培训

交叉式培训是指一个部门的员工到其他部门去学习，使员工除了更熟练地掌握自己的职务，还能获得另一种技能。这还有助于增强团队的灵活性和适应力，提高整体的工作效率。

6.1.5　培训效果

在对连锁门店员工进行培训时，培训师应注重自己和培训员工之间的关系、培训内容理论性和实操性之间的关系，以及强制性培训与自主性培训之间关系的平衡，采取培训前、中、后“三步培训法”，提升培训效果。

培训前——理论联系实际。培训内容针对的是普遍现象，但每个行业、每个终端门店都存在其特殊性；培训讲的成功案例和经验都是别人的方法，如何与该企业和门店员工的实际情况相结合是一个值得注意的问题。培训中——集中培训和日常培训相结合。培训可分为集中培训和日常培训两种方式。提高员工的配合度是保证培训效果的第二个前提。培训后——强化培训效果监管，树立“员工标杆”。培训就是培养和训练，本身带有一定的强制性。从强制性到员工的自觉行为，肯定需要一种以激励和愿景为核心的培训机制。

案例分析

我们生活在一个知识大爆炸的时代，员工只有不断更新知识才不会被淘汰，这就需要培训。培训是企业发展的关键，是员工提升的关键。新员工进行培训是不断了解本企业的过程，是不断适应新岗位的过程，是员工不断融入团队的过程，是员工才能发挥的过程。培训是人力资源管理中不可忽视的一个重要环节。培训是一个有计划、连续性、系统性的过程，不可操之过急；培训是人员开发的中心环节，开发员工的潜力能够增强企业的活力；学习是培训的本质，培训使每位员工都有学习的机会，这反过来能促进组织目标和个人目标的实现；培训的最终目标是实现员工和企业发展的共赢，培训能促进员工和企业持续发展。

沃尔玛在培训之前让员工了解公司的发展目标、企业文化、企业的规章制度，增强员工的自信心，让他们更好地融入团队，正所谓，“卓越源于要求，要求要有标准”，要打有准备之仗，必须明确要求和标准。设立培训目标尊重三大原则，即实用可操作性原则、任务明确性原则及适应企业发展要求原则。沃尔玛员工培训提升了员工职业技能和服务水平，获得高昂的士气和战斗力，塑造更完美的企业文化，强化员工的敬业精神，保证顾客的最大满意度。

一个成功的培训，它的内容是非常重要的。沃尔玛的培训内容有五个方面，即入职培训、技术培训、岗位培训、海外培训、女性员工培训。沃尔玛的培训方式主要有经验式培训和交叉式培训两种。沃尔玛采用培训前、中、后三种办法来提升培训的效果。培训前培训是对工作态度、能力及知识进行培训，这一过程中能起到作用的有培训者对项目的满意程度、项目能否顺利运行及妥善可行的组织。培训中评估，能对培训实施的有效性进行切实的控制。培训后评估是最关键的部分，它能够评价培训的最终成效，旨在使企业管理者实现目标。

通过员工培训，可以使员工更有斗志地去实现企业目标。员工培训主要体现在以下几个方面：传授员工知识、培养企业人才；提升企业的核心竞争力；改善企业的工作质量；构建完善的工作绩效系统：实现员工自我价值。

沃尔玛在培训员工方面也有着自己的特色。培训投资。沃尔玛每年在员工培训方面都投入了大量的资金，是因为它知道，只有员工发展得好，企业才能发展得好。培训方式。员工可以按照自己喜欢的方式选择培训的方式。培训手段，沃尔玛将 VR 技术运用到培训过程中，让学员感受到培训的真实感。

6.2 西门子公司员工培训

6.2.1 西门子公司背景资料

德国西门子股份公司（以下简称西门子）创立于 1847 年，是全球电子电气工程领域的领先企业之一。西门子自 1872 年进入中国，140 余年来以创新的技术、卓越的解决方案和产品坚持不懈地对中国的发展提供全面支持，并以出众的品质和可靠性、领先的技术成就、不懈的创新追求，确立了在中国市场的领先地位。2017 年 6 月 6 日，《2017 年 BrandZ 最具价值全球品牌 100 强》公布，西门子名列第 77 位。2018 年 7 月 19 日，《财富》世界 500 强排行榜发布，西门子位列第 66 位。在“2018 世界品牌 500 强排行榜”中，西门子排名第 134 位。2019 年 10 月，Interbrand 发布的全球品牌百强榜西门子排名第 58 位。

（资料节选自百度百科：西门子股份公司）

6.2.2 西门子公司员工培训制度

在人才培训方面，西门子创造了独具特色的培训体系——多级培训制度。西门子的人才培训计划从新员工培训、大学精英培训到员工在职培训，涵盖了业务技能、交流能力和管理能力的培训。通过一系列的培训，使公司新员工具备较高的业务能力，提高员工知识、技能、管理能力，并储备了大量的生产、技术和管理人才。因此，西门子长年保持着公司员工的高素质，这是西门子强大竞争力的来源之一。

1. 新员工培训

新员工培训又称第一职业培训。早在 1992 年，西门子就拨专款设立了专门用于培训工人的“学徒基金”。这些基金主要用于吸纳部分 15～20 岁的、中学毕业后没有进入大学的年轻人，参加企业为期 3 年左右的第一职业培训。目前，西门子在全球拥有 60 多个培训场所，如在公司总部慕尼黑设有韦尔纳•冯•西门子学院，在爱尔兰设有技术助理学院。它们都配备了最先进的设备，西门子每年培训费近 1.77 亿欧元。目前，共有 1 万名新员工在西门子接受第一职业培训，约占员工总数的 5%。他们学习相关知识和技术，毕业后可以直接到生产一线工作。第一职业培训（新员工培训）保证了员工一旦正式进入公司就具有很高的技术水平和职业素养，为企业的长期发展奠定了坚实的基础。

2. 大学精英培训

西门子计划每年在全球接收 3000 名大学生。为了吸引和选用这些宝贵的人才，西门子也制订了专门的计划。西门子特别重视与大学生的沟通，以增强对大学生的吸引力。公司同高校建立了密切联系，为学生和老师安排各种活动（如举办报告会），并无偿提供实习场所和教学场所。1995 年 4 月，西门子在北京成立了“高校联络处”，开始与高校建立稳定而持久的伙伴关系，加强与高校师生及各院系、研究所的联系和沟通。西门子每年在重点院校颁发 300 多项奖学金，并为优秀学生提供毕业后求职指导和帮助。现在，“高校联络处”已经成为西门子和高校沟通的桥梁。进入西门子的大学毕业生首先要接受综合考核，考核内容既包括专业知识，也包括实际工作能力和团队精神，公司根据考核结果安排适当的工作岗位。此外，西门子每年从大学生中选出 30 名尖子进行专门培训，培养他们的领导能力。培训时间为 10 个月，分 3 个阶段进行：第一阶段，让大学生全面熟悉企业的情况，学会从因特网上获取信息；第二阶段，让大学生进入一些商务领域工作，全面熟悉本企业的产品，并强化他们的团队协作精神；第三阶段，将大学生安排到下属企业（包括境外企业）承担具体工作，在实际工作中获取实践经验和知识技能。目前，西门子共有 400 多名这种“精英”，其中四分之一接受海外培训或在国外工作。事实证明，大学精英培训计划为西门子储备了大量高素质的管理人才。

3. 员工在职培训

西门子人才培训的第三个部分是员工在职培训。西门子认为，市场竞争日趋激烈，在颇具灵活性和长期性的商务活动中，知识和技术必须不断更新换代，否则就跟不上商业环境及新兴技术的发展步伐。所以，西门子特别重视员工的在职培训，在公司每年投入的近 1.77 亿欧元培训费中，有 60%用于员工在职培训。西门子的员工在职培训主要有两种形式：一是西门子管理教程培训；二是在职员工再培训计划。其中，西门子管理教程培训尤为独特有效，并且全球闻名。

西门子管理教程培训分为五个级别，各级培训分别以前一级别培训为基础，从第一级别到第五级别所获技能依次提高。通过参加西门子管理教程培训，公司中正在从事管理工作的员工或有管理潜能的员工，得到了学习管理知识和参加管理实践的绝好机会。这些教程培训提高了参与者管理自己和他人的能力，使他们从跨职能部门交流和跨国知识交换中受益。同时，在公司员工间建立了密切的联系，增强了企业和员工的竞争力，达到了开发员工管理潜能、培养公司管理人才的目的。

6.2.3 数字化转型期的培训设计

工业互联网是推动数字化转型的关键路径，但构建一个什么样的工业互联网才能满足客户需求呢？作为全球领先的数字化解决方案供应商，西门子能够为用户提供完整的工业通信网络解决方案服务，包括专家级的工业通信与识别产品、专家级的工业网络行业经验与知识、一站式工业网络专家服务、工业网络专家合作伙伴开发计划和培训与认证体系五大模块。

面向不同级别的业内人员，西门子提供相应的培训课程。西门子工业网络基础课程面向初学者，旨在帮助学员快速掌握基本网络技术知识。西门子工业网络认证专业课程的目标在于帮助学员掌握与实践工业网络中的三大特定主题：工业网络交换和路由技术、工业网络无线技术和工业网络安全技术。西门子工业网络认证专家课程旨在帮助学员拓宽知识面，全面掌握工业网络领域的各种专业知识。自2018年在中国部署以来，西门子通过针对性的培训项目和认证帮助用户建立和扩展了工业通信领域的专业知识。通过“西门子工业网络专家计划”将帮助他们拓展业务模式，成为解决方案供应商，从而在市场中赢得更多的竞争优势。2019年，西门子与惠普企业旗下的安移通（Aruba）就一体化通信网络建立战略合作伙伴关系，致力于帮助客户构建从工厂车间到公司办公室的一体化通信网络。

6.2.4 西门子公司的培训经验

西门子能发展成为世界电气界的一颗璀璨明星，与西门子对人才的重视有很大的关系。一整套对人才的选拔、培养、造就办法，成为公司整体发展战略的重要组成部分。西门子一贯奉行 “人的能力以通过教育和培训而提高”的理念，因而它始终坚持由公司来培养和造就人才。

1．庞大的企业教育系统

早在1910年，西门子就为其内部人员开设了正式的培训课程。早期的培训是在车间进行的，后来建立了各类专门的培训学校，并有了专业的培训老师。目前，整个公司拥有11个综合培训中心、700名专业教师和近3000名兼职教师，在18个国家和地区设有39个培训中心，形成了庞大的企业教育系统。在中国，西门子与北京市国际技术合作中心合作，共同建立了北京技术培训中心。在西门子的全体员工中，每年参加各种定期和不定期培训学习的多达15万人。为此，公司每年投入大量资金用于培训及购置最先进的培训实验设备。

2．包罗万象的培训内容

西门子的培训内容包罗万象，课题针对各个部门和员工的实际需要。为适应技术进步和管理方式的变化，课程内容每年都有20%以上的调整。大部分培训项目都是根据公司当前的生产、经营和应用技术的需要而设置的，并且很大一部分是在工作岗位上完成的。

西门子秉承视员工为“企业内部的企业家”的领导理念，开发员工的潜质。在这个过程中，经理人员充当人力资源角色，为自己部门的员工进行合理的目标定位、实施引导，同时给予足够的施展空间，及时鼓励。

案例分析

西门子把员工看作最宝贵的财富，觅得贤才后绝不会让人才贬值或荒废，而是根据每名员工的实际情况，为其精心设计综合发展计划，扬长避短，精心培育，赋予重任，帮助每名员工实现自身的价值。通过“综合员工发展计划”等一系列措施，西门子帮助每名员工实现职业理想，将全球员工锻造成一个团结而高效的团队。

西门子的人事部门地位高、有权威，各层人事主管都是管理层的重要成员，这对于把人力资源管理与开发纳入企业经营总战略和总决策之中是非常有利的。公司内部设有管理人员培训部，负责对工作人员进行观察，并且定期同他们及其上司谈话，最后提出对工作人员是否继续使用的建议。西门子重视工作的稳定性，尊重与信任自己的员工，对员工进行长期投资、长期培养、长期任用。公司每年用于培训的费用占其利润比例高达 20%左右，可见西门子对员工培训的重视程度。西门子的人才培训计划从新员工培训、大学精英培训到员工再培训，涵盖业务技能、交流能力和管理能力的综合培训。多级培训制使西门子长年保持员工的高素质，成为具备强大竞争力的重要来源。

西门子的员工培训对象包括新员工、大学精英、在职员工。西门子的新员工培训主要针对的是那些 15～20 岁的年轻人，他们中学毕业以后没有进入大学，想要工作，就必须接受企业为期 3 年左右的第一职业培训。而这个第一职业教育证书在德国经济界享有很高的声誉，在新员工第一职业培训期间，他们接受的是双轨教育：3 天在企业接受岗位培训，2 天在职业学校学习基本知识。他们不仅可以在企业学到技术，而且可以将在学校所学的知识进行实战演练，这可以让他们更好地掌握所学知识，熟练运用所学技能。大学精英培训，西门子加强与大学生的沟通，它每年在全球接收 3000 名大学生，同时每年在重点院校颁发 300 多项奖学金，与大学生建立密切的联系，吸引这些大学生，同时西门子从这些大学生中选出 30 名尖子生，培养他们的领导才能。员工在职培训，西门子认为，随着市场的竞争日趋激烈，知识和技能也必须不断更新，否则就很难跟上商业环境和技术发展的步伐，很容易被市场竞争所淘汰。

培训包括知识培训、技能培训和态度培训。培训使员工获得知识和技能，从而提高他们的工作绩效和工作效率。同时也要注意态度培训，态度培训包括一名员工如何看待上下级的关系和自己所在的岗位，员工树立良好的价值观有利于企业更长远的发展。员工要以积极的态度看待自己所在的岗位，在较低的岗位要意识到可以打好基础，为更长远的发展做准备，便于之后更高层次的发展，要对自己有一个清晰的认识。

培训可以传授员工知识，培养企业人才，提高企业核心竞争力，改善企业的工作质量，构建完善的工作绩效系统，实现员工自我价值。培训可以帮助员工了解企业文化，制定与企业精神相一致的个人目标，在实现企业目标的同时实现个人目标，实现员工自我价值。培训也避免了绩效管理和薪酬管理有可能出现的问题，在绩效管理和薪酬管理中更好地激励员工，提高员工的工作效率。培训对一个企业的发展起到了至关重要的作用。西门子正是重视培训，重视新员工的培训，重视在职员工的培训，重视管理者的培训，才可以基业长青。

6.3 京东员工互联网思维培训

6.3.1 京东背景资料

京东，中国自营式电商企业，由创始人刘强东担任京东董事局主席兼首席执行官。旗下设有京东商城、京东金融、拍拍网、京东智能、O2O 及海外事业部等。2013 年正式获得虚拟运营商牌照。2014 年 5 月在美国纳斯达克证券交易所正式挂牌上市。2016 年 6 月与沃尔玛达成深度战略合作，1 号店并入京东。2017 年 8 月 3 日，2017 年“中国互联网企业 100 强”榜单发布，京东排名第 4 位。2019 年 7 月，《财富》世界 500 强发布，京东位列第 139 位。2019 年 8 月 22 日，京东进入 2019 中国民营企业 500 强前十名。2019 年中国民营企业服务业 100 强发布，京东集团排名第 4 位。2019 年 9 月 7 日，中国商业联合会、中华全国商业信息中心发布 2018 年度中国零售百强名单，京东排名第 2 位。2019 年 10 月，京东在福布斯全球数字经济 100 强榜排第 44 位。

（资料节选自百度百科：京东商城）

6.3.2 京东培训的三种思维能力

互联网思维，就是在（移动）互联网+、大数据、云计算等科技不断发展的背景下，对市场、用户、产品、企业价值链乃至对整个商业生态进行重新审视的思考方式。互联网思维的三个点，其实就是痛点、尖叫点、引爆点。痛点指的是用户思维能力，用户思维并不是依靠纯产品或者纯技术可以去推断或者发掘的，而是互联网思维模式和以用户为中心的理念的有机融合。尖叫点指的是产品思维的能力。产品思维倾向于时刻考虑用户的体验如何才能够达到最佳，期望通过让用户觉得舒适、便捷或有用而让用户留下来，通常会关注点击率、转化率等体现用户体验的指标。引爆点需要有市场思维能力，市场思维能力是尊重市场规律，选择适合的市场策略；同时调动市场参与者的积极性，形成市场参与者的合作闭环。

那么，如何将这三种思维能力，应用到人力资源和培训中？过去，培训的三大能力是讲课的能力、开发课程的能力和班级运营的能力。如今的三大能力：第一，是社群运营能力，你会不会让粉丝玩起来；第二，是多媒体制作能力，让你想培训的内容成为可听、可视化的声光电合一的产品；第三，叫作爆点营销，你会不会引爆一个问题，比如“爆款”就能招人气，让客流量上来，之后让人不自觉地去传播。现在有一句话叫“饭前不拍照，臣妾做不到”。不是只有来吃饭的才叫用户，真正的用户是还没吃呢，就先把照片传出去了。圈里一百个人觉得这个店挺好，下回也要去，一个带一百个，这种用户才是真正的用户。你能够把学习产品创造出这种引爆点，让大家能够帮着你传播，并且他还不觉得是在替你干活，这背后就是功夫。

6.3.3 做“有用”的培训

互联网培训具有便捷性、个体化、可量化、低成本等特点，关键是能制作出产品。什么叫产品？如果这门课程只能这个老师讲，不叫产品。产品是任何一个人去讲，质量都不会下降太多，它的传播范围更广。而互联网思维，给培训带来了无限的想象空间：我们是不是能用一半的费用、一半的时间，得到相同的效果？对此，公司有四个做法：第一个是有用，第二个是少花钱，第三个是少花时间，第四个是心甘情愿。有没有用最关键的是你的客户（学员）和客户的领导觉得有没有用。如何评判客户和客户领导的满意度，可以通过他们的感谢信进行判断，包括具体哪里好、对自己及部门有哪些帮助，以及是否有后续的行动计划等。公司很多专业级人才中，有 50%的人职业梦想是成为管理者。但作为要靠技术驱动未来的京东，需要更多安心做技术的人才。当被问到为什么要成为管理者时，他们的回答通常是：“成为管理者，才有更多的话语权。”如果继续追问：“你们愿意做审批吗？愿意开各种会议吗？”他们的回答通常是：“不愿意，我就想让别人听我的。”如果这样，那就太简单了，这就是痛点。

6.3.4 做让人尖叫的培训产品

京东的培训可以围绕员工做一些尖叫的产品，其实就两点：给员工更大的舞台和更多展现的机会；让领导和员工都认识他，让他说话有人听。京东围绕这块做了两个产品，一个叫京东 TV，另一个叫京东 TALK。京东 TV：一种碎片化的创意。京东 TV 主要是将京东董事长的演讲内容丝毫不差地传递给每位员工，把视频剪辑成九段十分钟的小视频，并配上一个吸引人的标题，让员工能坚持有效听完演讲。京东 TALK 就是模仿美国的演讲秀模式，一个铺着红地毯的舞台和两块显示屏，一块显示倒计时（共 18 分钟），另一块用来放 PPT。而这个舞台只允许专业人士上来，管理者一律免来。京东在第一次举办时请了一个曾经研究无人机的博士程序员，他讲了自己的工作，叫“虚拟试衣”。讲完这个程序之后，他立刻就火了，很短时间内就成了公司的名人。

在设计领导力培训时，发现公司缺干部，管理者又抽不出时间上课，这时怎么使产品令人尖叫——不花时间又能达到效果？京东发现一对一的情景测试很有用。以往是小组测试，很多人都可以滥竽充数，而这个要一对一面试、考试，谁都逃不过去的“以考代培”的培训方式，的确很具挑战性。而怎么让大家接受这个方式，引爆他们的热情？考试谁都不喜欢，但只要在培训中灌输这个观点——管理者是磨出来的，如果能够过关，就说明你是一个好的管理者。这样能让大家容易接受这个方式。

对于京东内部近 5 万名的蓝领员工（配送员近 2 万名，其余是仓储员、分拣员、客服等），这些一线员工的痛点到底在哪儿？第一个痛点是学历低，大部分人都是高中学历，流失率高；第二个痛点是没有空调，他们的工作环境、学习环境较差；第三个痛点是没有时间，工作压力大；第四个痛点是没有茶歇，基层员工看到总部培训中有茶歇、有服装，而自己什么都没有。这种情况下怎么做让人尖叫的产品？于是公司尝试用开放大学的模式，让他们变成大专和本科学历，有机会鲤鱼跃龙门；进行硬件设施改善，现在在每个仓库配一个教室，改善学习环境；开发微信产品，让他们在手机上随时能进行碎片化的学习；统一标配，总部和一线员工同样标准，每天配备人均 8 元的茶歇。“我在京东上大学”是一个平台性的产品，公司跟北航等几所大学合作，开设了电商本科和大专的学历教育，鼓励学员自费来学。激励方式与校方谈好了折扣价，员工两年半后拿到了学历，会给他奖励，如果学习期间晋升了一级，减免 1/3 学费，晋升两级减免 1/2，晋升三级整个课程全免费。用这样的产品，去激励大家来学习。

6.3.5 “少花钱”也能做培训

培训一定要高投入吗？少花钱，并不等于质量不好，关键在于你相不相信内部资源比外部资源更有价值。公司曾在“618 店庆”大促销时做过一个知识分享活动。活动时长为 1 小时，第一步，员工间交换题目，形成联盟。共有 35 个题目，随机发给大家；与其他人交换主题，寻找自己擅长的主题；找到能够相互支撑的朋友，形成 7～8 人的联盟。第二步，活动开始安静地创作，也叫迪士尼转盘。版主在问题旁写上自己的名字，认真填写第一帖；将自己的问题卡，传递给左边的同事；阅读前面同事的回复，写上自己认为更有价值的信息；不断传递，补充进去最有价值的信息。第三步叫能量集市。所有人起立，拿着自己的主题，选择一张白板纸，将自己的问题和已经收集到的回复张贴到白板纸上；分享自己的成功经验和处理方法，而每人回帖不少于 8 个；版主最后选出 3 个最佳回帖，贴上红点，任务就算完成了。活动结束后，还有一项工作，就是版主把贴红点的答案往前放，其他参考答案往后放，这就形成了解决关键问题的小册子。这对于对“618”了解不多的员工，是一个非常好的项目式培训。所以说，少花钱背后最关键的逻辑叫推手，关键在于你能不能推动公司内部专家帮你干活。

6.3.6 “心甘情愿”的攻心术

公司有一个产品叫“专业脱口秀”。在内部找个能言善辩的“85 后”员工，让他围绕业务条线，以脱口秀的形式每周推出一档节目，介绍种种业务的趋势和公司内部的变化，要讲得有趣。就像现在的相声，要会抖包袱，他可以找编辑，也可以自编自演，公司每月给他一定的课程开发费。用这样的方式，能更快速地推动公司内部知识的传递。

再如京东 TV，是一个内部视频传播的培训方式。源自“老刘有话说”，公司将刘强东的演讲视频，按主题切分成 10 分钟左右的若干个片段播出，反响很好。这些内容能不能由全员来创造？京东尝试做一个项目叫“快手酷拍”，但是发现许多配送员不喜欢培训，他们都是按单计酬，培训会占用时间。于是就鼓励配送员用闲暇时间，用手机把他们工作中的重点记录下来，自编自拍自传，通过海报邮件造势，再加之超值大奖激励，通过拉票赚人气和围观投票，最终有 58 个视频脱颖而出，有 5000 多张选票，数千条评论。最后，问这些人要什么奖品，原本打算奖励 Iphone 三件套，结果员工说：“不要小的，要 50 寸以上的大彩电，并且直接京东配送到我的老家去。”这就是引爆点。

过去培训是要改变态度和技能，现在关注知识更加符合互联网的模式。现在的假设都已经改变了，人才的储备率远高于 10 年前，同时“80 后”“90 后”的知识学习转化能力明显强于“70 后”，学习是一种开启后自发延续并完成的过程，大量的知识会推动每个人自我成长。

比如说满血复活的项目，它非常难做。很多课程都让大家痛哭流涕并自我更新，更新完之后再继续折磨自己和折磨别人。公司能不能用简单的办法在两三小时之内来解决实际问题？现在的社会需要我们用更短的时间解决同样高质量的问题。事实上，解决情绪压力要大于培训内容本身。

6.3.7 培训终极目的是绩效

为什么个体和组织都能心甘情愿地投入培训？通过建立一种学习生态系统，让学员自动自发地学习，以知识习得为方法，目的是提升能力。公司设计了“京东年级”这样的能力等级项目，用一种显性且易操控的方式，鉴别员工的成长与价值。京东年级能体现出员工的学习任务、知识贡献等。同时，用各个年龄层都喜欢的语言表达和宣传形式，引爆员工的热情。

京东尝试搭建了一个灯笼模型的方式，底座叫小的“E-Learning”，把它做成每个岗位、每个层级必修课程的平台，且考试都包含在这里；中间灯笼身是大的动态知识库，把它变成共享平台，包括京东 TV、京东论坛、各部门的知识库；灯笼帽是挖掘，往往是京东大学内或者行业专家，基于业务部门需要，从灯笼身里列出知识列表，当知识列表出来之后，其实就形成了课程开发初步的蓝本。如果没有这个素材库，很多课程开发都是原创的，有了这些积累就是二次开发，更简单、时间更快，这样就变成搜集、挖掘和应用的循环过程。现在的智能终端设备越来越多，会推动培训越来越快地从学习领域到绩效领域。培训的作用是否能在员工绩效上得以体现，能不能用智能的系统加以呈现，让更多的员工通过培训提高劳动效率，在工作中更愉快，这将体现人力资源工作的价值。

案例分析

对于京东，在感受到“京东速度”迎面而来时，如何高效培训迅速成长的员工，是一个严峻的问题。如何突破传统培训的壁垒？采用培训新技术来催生高效培训？培训管理团队意识到，培训速度要跟上京东速度，要解决的难题有两个。第一个难题是在不同城市，如何确保培训效果。传统的“上大课”的方式需要培训管理人员参与大量的组织事务性工作，如联系讲师、学员，协调时间、地点；准备签到、考试材料，收集信息、统计培训人数及后续监督；大量的沟通、确认及协调工作。第二个难题是在耗费大量精力的同时，各环节效果均有不理想之处。反复确认下，仍有不少员工因各种原因无法参加；集中一天的学习，和讲师互动少，员工真正专注的时间不超过一小时；人员规模大，对讲师控场、讲授能力提出挑战，排课往往需要依赖精英讲师；签到、考试等环节数据统计极其耗费精力，无法评估培训落实情况。

如何快速响应大量学习诉求，如何分析及应用这些需求，创造学习资源，为业务提供支持，针对性提升人员能力素质，也是培训管理团队亟须思考的问题。

借助互联网学习管理系统，京东的培训管理团队通过半小时的学习和实践，就可以让一位新班主任轻松玩转深入的培训。降低培训组织难度的同时，更让班主任们在组织分享、提升学员的过程中，收获满满的成就感。

公司推进互联网式“自组织”培训之后，京东员工培训活动的效果在影响范围和价值深度上都获得明显的提升，其中，培训频次提高，员工满意度颇高；分布在每个业务部门的班主任独立承担培训活动，让组织一次学习变得无比简单，平均下来每月 80～90 个新员工入职培训班在不同城市同时开展，一天中出现 6～7 场培训也变得常见。小范围、短时间的培训活动，让每位学员都能充分参与互动，短时间内的注意力也很集中，无论是学习效果，还是学员满意度，均得以提升。数据实时可见，培训管理不再苦。学员的各项行为（如签到、各项活动的参与情况、学习时间等）和学习的成果（如考试结果、学习课程数），均能够实时获得。这对于培训管理团队而言，即使他们不在现场，高频次地分布在不同城市的学习活动，也能清晰地追踪到学习效果，把握可以提升的空间。培训管理者身份转变，提升精品学习资源。在从原有大量的学习组织的事务性工作解脱出来后，培训管理团队得以将精力放在思考如何打造平台，更好地支持到业务部门内的自组织学习上，如内训师队伍建设，员工职业能力素质的提升，精品课程内容的设计等，借推动整个公司学习水平，实现水涨船高。

京东的培训理念中有一条是“员工即企业”。一个企业不能没有员工，即使只是基层的，也是一个企业不可轻视的存在。古语有言：“水可载舟，亦可覆舟。”水即民，而在企业里，水即员工，看重员工在另一方面也是对企业人力资源的合理利用，把员工放在第一位确实是一种凝聚人心的好方法。一个企业如何对待员工，员工就怎样对待客户。秉持着服务至上的原则，京东在员工价值观培养方面无疑是很看重的。这时候，对员工进行的培训就很有必要了。培训遵循着激励原则，对员工来说这也是一项福利。

京东使用的培训师是钻石讲师、金牌讲师。内训师的体系，是京东开展培训的核心资源。专业人士的加入对京东的企业培训起到了很重要的作用，团队组建、人员配置，以及职能划分、架构等，都是培训体系的框架。培训从企业文化、入职拓展、职业化培训、管理进阶等方面入手，符合培训的效用原则。企业培养人才需要的耗费绝对不低，京东也并没有为人才的培训少花钱。在区域发展中，他们很多具体的工作都融合了，如“大篷车计划”。大篷车计划，京东在全国 100 多座三、四线城市中，挑选当地中心广场来举办冰箱、洗衣机、空调、热水器、小家电等现场促销活动。京东对管理人员的培训充分印证了其对待员工的态度。京东一直强调给员工发展机会，招聘毕业生是一种培养员工的非常好的途径。他们能够更深入地理解、认同企业的价值观、理念，适应公司方方面面的管理。这样的话，对于公司的一些调整和改变也能够做出自己的反应、适应、改善，而不是以一种可能性极大的反抗心理去抵触。

京东特别重视客户体验，培训是否有价值，可以通过客户的满意度来衡量。培养一批重视的客户也是利润方不错的选择。作为如此看重与客户关系的京东，像关注客户一样关注员工，员工的忠诚度对企业来说是很重要的，尽管大家都很辛苦，但是有一种能让人对工作充满动力的氛围肯定是加分的。关注并去体会员工的感受，体察员工的情绪，是一名人力资源管理者所必备的技能。适当的激励和薪酬待遇也许就是一个员工能继续奋斗，为企业创造更大利润的动力。

6.4　海尔集团员工培训

6.4.1　海尔集团的培训形式

海尔的价值观是其所有培训的核心。

海尔的价值观：明白什么是对的，什么是错的；明白什么该干，什么不该干。

海尔的价值观培训形式，包括《海尔人》宣传；上下灌输、上级的表率作用；文化互动案例培训；员工的“画与话”；灯谜、文艺表演。海尔以全球的目光、超前的创新思维培养高素质的人才，再提高培训包括学历培训、工商管理知识培训、新知识培训。

现场培训，培养员工务实精神，工作现场变为培训现场。案例培训，塑造实战型人才。以现场鲜活实际的案例，将管理考核单变为培训单、专业会变成培训会。“即时”培训，培养员工解决问题的紧迫感及实效性，以工作中随时出现的案例到现场即时培训，以现场的最优、最劣案例培训。互动培训，碰撞出闪亮的火花，非填鸭式培训，而是全方位“互动”“教—学”“学—学”“教—教”。

6.4.2　海尔集团的立体人才培训体系

海尔的人才培训机构是一个多层次、自下而上的，所有的部门都有一个培训机构。

从基层事业部到班组都有一套培训体系。培训体系包括第一培训的部门，同时在培训部门里还有一个培训实践中心，并且有严格的一套考试程序。不管是什么样的培训，最后都要经过严格的考试，发出不同级别的结业证书。

海尔设立了一系列的培训机构。这些培训机构里包括海尔大学、海尔文化中心。海尔所有的中层干部，都要定期到海尔大学去接受培训；海尔所有的新入职员工也要到海尔大学去进行培训，在培训的过程中，去认识海尔、了解海尔、熟悉海尔。另外，海尔还有一个人力资源的培训中心——海尔文化中心。在海尔文化中心设有《海尔人》报，海尔针对一些具体问题、对集团有影响的问题，通过报纸发动全集团的人对问题进行讨论，用这样的方式达成一种培训的效果。在集团总部的培训机构里同样设有严格的考试程序。任何一种形式的培训最终都是通过考试来论证是否能够通过并结业的。

海尔的成套培训体系，就是利用高等院校、国外的大公司，还有科研机构进行培训。海尔常年和 25 所高校有联系，部分领导干部可以到学校去参加短期培训，或者半脱产培训。多家国外公司也与海尔签订了人才交流、学习和培训项目。海尔的教师从哪里来呢？主要来自海尔内部所有的领导干部和能够胜任教师的人，他们定期在海尔内部通过演讲，再通过考试选拔出来，选拔出来之后海尔会给他们发兼职教师的资格证。海尔的领导干部必须经过培训，并且参加过多少场培训，讲过多少次课也作为一个考核指标。另外，有一些外聘教师，还有海尔的一些高层管理干部，也是海尔的教师来源。这些教师资源在海尔的各层培训机构中是共享的，某一个阶段、某一个项目的培训，都可以在海尔的机构中去选择任何一名教师。

（1）岗前培训。对所有的新人进行业务知识、企业文化、经营哲学、组织目标、价值观的培训。培训时先不确定岗位，轮流工作一定时间再定岗，这样有利于建立员工的组织归属感、集体主义、合作精神，为以后的高效管理奠定基础，此项工作由集团中心来做。

（2）岗位培训。半年到一年之后，可以对员工进行岗位培训。岗位培训主要是业务能力培训。对工作中容易出现的问题、解决方法及应尽的责任进行培训，此项工作由事业部来做。

（3）个人职业生涯规划培训。海尔所有的管理干部都有责任为下一级的干部及员工，设计个性化的培训计划。

（4）转岗培训。为培养复合型人才，海尔采用转岗培训使员工适应新的工作需要。

（5）半脱产培训。对于骨干员工和管理人员，有计划地安排人才以半脱产的方式，参加各种培训班。

（6）出国考察培训。为了掌握国际高科技发展的新动向，利用各种机会，派有关人员到国外参加各种专业研讨会、学术会议、科技博览会，出国进修。

6.4.3 海尔集团新员工培训的内容

新员工离职率居高不下是不少企业的通病，而海尔每年招录上千名大学生，离职率却一直很低。海尔大学培训的关键在于新员工培训四步曲。

第一步：使员工端正心态。海尔首先会肯定待遇和条件，让新员工把心放下，做到心里有底。接下来会举行新老大学生见面会，使新员工尽快客观地了解海尔。同时人力中心、文化中心的主管领导会同时出席，与新员工面对面地沟通，解决他们心中的疑问，不回避海尔存在的问题，并鼓励他们发现、提出问题。让新员工真正把心态端平放稳，认识到没有问题的企业是不存在的，企业就是在发现和解决问题的过程中发展的。

第二步：使员工把心里话说出来。海尔给每个新员工都发了“合理化建议卡”，员工有什么想法，制度、管理、工作、生活等方面都可以提出来。对合理化的建议，海尔会立即采纳并实行，对提出人还有一定的物质和精神奖励；而对不适用的建议也给予积极回应，因为这会让员工知道自己的想法已经被考虑过，他们会有被尊重的感觉，更敢于说出自己心里的话。

第三步：使员工把归属感养起来。敢于说话是一大喜事，但那也仅是“对立式”地提出问题，有了问题可能就会产生不满、失落情绪，这其实并没有在观念上把问题当成自己的“家务事”，这时海尔就帮助员工转变思想，培养员工的归属感。

第四步：使员工把职业心树立起来。当一个员工真正认同并融入企业当中后，就该引导员工树立职业心，让他们知道怎样去创造和实现自身的价值。海尔对新员工的培训除了开始的导入培训，还有部门实习、市场实习等一系列的培训，海尔花费近一年的时间来全面培训新员工，目的就是让员工真正成为海尔“躯体”上的一个健康的“细胞”，与海尔同呼吸、共命运。

6.4.4 海尔集团的培训形式

海尔的培训形式有以下几种。

（1）讲课。讲专业，讲文化，讲企业的管理。

（2）案例分析。技能培训是海尔培训工作的一个重点。用案例进行班前、班后培训，现场学习。

（3）在《海尔人》报上公开讨论。对一些有代表性的问题在《海尔人》报上公开发表、讨论，形成共识。

（4）漫画诠释企业文化。海尔创办了一个“来自员工的画与话”的活动，用这样的形式来激励员工的创造性，让员工用心来描述企业的活动及事物。

（5）6S 大脚印：①整理，留下必要的，其他都清除掉；②整顿，有必要留下的，依规定摆整齐，加以标识；③清扫，工作场所看得见或者看不见的地方全清扫干净；④清洁，维持整理、清扫的结果，保持干净亮丽；④素养，每位员工养成良好习惯，遵守规则，有美誉度；⑤安全，一切工作均以安全为前提；⑥班前、班后会的强化教育，日事日毕，日清日高，使员工明确、牢记企业重要的经营理念。海尔一直贯穿以人为本、提高人员素质的培训思路，建立了一个能够充分激发员工活力的人才培训机制，最大限度地激发每个人的活力，充分开发利用人力资源，使企业保持高速稳定发展。

（6）海尔的个人职业生涯培训。海尔自创业以来，一直将培训工作放在首位，上至集团高层领导，下至车间一线操作工人，海尔根据每个人的职业生涯设计为每个人制订了个性化的培训计划，搭建了个性化发展的空间，提供了充分的培训机会，并实行培训与上岗资格相结合。在具体实施上给员工进行了三种职业生涯设计：一种是对应管理人员的，一种是对应专业人员的，一种是对应工人的。每种都有一个升迁的方向，只要是符合升迁条件的即可升迁，并可进入后备人才库，参加下一轮的竞争，再进行相应的个性化培训。例如，“海豚式升迁”是海尔培训的一大特色，“届满要轮流”是海尔培训技能人才的一大措施。海尔采取多种培训形式，包括岗前培训、岗位培训、个人职业生涯规划培训、转岗培训，半脱产培训、出国考察培训。

案例分析

海尔将对员工的培训放在了首位，贯彻“以人为本”的理念对员工进行培训，提高员工的能力和专业技术水平。在对员工培训中，海尔抓住了培训的几个要点和基本脉络。第一，培训是一个有计划的、连续的、系统的过程，海尔不仅从基层事业部门到班组有一套培训体系，而且在集团总部，也设立了一系列的培训机构，并且循序渐进。海尔采取多种培训形式，包括岗前培训、岗位培训、个人职业生涯规划培训、转岗培训、半脱产培训、出国考察培训，在不同的阶段，进行不同的培训，使培训效果和效益最大化。第二，学习是培训的本质，海尔对骨干员工和管理人员实行半脱产培训，让他们参加各种培训班，如 MBA 培训班、高校进修班等，以便提升员工的个人素养，改变员工的思维、潜能、行为。第三，培训作为人力资源开发的中心环节，也是人员开发的中心环节。海尔对员工进行系统的培训，采取不同的方式来培训，并将多种培训形式相结合，海尔不仅从知识、技能上来弥补现有技能的缺失，更是从长远的角度来实现企业与员工的发展共赢，使员工不仅在技术上能够过硬、精湛，还让员工眼光更加长远，思想上更加丰富。这样的培训，让员工发展更加充分和全面，企业的活力也随之增长，最终实现企业与员工的双赢。

企业培训的实质就是培训的内容，主要包括知识、技能、态度培训。在知识培训方面与技能培训方面，海尔实施员工培训计划，使员工正确履行职责，达到预期效果，并且还实行专业教育培训，“干什么，学什么；缺什么，学什么；急用现学，立竿见影”；而技能培训作为一个重点，海尔采用案例分析形式，用案例进行班前、班后培训，现场学习等，让员工能够解决现实生活中存在的问题，在遇到类似的情况时能够快速地处理并解决问题，使“是什么”到“为什么”再到“怎么做”的脉络让员工一步理解，并且真正把握，这也是知识培训与技能培训想要达到的目的。如何使“愿”的问题得到解决构成了态度培训的主要目标。管理者通常会忽视企业员工在培训过程中的态度，因此常拘泥于强调知识与技能的重要性。但海尔不仅注重对员工知识与技能的培训，也注重对员工态度的培训，海尔的态度培训内容包括“德”，即与集团同心同德，按集团的思路工作，让这样的观念深入员工的头脑中，使员工感受到自己与公司是一体的，同败同荣，因此海尔的员工具有很强的集体意识，他们在培训过程中很容易去接受培训所讲的内容。海尔重视对员工价值观的教育：明白什么是对的，什么是错的；什么该做，什么不该做。海尔全体员工有一套共同的价值体系。海尔创办了《海尔人》报，对一些问题进行公开的讨论，形成共识，并用漫画诠释企业文化，用这样的形式来激励员工的创造性，并在这个过程中再次强调企业的文化与价值体系。海尔对员工进行价值观的引导，并且树立一个海尔人的价值观，可以更好地对员工进行管理，让员工对自身，对企业之间的关系能够有更加清晰的认识，培育良性的团队精神，建立分工与合作意识，最终达到培训的目的。

在竞争日益激烈的现代社会中，企业对人员的培训开发显得相当重要。这对于培养企业所需人才、提升企业文化水平及企业核心竞争力、改善企业工作质量、构建完善的工作绩效系统、实现员工自我价值等方面都具有重大意义。培训为员工传授知识，为企业培养人才。海尔正因为有“海尔人”的存在，才能一步步走到今天，从一个小渔村里濒临破产的企业，发展到如今在家电市场中占有一席之地。对人才的培训和对人才的储备，使海尔的企业核心竞争力大大提升。海尔将培训放在了重要的位置，上至集团高层领导，下至操作工人，海尔对每个人都进行了培训，为每个人都提供了充分的培训机会，激发了员工的创造力，使海尔充满活力。这也是海尔为什么能够取得胜利的原因。“海尔人”不应仅仅是海尔的精神，也应当是中国民营企业学习的精神，但不是要企业刻意去模仿，而是创造企业自己所要树立的精神和企业文化。

6.5 星巴克员工培训

6.5.1 星巴克背景资料

星巴克（Starbucks）是美国一家连锁咖啡公司，1971 年成立，是全球最大的咖啡连锁店之一，其总部坐落在美国华盛顿州西雅图市。星巴克旗下零售产品包括咖啡豆、手工制作的浓缩咖啡和多款咖啡冷热饮料、新鲜美味的各式糕点，以及丰富多样的咖啡机、咖啡杯等商品。星巴克在全球范围内已经有近 21300 间分店，遍布北美洲、南美洲、欧洲、中东及太平洋地区。

2020 年 4 月 21 日，星巴克表示将在中国推出人造肉产品（一份新的基于植物的午餐），由美国“人造肉第一股”Beyond Meat 生产此类产品。7 月，“福布斯 2020 全球品牌价值 100 强”发布，星巴克排名第 37 位。

（资料节选自百度百科：星巴克美国连锁咖啡公司）

6.5.2 星巴克员工培训理念

1．品牌价值领导力

星巴克一直通过价值观领导力把品牌文化进行传承。公司没有印刷很多东西，也没有做很多漂亮的宣传品，而是把它变成个性化的东西。很多时候公司制定战略，需要从上往下开始全方位执行。

星巴克价值观出来后，所有的高层到世界各地宣传。他们不讲豪言壮语，而是用一个又一个故事，把星巴克的价值观表达出来，并结合现实生活中的例子进行连接，让每个人听到这个故事的时候，就会感觉到什么是温暖，什么是归属感，什么是挑战现状。只有当公司的第一层领导人把星巴克价值观内化了，理解了并变成自己的东西，才能把它传递给下面的团队。

为了更好地激励员工，新员工入职的时候会发很多卡片。这个卡片可以写上员工生活中的点点滴滴，在适当的时候，感谢身边周围的伙伴。每个区域、每家门店都会评选一个最佳伙伴，通过这种方式传播你的文化，传播员工的故事。这就是星巴克品牌价值领导力。星巴克（中国）大学现在发展成为四个学院，有咖啡学院、零售学院、领导力学院、职能学院。这四个学院是一个虚拟的院系，通过这样一个大学，把公司所有的资源调动起来。

2．咖啡大师培训计划

星巴克店里的伙伴，75%以上是大学生，他们的背景不同，有清华大学的，有美国康奈尔大学的，有家境贫寒的，当然也有富二代。这里有很多专业人士，如画家、钢琴家、舞蹈家等，他们来自不同的地方，但是在这个店里面，他们都是一样的，而且大家多才多艺到甚至超乎你的想象。门店里的粉笔画很漂亮，但这些不是请人来画的，而是员工自己画的。星巴克会不定期培训咖啡大师。实际上在企业的门店里，或者在办公室里，都会有很多咖啡大师，这个考核在公司里面经常发生。星巴克会从整个咖啡调制流程进行培训，有人帮助你做演示，之后考试做展示，最后才认证为咖啡大师。当每个伙伴穿上黑围裙的时候，都是很自豪的。这是星巴克咖啡大师的一个培训计划，入职6个月之后就可以申请，而且需要每年认证，今年认证了，到明年还需要重新认证。咖啡大师需要熟能生巧，要不断培养学习氛围。“星未来畅想”大赛的目的是孕育未来之星，星巴克每年都会举办，每个伙伴都有机会报名参与。管理人员常在办公室里面，很多事情是不知道的，只有真正在一线做事情的员工，才知道门店里最需要解决什么问题。所以，企业高层非常愿意倾听来自一线的声音。

3. 寻找未来星计划

寻找未来星计划就是通过选拔一些能对公司未来发展有影响力的潜在人才进行重点关注和培育。全国各地门店的员工会在业余之际参加这个活动，公司高管每年都做他们的评委，就像参加训练营一样，每年都会有感悟。员工从问题出发，提出解决方法，到最后怎么实践，做得非常简单，而且都可以听得懂。反馈之后企业派出的评委将一个个建议都记下来。目的不是谁讲得好，而是通过这个活动，让管理者了解基层的想法。让员工有展示才华的机会，这才是星巴克“寻找未来星计划”的目的。

6.5.3 星巴克完善的培训体系

培训一直被很多公司视为企业的成本负担，因此很多公司不愿意在培训上面下功夫，担心把员工培训好了被别的公司挖走了，有这些想法是很正常的，因为这本身也是一项投资，所以一定会有风险。而星巴克显然是在这项投资上下足了本钱。

1. 门店经营培训

所有新员工在入职之初都需要在门店实习。对于进入支持中心的新员工而言，门店培训的持续时间约为两到三周。这期间，新员工会在老员工的指导下从如何泡出不同口味的咖啡做起，整个培训主要涉及零售课程、岗位锻炼、门店负责辅导等内容。星巴克几乎所有管理层都是从基层做起的，对公司一线经营业务的了解也有助于新员工尽快融入公司，为未来的职业发展奠定基础。

2. 咖啡知识培训

员工获得咖啡知识主要通过员工分享和自学两个途径。入职之初，新员工会接受来自公司的咖啡知识的培训，主要涉及一些如咖啡豆产地分布、烘焙方式等基础知识，在培训结束后，新员工往往还需要通过一个考核。在基本的培训之后，员工可以借助公司内部的资料、员工分享活动等来了解更多的咖啡知识。

3. 星巴克（中国）大学

星巴克（中国）大学通过打造个性化的学习体验，为员工提供与其职业发展和个人喜好相匹配的课程体系。星巴克（中国）大学首推的“伙伴教授”既有精通某个专业领域的门店伙伴与职能部门伙伴，又有公司高层管理人员。培训课程将涵盖星巴克中国业务所涉及的各个方面。

4．资助员工上大学

星巴克宣布只要是在星巴克美国直营店每周平均工作时间超过20小时的员工，都符合由公司资助员工上大学的申请资格。据悉，星巴克约有14万名员工符合申请条件，目前已有2000名员工申请。星巴克董事长霍华德·舒尔茨表示将投入2.5亿美元，目标是截至2025年年底，帮助25 000名员工获得本科学位。此举不仅巩固了星巴克历年来在公众面前塑造的、具有高度社会责任感的良好公众形象，更是加深了星巴克伙伴对于公司的认同感，也为星巴克进行了知识人才的储备。综合来看，星巴克这一举措并没有投入太多资金，2.5亿美元仅是其一周的营业额，得到的回报却是十分长远的。

5．员工推荐课程

这类培训项目是由员工的直属上司根据员工的个人特点和发展需求来做的个性化推荐，如咖啡大师认证项目、项目管理、谈判技巧等。当员工希望从门店进入支持中心时，在接受资格面试之前，会被要求接受这一类的培训。优秀员工进阶课程：这类培训所面对的对象是那些潜在的管理人员，通过培训让优秀的员工实现职业生涯的有效规划。比如专门针对门店经理设置的星光计划培训项目，这个项目在每年会举办一期，但培训时间会被分成多个部分，目的在于让员工能够将培训与工作结合起来。

案例分析

作为一家咖啡连锁零售商，星巴克的绝大部分员工都集中在门店，其中超过90%的新员工都会以门店员工的身份进入星巴克。对于在门店工作的员工，能否快速升职主要取决于自己的业务能力、知识储备，每年大约有20%的员工能够获得升职。任何级别的员工都有机会进入支持中心或者门店，以及换部门工作。在通过跨部门应聘面试后，公司将根据员工的具体能力，再结合公司需求给予相应职位。升迁和跨部门的条件是：个人能力需要达到升迁标准；业务知识（也包括咖啡知识）需要积累到标准；有职位空缺。时机和个人能力同样重要。在这个过程中，员工的业务培训就显得非常重要。

星巴克对于新员工，大都采用门店培训的方法。星巴克所有新员工在入职之初都需要在门店实习。对于进入支持中心的新员工而言，门店培训的持续时间约为两到三周。这期间，新员工会在老员工的指导下从如何泡出不同口味的咖啡做起，整个培训主要涉及零售课程、岗位锻炼、门店负责辅导等内容。这里运用了在职培训的方法。其中，有学徒制的影子，新员工会在老员工的指导之下，熟悉星巴克门店的业务流程。这种方法的优势有：被培训者在培训过程中，也可以获得一定的工资，当他们对业务越来越熟悉时，工资也就随之增多；在培训的同时，也保证了企业业务的完成。培训完成之后，被培训者可以正式上岗。这样极大地提高了新员工投入工作的速度，减少企业负担。

星巴克在选人原则上要求有良好的学习能力，并且相比招聘外部人员，星巴克在营运管理人员的招聘方面更倾向于任用从基层做起的员工。对员工自身而言，对公司的一线经营业务的了解也有助于未来职业的发展，这也给了员工极大的激励作用，更加愿意并刻苦地去学习新的知识、技能。

在星巴克，所有新员工除了接受相关部门的业务培训，还必须参与一段时期的门店见习和考核，同时接受咖啡知识的培训。星巴克同样重视态度培训。这一系列的培训使得员工在获得知识的同时，能将其转化为技能，使星巴克能够可持续发展并很快获得收益。“伙伴”不仅仅是一种称呼，更是一种企业文化的体现，暗示员工我们是一家人，使员工愿意为企业奋斗，当然员工也会获得相应的奖励。

星巴克有自己的大学，并且针对不同员工有不同的课程，它能够为星巴克输送源源不断的人才，提高企业的核心竞争力。这是企业办学模式，能够根据企业自身特点及需要，开设相关课程，将企业一些重要的文化和价值观传输给员工。这种方法的优势包括：根据企业实际需要，提升员工的特定能力；通过培训，员工可以将培训内容和自己的实际工作结合到一起；员工可以参与整个培训的所有过程。

员工培训与开发的系统模式。一个项目的实施，一定有其目的性，企业的培训也不例外。星巴克对于新员工的培训目的在于使新员工快速有效地投入工作中。同样，星巴克的大学对于不同的员工用不同的课程去教学，为的是满足不同层次的需求，达到人岗匹配的最优化。做事之前需要做好充足的准备。根据星巴克制定的战略目标及未来定位，分析企业面临的大环境及市场变化，以及企业自身的欠缺与不足，来决定企业培训的目标定位，通过培训获得企业需要的员工，来满足企业现在及未来的发展。

在培训前，对不同员工进行人员分析，了解每个员工特点，根据调查和员工上司推荐实施相应培训，使员工接受最适合的培训，充分开发员工潜能。星巴克不只关注员工知识的培训，同样也关注员工技能的提高，将学习与实践相结合，使员工快速学以致用。

总之，星巴克的培训是有计划、连续和系统化的。星巴克给员工培训是有计划的，并且从员工进入企业开始就制订好了计划，还有后续的培训计划和晋升途径，这些组成了一个系统，保证最终培训目标的实现。星巴克对于员工培训高度重视，将其当作人员开发的中心环节。企业发展的同时让员工自身也得到发展，实现其价值，最终实现企业与员工发展的共赢。星巴克培训传授了员工知识，培养了企业人才，提升了企业核心竞争力，改善了企业的工作质量，实现了员工自身价值。

第7章

绩效管理案例分析

学习目标

1. 通过案例分析，了解绩效管理与绩效考核的异同
2. 通过案例阐述，重点掌握绩效考核的方法
3. 重点掌握绩效考评结果的运用及防范

学习导航

7.1 华为公司绩效管理
7.2 通用电气公司绩效管理
7.3 谷歌公司的绩效管理体系
7.4 阿里巴巴集团的绩效管理之道
7.5 海尔集团绩效管理

知识回顾

关键词语——

绩效；绩效管理；绩效考核；绩效面谈；目标管理法；平衡计分卡；排序法；成对比较法；强制分布法；关键事件法；行为锚定法。

核心提示——

绩效是员工在工作岗位上所做的与组织战略相关的、具有可评估要素的工作行为和工作成果，它体现了员工对组织的贡献和价值。绩效的性质中值得强调的是它的多因性、多维性和动态性。

绩效管理是有效管理员工以确保员工的工作行为和产出与组织目标保持一致，进而促进个人与组织共同发展的持续过程。

绩效管理的意义：有助于提升企业的绩效；为人力资源管理提供决策信息。

完整的绩效管理包括以下四个步骤：一是绩效计划的制订，包括工作承诺、绩效目标与标准等内容；二是绩效的实施，包括绩效计划执行过程中的绩效沟通及绩效信息的收集；三是绩效考评；四是绩效反馈。四步紧密相连，相互影响。这四个步骤是一个循环改进的过程，使企业的绩效得以持续提高。

平衡计分卡是以企业的战略为基础，将各种衡量方法整合为一个有机的整体，它包含了财务指标、顾客角度、内部流程、学习和成长这四个方面的指标。

目标管理的思路是：由员工同他们的上级一起确定具体的绩效目标，定期检查这些目标的实现情况，并以此作为报酬分配的依据。

360° 反馈也被称为全视角评价，是指由被考评者的上级、下级、同事（包括内部客户和外部客户）及被考评者本人，从多个角度对被考评者进行全方位的评价，再通过反馈环节，达到改善绩效的目的。

绩效考评的基本原则有：公开原则；反馈原则；定期化与制度化原则；可行性和实用性原则；多层次、多渠道、全方位考核的原则。

绩效考评的作用有：人员任用的依据；人员调配和职务升降的依据；人员培训的依据；确定薪酬与福利的依据；对员工进行激励的手段；平等竞争的前提。

绩效考评的方法有：排序法、配对比较法、尺度考核法、强制分布法、关键事件法、行为锚定法、等级鉴定法等。

相关链接——

绩效管理的目的、360° 反馈、绩效考评中的几种误差、减少绩效考评误差的措施等。

前沿话题——

绩效管理将进行变革而非消失。管理焦点将从年度绩效评估转向绩效对话与辅导，更关注人才发展，而非简单的对目标值的考核。绩效管理的核心本来就是通过对话与辅导提升员工能力。

企业文化和价值观与绩效管理紧密结合。从考核员工“固定”的工作成果转向关注员工的行为表现，让他们在工作中表现更加出色。把绩效管理作为一个持续性的管理活动，而不是一年一次的“事件”。

对不同的员工类型，设计不同的绩效考核模式。现在有些公司对于管理人员的考核方式与普通员工不同，会有一套专门的考核标准，包括考核内容、考核模板、考核频率，在一家公司也可以有不同的标准，没必要是统一的。

放弃绩效等级/排名/强制分布。绩效等级与排名是给员工贴标签，并不利于员工绩效的提高。如果评级不能完全消除，那么员工就只能到处被贴上简化的标签。

把绩效与奖励分离。根据绩效考核结果进行公式化计算从而进行奖励的方式，其实已经受到质疑，尤其是工作成果是定性的或者是通过团队协作完成的。

持续的反馈。经理与员工在绩效对话上的互动频率、关注焦点和互动质量都将影响绩效对话的质量，这能帮助经理得到及时的反馈与跟踪。

最新技术的使用。移动技术可以使绩效反馈更加迅捷和个性化。有公司推出了绩效沟通 App，这就是最好的证明。相信这个技术趋势对绩效管理发展也是一个很好的推动。

使管理者成为领导者。培养一线管理者，使他们成为更好的员工教练和导师，能更多地就员工的能力和绩效进行谈话，而不是仅仅批评员工做错了什么。把经理的角色转化成绩效辅导教练与导师是所有企业努力发展的方向。所有绩效管理相关的技术、流程、模式的变革与转换，最终都需要我们的一线经理去运用与实践，所以他们是绩效管理中最重要的角色，他们的能力高低直接决定了一家公司绩效管理变革的成功与失败。

7.1　华为公司绩效管理

华为在绩效管理上的探索在世界范围内都是先进的、独树一帜的。“绩效承诺”“不承认茶壶里的饺子”“以绩效为分水岭”“末位淘汰”“成果导向”等，都是大家比较熟悉的华为绩效管理方法。

华为的绩效是赛马机制：让有意愿的马跑起来（易岗易薪），让跑起来的马跑得快（目标激励），让跑得快的马跑得远（长期激励）。而这些目标的实现，要看业绩，即一个人的绩效。在绩效里，有 PK 才有意义，有了比较，组织能力才能不断提升。华为通过赛马机制，以绩效做支撑，来打造组织能力。关于如何激活组织，华为的做法是 10%末位淘汰制。这是比“选用育留”还厉害的杀手锏。最后，对于个人而言，绩效是帮助其成长的工具，而不是秋后算账的工具。华为组织绩效与员工绩效的关系如图 7-1 所示。

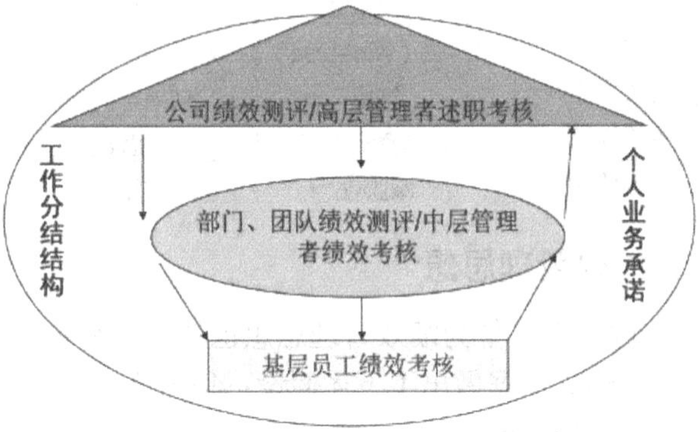

图 7-1　华为组织绩效与员工绩效的关系

7.1.1　华为公司绩效考核发展阶段

1. 人事考核阶段：1996 年年底—1998 年 4 月

人事考核阶段将考核作为一个单一的过程，关注行为规范化；考核内容包括工作态度、能力和业绩三个方面，先在市场部进行试点；目的在于强化管理意识，推动管理观念的普及，进而提高管理水平。早期华为的人事考核采用的是“德、勤、能、绩”的粗线条考核方式，未针对每个岗位设计相应的考核指标，也未要求被考核者必须沟通、承诺。华为当时更多的是运用企业文化来进行团队和员工管理，因此考核仅仅起到补充的作用。随着组织规模的不断扩张和人员的增加，单纯地靠文化已经无法管理一个庞大的组织。

2．绩效考核阶段：1998 年 4 月—2001 年

绩效考核阶段将考核作为绩效评价的工具；考核内容以绩效为中心；目的在于强化成果导向，推动员工务实评价，不断提高工作水平。在此阶段，华为逐步提出了 KPI 的概念，针对岗位的具体职责来量化目标，将目标阶段化，形成对岗位评价的基础。总部机关尝试拟制各岗位的 KPI 指标和模板，驻外办事处照模板微调后使用。

3．绩效管理阶段：2002 年至今

绩效管理阶段将考核作为目标导向，考核是一个管理过程；增加了跨部门团队考核的新内容；推动员工在目标指引下自我管理，形成自我激励和约束机制，不断提高工作效率。随着公司规模的进一步扩大，华为对未来的考虑越来越多，战略层面的考量需要落实到具体的岗位。因此，华为的考核开始运用平衡计分卡，包括财务指标、客户指标、内部运营指标和学习与发展指标。考核不仅面对当前，也面向未来；不仅面对结果，也面向过程。华为传统绩效管理与现代绩效管理的区别如表 7-1 所示。

表 7-1　华为传统绩效管理与现代绩效管理的区别

比较项目	人事考核	绩效管理
考核方式	判断式	计划式
考核依据	评价表	过程
考核目的	寻找错处	问题解决
考核效果	得–失（Win–Lose）	双赢（Win–Win）
考核内容	结果	结果与行为
考核程序	人力资源程序	管理程序
考核作用	威胁性	推动性

7.1.2 华为公司绩效管理思想

在多次价值观思想的碰撞下，华为绩效管理思想也越来越清晰和明确。《华为公司基本法》中就员工考评体系的建立依据做出了下述假设：华为绝大多数员工是愿意负责和愿意合作的，是高度自尊和有强烈成就欲望的。金无足赤，人无完人，优点突出的人往往缺点也很明显。工作态度和工作能力应当体现在工作绩效的改进上。失败铺就成功，但重复犯同样的错误是不可原谅的。员工未能达到考评标准要求，管理者也有责任。经过若干年，绩效管理思想得到不断发展和完善。如今，华为的绩效管理不仅仅是常规意义上的考核，确切来说，华为绩效管理的过程就是企业管理的过程，也是人力资源管理的过程。华为绩效管理从以下六个方面体现其管理思想（见图 7-2），这也是华为与其他企业在绩效管理上的本质差别。

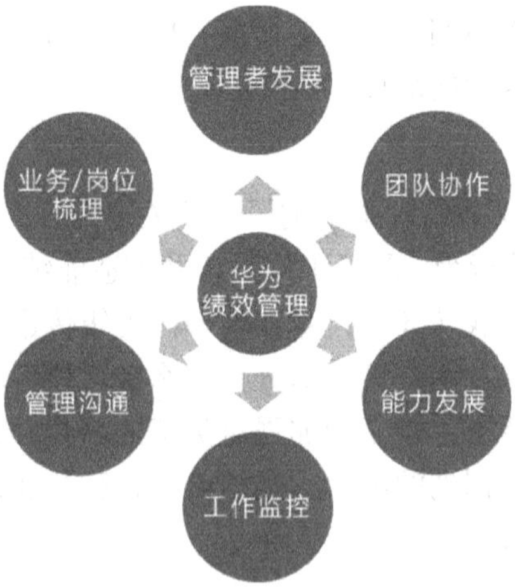

图 7-2　华为绩效管理思想图

1. 业务 / 岗位梳理

华为的考核实际上是一种对业务、岗位的梳理和定位的过程。在目标设定阶段要求被考核者主动思考，厘清部门或者自己岗位对组织的独特价值，这种思考不仅有助于战略的落地和高层目标的分解，也有助于对未来的时间和精力进行有针对性的分配。管理者和被考核者还需要思考：部门或者个人需要什么样的资源组合才能完成部门目标。在对自身的定位、周边的协调能力、个人的承诺、过程的资源调度、能力分析、风险控制进行全面的思考之后，最后落实到了个人业务承诺（Personal Business Commitment，PBC）。

2. 管理沟通

华为的绩效考核模式要求被考核者与管理者通过不断沟通，与周边部门协调来完成自身工作。双方对考核过程和结果都极其在意，因为考核一方面是评估现在，另一方面也是在考量未来。首先，考核双方如何针对目标结果达成共识，就需要进行不止一次的沟通。这个过程也促使双方都重新审视：被考核的员工是否体现了其独特的价值贡献；组织与个人的目标是否契合；员工能力是否得到了有效发挥；员工完成这些工作的能力是否达标；资源是否能够支撑员工有效完成工作。其次，日常月底会议、周例会及项目关键节点，双方都会坐下来审视目标的完成情况，并积极解决工作中出现的问题。最后，在考核及结果反馈时，双方还需要继续进行多次沟通。整个绩效考核过程体现了岗位之间的互动沟通、管理者与被考核者之间的博弈。全面沟通保证了双方能够针对考核过程有一个全面回顾，避免感情用事，也促使被考核者被动地进行反思。

3. 工作监控

华为的绩效考核不仅仅是在考核员工，同时还要求管理者要对下属的具体工作给予指导和监督。在审视下属的 PBC 及工作计划时，管理者会强调其工作步骤设计是否能有效支撑其目标的达成。在考核周期里，管理者要根据被考核者承诺中的重点工作举措来设立监控点，在监控点检查重点工作举措是否执行到位、有无风险、能否按期完成等，如果发现存在问题，必须及时纠正。必要时，管理者甚至可以通过调整资源配置、改变组织目标等手段完成对过程的管控。管控时间点可以是日报、周总结与计划、月总结与计划、重点项目日报/周报/月报、项目节点专项汇报。

4．能力发展

随着PBC的演变，华为绩效管理中新增了一项关键内容，那就是个人能力的提升。这种管理思想是，要发生期望的行为、履行工作过程并创造业绩，员工必须具备相应的能力。员工对自己能力的分析，是自我认知和自我评价，向上级传递能力缺口的同时也是在向上级要求支持、培养。如果能够利用好这一部分，那么被考核者就能够得到上级的工作支持和资源倾斜。这种考核方式要求主管必须加强对员工的培养，必须抽出一部分精力来关注员工的发展，对被考核者所认识到的不足，必须给出自己的建议和指导。因此，每个被考核者也能够不断得到培训和指导。

5．团队协作

绝大部分员工的考核指标中都有5%～10%，甚至占比更高的团队协作指标，这就要求员工必须与周边部门合作。被考核员工的行为和绩效，受到上级部门、周边部门的监控，他们的监控来源于各个部门不同的利益诉求，既体现了华为文化中的团队合作，又形成了团队的竞争和互相督促的氛围，打通了跨部门的流程墙并降低了管理风险。

6．管理者发展

管理者自身的能力一直是华为人力资源体系关注的重点，因此每次考核开始和结果运用时，人力资源部都会不厌其烦地提醒各级主管通过沟通就考评结果与被考核者达成一致。同时，在整个考核过程中还有针对主管的相应课程和培训，以确保主管对这些考核精神的理解和执行。华为对考核结果的运用力度很大，这就要求考核双方都要慎重，不能互拍脑袋。考核结果的运用不仅仅针对近期的收益（岗位调整、奖金发放和股票配置），与员工之后的职业生涯与考核也有不可分割的关系。如果一个主管对部门员工的评价有所偏颇，必然给组织造成很大的负面影响，甚至给自己部门的工作绩效带来麻烦，所以主管做出考评结论前必须充分考虑。绩效考核和评价实际上也是在考核管理者的管理能力，如果管理者不能有效管理部门绩效，管理者可能面临诸多问题，也有可能因此而影响自己的职业发展。

7.1.3 华为公司绩效考核的过程

1．定目标：由工资倒推任务

华为认可的绩效是为客户创造价值（见图7-3）。华为规定：首先给员工一个工资包，他拿多少工资，就按比例倒推他的任务。比如给员工500万元的工资包，员工拿的工资是30万元，那么他必然会为这30万元去想办法完成绩效。企业最核心的管理问题是，一定要把公司的组织绩效和部门的费用、员工的收入联动。这样一来，最重要的是将核心员工的收入提高。而给核心员工加工资，可以倒逼他的能力增长。企业要考虑员工怎么活下去，要考虑员工的生活质量不下降。员工有钱却没时间花，这是企业最幸福的事情。而企业最痛苦的是什么呢？就是低工资的人很多，但每个人都没事干，员工有时间却没钱。

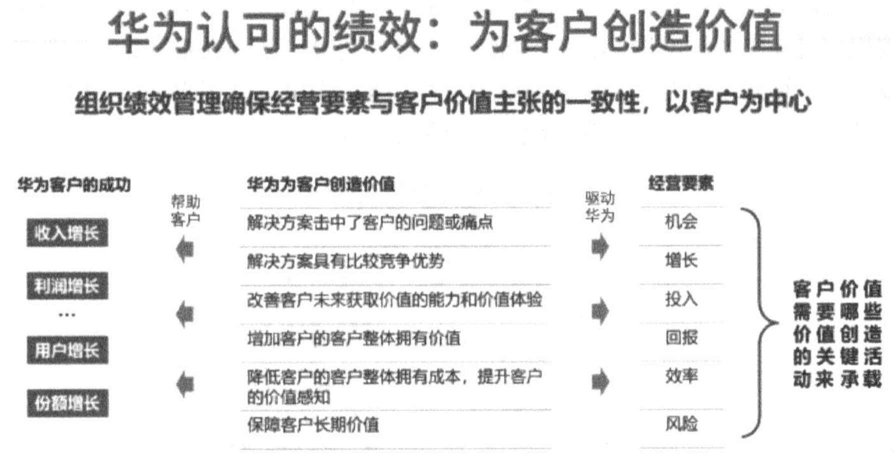

图 7-3 华为绩效考核的理念

在华为，强制规定必须给核心员工加工资，从而倒推他要完成多少任务。每年完成任务，给前 20 名的员工加 20%的工资，中间 20%的员工加 10%的工资。每超额完成任务的 10%，再增加 10%比例的员工增加工资。此外，即使部门做得再差，也要涨工资，不过可以减人。很多企业经常犯一个错误：部门绩效越差，就越不给员工涨工资。如果工资不涨，那么优秀员工肯定要走，剩下的都是比较差的。对于中小企业而言，不能像华为一样每个员工工资都很高，但你可以让核心员工工资高。在这种情况下，核心产出职位的薪酬要增加成为必然。总之，要留住核心员工，给少数优秀的员工涨工资，来倒推你的任务，这就是增量绩效管理。

2．考核时：分层级

根据不同层级的管理者和员工，华为分别采用了不同的考核周期、考核方式、考核内容，还有考核应用。对于中基层的管理者和员工，基本上还是通过 PBC 的管理，一般会有半年度和年度的考核，半年度的结果通常直接激励，用于各种辅导改进，年度的结果主要用于各种激励。这让高层管理者出现了分化，高层管理者更加着重于中长期目标的关注，如一些大客户的长期的任务管理。作为基层作业员工，管理不再使用原来的 PBC 模式，而是用一些要素考核表，如用调试了多少单板、多少主机，质量怎么样，有多少漏测，有没有出现大的事故等考核。这样的考核，使高层管理者关注战略，关注对公司未来较长时间里面有积极影响的工作；对基层作业员工，更加强调及时激励、及时评价，帮助他们在日常工作里面快速改进。

3．考核后：分好钱

在华为，员工实际工资的确定基于责任结果导向（见图 7-4）。华为职位与薪酬管理的具体过程，可以用 16 个字来概括：以岗定级、以级定薪、人岗匹配、易岗易薪。对于每个级别、每个岗位工资的确定，既要考虑对外的竞争性，又要考虑内部的可支付能力和公平性。而且，华为的薪酬体系是宽带薪酬体系：对于每级别，从最低到最高都有长长的带宽，每个部门的管理者，可以对自己的员工，根据绩效在这个带宽里面进行工资调整。在同一级别里面，管理者可以依据员工的绩效表现，在每年的公司例行薪酬审视中，或者当员工做得特别优秀时提出调薪申请。由于不同级别之间的薪酬区间存在重叠，员工即使不升级，只要持续贡献，绩效足够好，工资也有提升空间，甚至超过上一级别的工资下限，这样有利于引导员工在一个岗位上做实做深做久，有助于岗位稳定。

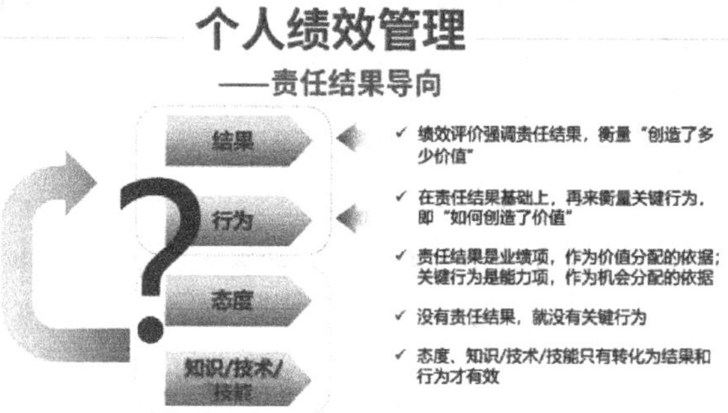

图 7-4　华为个人绩效管理图

以级定薪，就是对于每个级别在公司能拿多少工资进行一个界定。而易岗易薪是针对岗位变化的情况，一种是晋升，另一种是降级。晋升的情况，如果员工的工资已经达到或超过了新职级工资区间的最低值，那么他的工资可以不变，也可以提升，主要看他的绩效表现。如果尚未达到新职级工资区间的下限，一般至少可以调整到新职级的工资区间的下限，也可以进入区间里面，具体数额也取决于员工的绩效表现。降级的情况，也是根据员工的绩效情况，在新职级对应的工资区间内确定调整后的工资，如果降级前工资高于降级后的职级工资上限，需要马上降到降级后对应的职级工资上限或者以下。

案例分析

华为的绩效管理实践有三个核心要点。第一，考核坚持结果导向，坚持唯一正确的评价绩效好坏的标准。第二，强调战略贡献，绩效一定是战略导向，战略导向就是要增加核心竞争力。第三，强调差异化，不搞一刀切，差异化的背后，是指绩效管理的机制设计，可以一品一策，以及环境突变时的临时考核机制。

组织绩效与个人绩效之间的关系。如果组织绩效不好，组织或者部门的一把手的绩效一定是不好的。组织绩效不好，团队中的个人受牵连，团队中的优秀分子可能受影响。绩效的原则之一是个人服务团队，团队服务组织。组织绩效大于个人绩效。绩效的最终目的是要导向组织的成功。解决组织绩效与个人绩效的关系需要强化两个方面的考核：一是对外，为客户创造价值；二是对内，强化团队的相互协作。

鼓励员工参与，鼓励员工宣讲自己的目标与计划，宣讲自己的绩效成果，是解决绩效评价公平考核的有效方式。关于绝对考核和相对考核。相对考核是用来管理干部和选拔“将军”的，目的是寻找好的“火车头”。强制性分布和末位淘汰，就是一种相对考核，做的是横向之间的相互比较。对于一些文职岗位和一些专业岗位，可以不用相对考核，不搞大排队，可以实施绝对考核，绝对考核是一种基于标准的考核，是一种基于能力的考核，是一种基于实际工作和项目胜任能力的考核。做什么，考什么；需要什么样的素质与能力，就考核相应的素质与能力。干部采取相对考核，是为了选拔人才；员工采取绝对考核，是为了岗位的胜任。

华为的考核实际上是对业务、对岗位的梳理和定位的过程。在绩效目标设定阶段要求被考核者主动思考，厘清部门或自己所在岗位对组织的独特价值。管理者和被考核者还需要思考：部门或个人需要什么样的资源组合才能完成部门目标。通过对自身的工作定位、周边部门的协调、个人的绩效承诺、工作过程的资源调度、个人能力分析、风险控制和防范进行全面的思考之后，最后落实到个人业务承诺。

华为的绩效考核模式要求被考核者与管理者不断沟通、与周边部门协调来完成自身工作的开展。考核双方沟通如何针对目标结果达成共识，被考核的员工如何体现其独特的价值贡献，组织与个人的目标如何契合，员工能力如何得到有效发挥，在考核过程中及结果反馈时，双方还需要继续进行多次沟通。全面沟通保证了双方能够针对考核过程有一个全面回溯。华为的绩效考核不仅仅是在考核员工，同时还要求管理者对下属的具体工作给予指导和监督。在考核周期里，管理者要根据被考核者承诺中的重点工作举措来设立监控点，在监控点检查重点工作举措是否执行到位、有无风险、能否按期完成等。随着 PBC 的演变，华为绩效管理中新增了一项关键内容，那就是个人能力提升。员工对自己能力的分析，是自我认知和自我评价，向上级传递能力缺口的同时也是在向上级要支持、要培养。绝大部分员工的考核指标中都有 5%～10%，甚至占比更高的团队协作指标，这就要求员工必须与周边部门合作。

7.2　通用电气公司绩效管理

7.2.1　通用电气公司背景资料

通用电气公司，即美国通用电气公司（General Electric Company，GE），创立于 1892 年，又称奇异公司，是世界上最大的提供技术和服务业务的跨国公司之一。自从托马斯·爱迪生创建 GE 以来，GE 在公司多元化发展当中逐步成长为出色的跨国公司。目前，公司业务遍及世界上 100 多个国家，拥有员工 315 000 人。2019 年《财富》世界 500 强发布，GE 排名第 48 位。2019 年 10 月，GE 在 Interbrand 发布的全球品牌百强榜排名第 19 位。

（资料节选自百度百科：通用电气公司）

7.2.2　通用电气公司绩效管理的考核周期

GE 每年 1 月份开始会进行一个绩效目标的设定，到 6、7 月份有一个年中的总结和检查，然后到年底之后再进行一个年度的回顾。10、11 月份开始，就要进行填表，进行一些文档的工作，到 12 月份的时候，经理对员工进行绩效打分，这些是一个年度考核的时间点。

在这个过程当中，GE会在2—3月份和9月份有两次绩效评估会议，这两次其实是一个人才的盘点会议，GE绩效考核周期如图7-5所示。

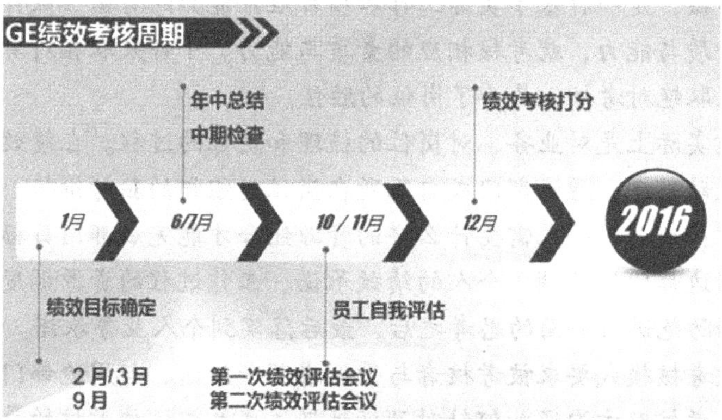

图7-5　GE绩效考核周期

7.2.3 通用电气公司绩效考核体系

二维考核体系：一是工作业绩的考核，就是完成目标情况怎么样；二是价值观的考核，就是员工的行为举止与公司创造的理念是不是一致。三个特点：一是根据考核结果进行按比例强制分布；二是九宫格的人才评估管理方式；三是提倡坦率沟通和及时反馈。GE绩效考核体系如图7-6所示。

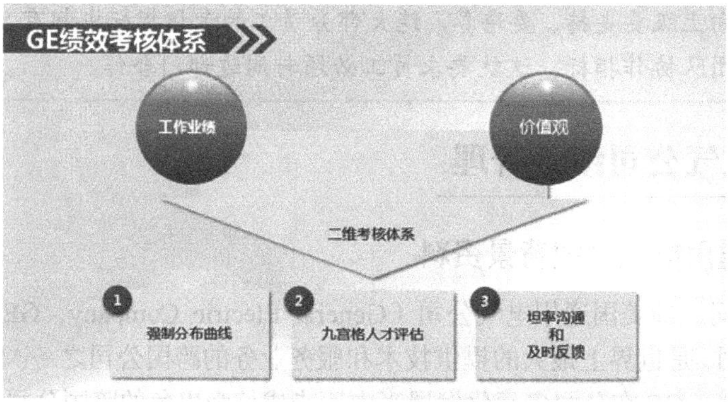

图7-6　GE绩效考核体系

GE考核体系主要介绍价值观的考核，GE考核体系的特点主要介绍强制分布曲线和人才管理九宫格。

1. 价值观的考核

第一项是关注外部：希望它的经理能跟外部的客户、外部的世界有非常强的协调能力。第二项是思维清晰：指的是需要经理有一个非常好的战略思维，能进行良好的沟通，以便进行决策。第三项是想象与魄力。第四项是包容大度：主要考核员工们的团队合作精神、尊重他人和各种文化。第五项是专业所长：主要指在专业岗位上必须拥有专业的知识，并且愿意分享。GE 的五项价值体系如图 7-7 所示。

图 7-7　GE 的五项价值体系

2. 强制分布曲线

杰克·韦尔奇将图 7-8 称为“GE 强制分布曲线图”，GE 就是按照这个去管理员工的，使员工有激情、有活力。可以看到，它的绩效档次一共有三档：超出预期、始终达到预期和有待提高。各个档次的比例是 20%的超出预期、70%的达到预期和 10%的有待提高。

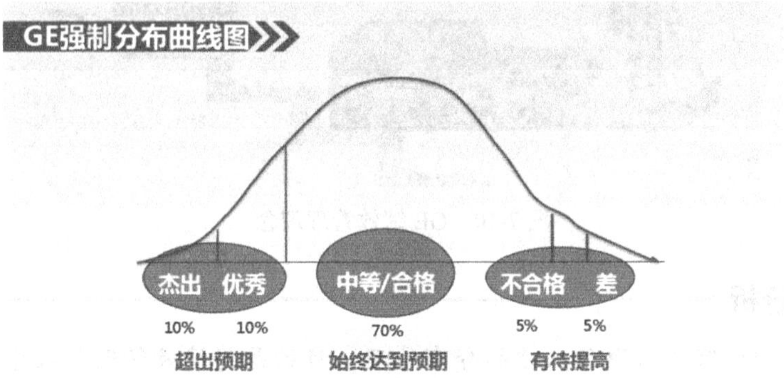

图 7-8　GE 强制分布曲线图

3. 人才管理九宫格

GE 人才管理九宫格如图 7-9 所示。

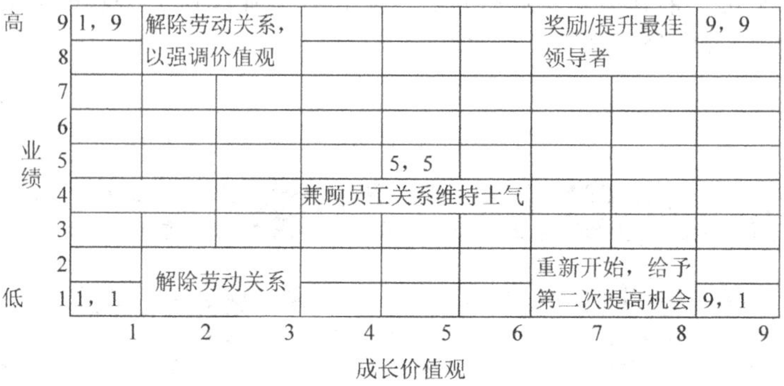

图 7-9 GE 人才管理九宫格

7.2.4 通用电气公司绩效管理的创新与变革

通过一个移动的应用平台，以 App（Performance development @ GE）的形式出现，经理和员工可以一起定义比较近期的一些工作目标，经理和员工可以保持不断的持续沟通。希望经理和员工有更多的对话，通过对话，经理可以激励员工，促进员工的发展。GE 绩效的变革和创新，其实非常符合绩效管理的理念。绩效考核只是绩效管理的一部分，绩效管理更多的是通过持续的沟通进行。大家可以看到（见图 7-10），通过持续的沟通来提升员工的绩效和能力，员工的绩效能力提升了，组织的绩效能力也跟着提升。

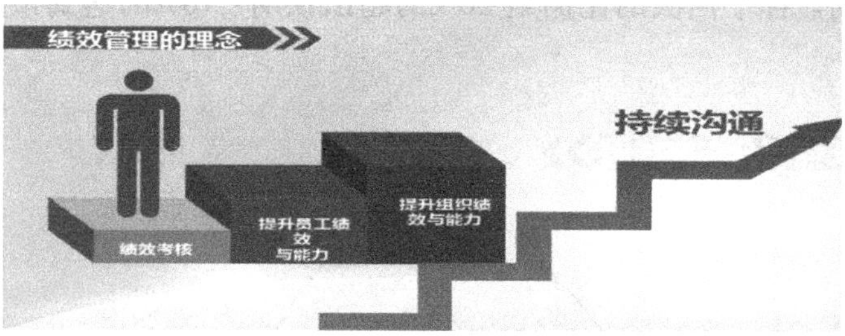

图 7-10 GE 绩效管理理念

案例分析

GE 运用九宫格来进行人才的分布管理，目的是将绩效管理与人才管理结合起来，强化绩效管理的过程管理。运用 App 这样的新工具进行全年的持续的沟通，恰好证明了绩效管理的灵魂：持续的沟通。

GE 绩效管理考核周期。从案例中我们可以看到 GE 2016 年的绩效管理流程中，每年 2—3 月份和 9 月份公司召开绩效评估会议，这两次会议实际上是针对公司人才盘点的会议。

GE 绩效考核体系。GE 的绩效考核体系主要包含两方面的维度：“红”和“专”两部分。“红”是针对公司软性东西的考核，GE 希望每个员工把价值融入血液中，落实到行动中。凡是加入 GE 的员工，一进来就会被告知价值观的内容，在各种各样的培训中，GE 的价值观会被不断地强调，培训人员会向大家介绍公司价值观在工作中如何体现，员工通过学习感悟加深对公司价值观的认同。价值观考核的主要目的是检测员工的行为举止是否与公司的价值理念一致。“专”是针对工作业绩方面的考核，每年年初 GE 的每个部门都会制定一个具体的、可行的目标。部门经理向下属员工公布目标，员工会据此制定自己的目标，然后下属员工和经理就员工的绩效目标进行双向沟通，做一些修改，最后明确目标。在 GE 的绩效考核体系中，为量化和落实绩效考核的内容，GE 采取了一系列的措施，其绩效模式最主要的特点为：强制分布曲线、九宫格人才评估、坦率沟通和及时反馈。

绩效管理是一个完整的管理系统，各环节紧密衔接、相辅相成、缺一不可，而串联起整个系统的工具就是贯穿始终、持续不断的信息沟通，沟通是整个链条上最重要的一环。从财经年度开始时绩效目标的确定、绩效计划的实施到最终绩效考核结果的反馈，GE 在绩效管理的整个过程中，始终提倡坦率沟通和及时反馈。

GE 的五项价值体系。一是专注外部。与广泛的利益相关者建立有效联系；与外部客户和环境相协调，具有预见力；从国际事件中获取经验，对世界充满好奇。过去“专注外部”强调的是以客户为中心，现在则强调不仅要了解客户，还要了解环境。对于“专注外部”的解释，最后一点是强调全球化。全球化不仅指理解地方市场，更重要的是从一个系统的角度去了解不同市场的共性和个性，了解各个地方、各个地域的实际情况，并在做决策的时候最大限度地发挥公司的资源。二是思维清晰。接受不明确的情况和不确定性，适应性强；将战略与目的联系在一起，进行有激励性的沟通；运用知识、经验、网络和直觉果断进行决策。GE 要求企业人有更强的清晰思维能力。清晰的思维者要能把所看到的混沌和不确定性解析和剥离，把不确定性减到最小。清晰的思维要求每个领导者具备全局观念，能把员工要做的事情和公司的大目标结合在一起，让员工觉得这项工作是有意义的。同时，思维清晰的领导者还能够果断运用知识和直觉。三是想象与魄力。激发创新想法并努力实现；鼓励冒险精神。四是包容大度。欢迎对立的想法和观点，虚心倾听；工作中相互协作，尊重他人和各种文化；推动敬业精神和献身精神。GE 强调包容性，鼓励经理虚心倾听、接纳不同的意见。五是专业所长。拥有专长领域，用经验和成果树立信誉；不断自我发展并对培养他人充满热情；利用技术取得成功。GE 强调每个人要有足够精深的专业知识和能力，为达到此目的，要在一个岗位上至少做满三年。在专长方面强调的其实不只是知识的存量，还有不断学习、不断提升自己，同时帮助别人改进的意愿和努力。

GE 新的绩效管理系统以 App 方式出现，经理对员工的管理与考核主要通过持续沟通进行，考核结果不出现数字，也尽量不与奖金和薪资直接挂钩。Performance development @ GE 抛弃了过往陈旧的年度目标年度考核的模式，目标可以根据实际情况随时调整。缩短考核周期有利于及时清晰考核。GE 的这个绩效工具很好地证明了绩效管理的核心理念非打分、排名与惩罚，而是对话、激励与员工发展。GE 的变革与创新非常符合绩效管理的理念，绩效考核不是绩效管理的核心，排名与强制分布更是背离绩效管理初衷，绩效管理的真正目的是通过提升员工绩效与能力，从而提升组织绩效，实现组织战略目标。实现绩效管理最好的方法与手段应该是：持续沟通。

7.3 谷歌公司的绩效管理体系

谷歌除了拥有优秀的企业文化，还拥有独特的绩效管理体制。在公司绩效管理演变的过程中，谷歌的一些核心概念汇总成一种语言，它适用于任何公司。例如，正确地设定目标；要让目标众所周知，目标要有野心；收集同事反馈意见；有一些线上工具，如谷歌表格，可以用于进行调查，整理结果；评估流程中引入校准流程。谷歌倾向于经理可以坐在一起探讨的会议，作为一个团队共同审评员工，这样需要更多的时间，但评估和决策的过程更可靠、更公正。采用这样的方式，人们可以坐在一起，加强交流，巩固公司珍视的价值，有利于公司文化的发展。把奖励分配谈话和员工发展谈话分开。两项谈话混为一谈会扼杀学习的动力，不管公司规模有多大，这一点都适用。将关注点放在真正重要的事情上：依据目标对绩效进行公正的校准，开诚布公地指导员工学会如何提高。

7.3.1 谷歌公司的人力资源考核体系

谷歌人力资源绩效考核体系包含六大模块，分别是年度绩效评估、月度绩效回顾、年度敬业度调查、年度经理人反馈、目标设定 OKR 及优秀人才奖励制度（见图 7-11）。年度绩效评估的考核周期是一个完整的财经年度，中间包含了半年度的回顾与展望。月度绩效回顾主要是经理和下属进行一对一的面谈，面谈内容包括员工的职业发展、员工培训辅导等。年度敬业度调查主要查看员工对公司的忠诚度怎么样。年度经理人反馈类似于 360° 绩效考核中下属对上级的考核，主要是经理人对公司管理上满意度的测评和反馈。当谷歌还是一个很小的创业公司的时候，就开始在内部使用一种员工评级系统——OKR（目标与关键结果）。这也是谷歌绩效管理最有特色的地方。优秀人才奖励制度是公司为了深入实施人才战略，进一步激发各类人才的工作积极性和创造性，而执行的一种人才奖励制度。

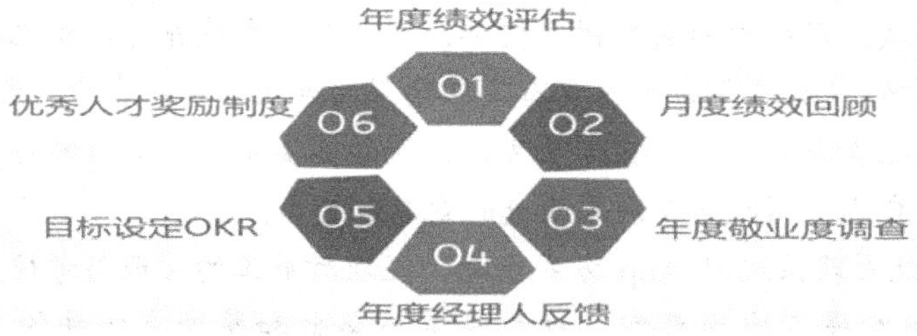

图 7-11 谷歌人力资源绩效考核体系

年度考核：含半年度回顾和年末的考核。考核的维度：一是工作业绩完成度；二是能力表现（见图 7-12）。

图 7-12　谷歌考核的维度

谷歌的能力评估标准（见图 7-13）。一是谷歌人：每家公司都希望员工是符合公司价值观的人。二是解决问题的能力。三是执行力。四是思想领导力：谷歌希望员工或者经理成为某个领域的专家，并且把这些专业知识分享出去。五是（新兴）领导力：比如说年轻人，他虽然没有带领团队的机会，但是年轻人、普通员工也可以提升自己的领导力。通过在项目里面，带领一些虚拟的团队，普通的员工也应该不断地去锻炼自己的领导能力，这是谷歌比较强调的。谷歌都是工程师，所以会强调年轻人的领导力。六是存在感：指员工在组织当中发挥影响力，发挥自己的价值。

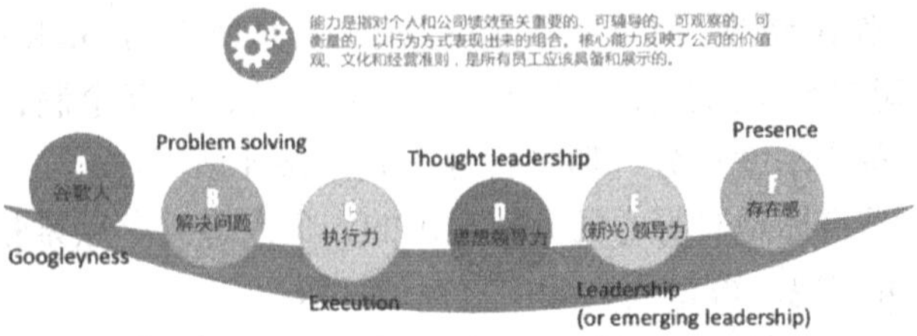

图 7-13　谷歌的能力评估标准

7.3.2　谷歌公司绩效考核 OKR

谷歌最有特色的目标设定：OKR（O 是 Objective，KR 是 Key Results，中文翻译成目标与关键结果）。谷歌的 OKR 是一个季度的，包括季度的设定和考核，也包括年度的设定和考核。从谷歌的 OKR 中（见图 7-14）可以看到，各个层面的 OKR 都是有的，从总部到公司、到高层、到团队、到员工，彼此之间要相互支持，相互配合。谷歌的 OKR 不仅是层层分解、相互支持的，还要符合目标设定的最基本原则：SMART 原则（Specific—具体的，Measurable—可以衡量的，Attainable—可达成的，Realistic—可以证明和观察的，Time-bound—有明确的截止期限）。

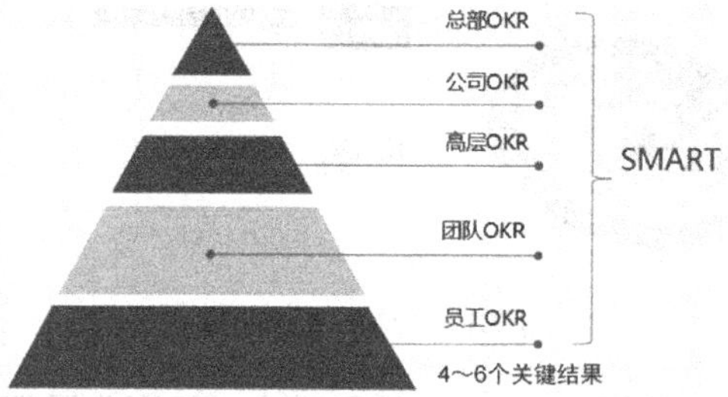

图 7-14　谷歌的 OKR

OKR 基本注意事项：一是目标最多设定 5 个，每个目标下面最多设定 4 个关键节点；二是所有的目标，员工、经理必须相互认可同意，经理不能命令员工，员工可以提建议；三是一页完成最好，最多两页，也就是数量不能太多；四是不作为绩效评估的武器，也就是说，OKR 的打分，跟最后年度的绩效等级、奖金、年薪等考核福利没有直接关系；五是评级，60%～70%及以上为好，低于 40%为差；六是当未完成的关键点仍然重要时，才将此季度的 OKR 打分放入下一季度。

OKR 的关键：一是每年或每季度设立一次，如果既有季度的又有年度的，那么年度的时间由于比较长，可以做出修改，而季度不建议修改；二是所有的 OKR 都必须是可测量的；三是个人、团队、公司三个层面都需要有 OKR 相互支持，相互牵制；四是全公司可见，OKR 是透明的；五是每个季度打分，但是打分不做考核评估用。

OKR 的元素：一是目标是有野心的，较激进的，令人感觉有点紧张而不舒适；二是关键结果明确地使目标可实现、可量化，导向目标的评级。

OKR 分值：零到一分制，可以把它理解成百分制，也可以把它理解为十分制（见图 7-15）。如果你的分数是 0.6～0.7，这在谷歌里是非常合理的；如果你的分数在 0.4 以下，说明你不及格，是需要努力的。但是，如果你的分数是 1，也就是你的目标百分之百完成的话，谷歌反而会认为你的目标定得太容易了、太低了，经理会质疑你。OKR 分值不与绩效、薪酬等挂钩，这个打分只是让经理更清楚员工的工作能力及工作的状态。不与绩效、薪酬等挂钩，大家更愿意设定挑战型目标，来证明自己的努力程度。如果与绩效、薪酬等挂钩，公司相信很多员工不愿意将目标设定太高。因为目标设定太高以后，如果得到的分数低，那么钱就少了，奖金就少了。

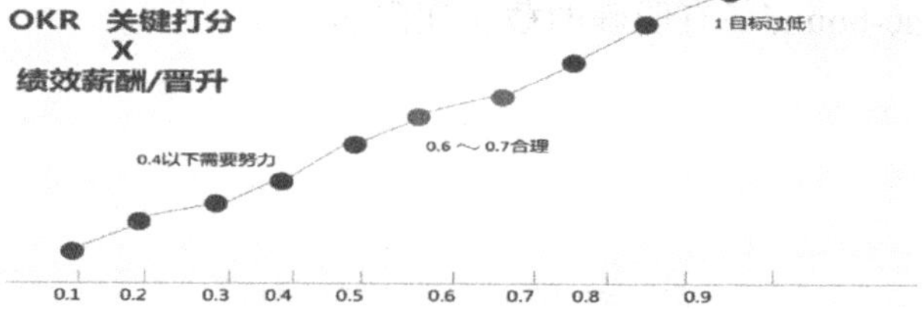

图 7-15　谷歌 OKR 分值

案例分析

谷歌的考核分为两个。工作业绩完成度，即具体工作指标（使用的考核工具为 OKR）；能力表现，即完成这些目标的行为是否符合公司价值观（基于谷歌的能力模型）。谷歌的五级绩效考评：需要改进、一贯符合预期、超过预期、超预期很多、杰出。这五级绩效考评也与谷歌的用人原则有关：鼓励优秀的人。

谷歌的 OKR“目标与关键结果管理法”，设定一个 OKR 周期，可以是一个月、一个季度或者一年，以季度最为常用。设定周期内几个重要的大目标，用来确定工作方向； 把每个大目标量化为 3～5 个关键结果，确定具体任务；周期结束后，根据关键结果的完成情况进行打分。OKR 不是领导安排给下属的，而是每个人自发设定的。因为上级摊派目标给下级，下级员工会有一种被动感。反之，如果员工自己设定目标，就有充分的自由和动力，去完成更有难度的目标。当然，团队领导可以根据整体发展的需要，与员工进行协商微调。员工和团队的目标、关键结果和完成情况，都要在企业内部公开。当所有人的工作内容都明确时，员工之间能够很快知道彼此在做的任务，大程度降低企业的沟通成本，此外这也能促进员工、团队之间的良性竞争，增加企业的活力。保持耐心，灵活调整，通常企业需要经过 3～4 个设定 OKR 的季度周期，才能适应。不论是基层员工，还是企业老板，都要更宽容，并及时调整。如果完成了预期的 70%～100%，那么下一次可以设定更有挑战性的目标；如果完成了 40%～60%，那么下一次可以设定难度相似的目标，优化工作方法；如果完成少于 40%，并且持续不止一次，那么就要重新审视目标设定是否有问题。

正确地设定目标。目标要众所周知，目标要有野心，员工要明确自己所担负工作的目标、职责和要求，使自己的工作成就、工作实绩获得组织的赞赏和认可，使自己在工作中的需要获得组织的理解和帮助。员工要提出自己的发展要求，并了解组织在有关问题上可能给予的支持，了解组织对自己的期望和未来的工作要求，找出差距，调整工作方式，以期更好地完成任务，在绩效评估工作中获得参与感。

谷歌的绩效实施 OKR 法。OKR 是一种精密严谨、完全数值化的内部目标考核制度。员工每个季度的考核评分通过员工资料库对内公开（包括 CEO 的 OKR），这是部门任务协作的一个手段，在每个 OKR 中，所有员工必须设立目标，这个目标，由几个重要的、可测量的指标体现，不能是空洞目标。另外，谷歌在公司层面设立了 OKR 目标，在团队、管理人、普通员工层面均设立了目标，这一目标系统，使得公司在正轨上运行。

收集同事反馈意见。谷歌有一系列线上工具，如谷歌表格，可以用于进行调查，整理结果。按照评估体系，以此为依据分配奖励。一是目标设定：在绩效考核中，每位评估者都应明确了解自己所应达到的目标。二是自我评估：通过自我评估，员工可以反思自己的绩效表现，认识自己的优点和不足。三是同事评估：来自团队内部其他同事的评估会给绩效考核带来一个崭新的观察角度，同时同事评估也是该员工在团队合作绩效方面的第一手资料，同事评估通常有几个人参与，这些评估包含很多人的观点，评价的客观性比较强。四是校准会议。在员工自我评估、同事评估之后，这些评估内容会交给总裁，总裁进行打分，打完分后，所有的这些打分最后要进入校准会议进行最后的审核。五是绩效面谈：通过校准会议确认最终考核结果，然后根据出来的结果，经理和员工进行面对面的绩效面谈。六是谷歌采用的绩效管理模式是 360° 反馈：360° 反馈也被称为全视角评价，是指由被考评者的上级、下级、同事（包括内部客户和外部客户）以及被考评者本人，从多个角度对被考评者进行全方位的评价，再通过反馈环节，达到改善绩效的目的。

7.4 阿里巴巴集团的绩效管理之道

7.4.1 阿里巴巴集团背景资料

阿里巴巴网络技术有限公司（以下简称阿里巴巴），是以曾担任英语教师的马云为首的 18 个人于 1999 年在浙江杭州创立的公司。业务和关联公司的业务包括淘宝网、天猫、聚划算、全球速卖通、阿里巴巴国际交易市场、1688、阿里妈妈、阿里云、蚂蚁金服、菜鸟网络等。2019 年 9 月 1 日，“2019 中国服务业企业 500 强榜单”在济南发布，阿里巴巴集团控股有限公司排名第 24 位。2019 年 10 月，阿里巴巴在“2019 福布斯全球数字经济 100 强榜”排名第 10 位。2019 年 10 月 23 日，“2019《财富》未来 50 强榜单”公布，阿里巴巴排名第 11 位。

（资料节选自百度百科：阿里巴巴集团）

7.4.2 阿里巴巴集团绩效管理的理念

阿里巴巴绩效管理遵循 SMARTER 原则。Specific（具体的）：具体列明需要达到的关键结果。Measurable（可衡量）：关键指标必须是可衡量的。如果确实不适用量化衡量的方法，那么可以通过观察对相关行为进行判断。Achievable（可实现）：具有一定的挑战性，同时员工也能有机会控制目标的达成。Relevant（相关性）：与公司战略、经营目标，部门职责等相关联。Timely（有时限）：必须明确指出要求目标完成的时限。Executive（可执行的）：可以通过完成某些任务反映出来。Result（有结果的）：能够通过某种方法考核出最后的结果。

阿里巴巴绩效管理形成了自己的特点：一是制定高目标；二是把价值观纳入考核；三是建立了政委体系，做“人”的工作。

1. 制定高目标

明确奋斗的方向，通过有意义的目标凝聚人心、聚起人气。这些就是员工愿不愿意长期跟随你的一个关键点。阿里巴巴采用五分制的打分方式，每个季度、每个年度对员工个人进行绩效评估。在年末制定新一年业绩目标的时候，会详细标明不同的业绩对应不同的分值。在阿里巴巴，大概只有 10%的员工能在绩效考核中拿到 4 分。拿到 4 分不仅意味着要付出 12 分的努力，还要发挥创造性。因为按照常规的方式方法工作，基本上拿不到 4 分。拿到 4 分需要突破常规进行创新。在阿里巴巴，基本上没有人能够拿到 5 分。这样的业绩指标设计和打分标准，体现了阿里巴巴的指导思想。如果目标定低了，你就会降低对自己的要求；你可以拿不到 5 分或者 4 分，但是我要确定你已经尽了 12 分的努力去实现 4 分、5 分的目标。

2. 把价值观纳入考核

阿里巴巴别出心裁地把价值观纳入绩效考核体系。价值观考核与业务考核各占 50%的比重。而价值观考核指标囊括了追求高绩效的价值观导向和具体的方式方法——如果价值观考核优异，业务绩效不好是不可能的。价值观考核的六个方面如下。

客户第一——客户是衣食父母。1 分：尊重他人，随时随地维护阿里巴巴形象。2 分：微笑面对投诉和受到的委屈，积极主动地在工作中为客户解决问题。3 分：与客户交流过程中，即使不是自己的责任，也不推诿。4 分：站在客户的立场思考问题，在坚持原则的基础上，最终达到客户和公司都满意。5 分：具有超前服务意识，防患于未然。

团队合作——共享共担，平凡人做非凡事。1 分：积极融入团队，乐于接受同事的帮助，配合团队完成工作。2 分：决策前积极发表建设性意见，充分参与团队讨论；决策后，无论个人是否有异议，必须从言行上完全予以支持。3 分：积极主动分享业务知识和经验；主动给予同事必要的帮助；善于利用团队的力量解决问题和困难。4 分：善于和不同类型的同事合作，不将个人喜好带入工作，充分体现“对事不对人”的原则。5 分：有主人翁意识，积极正面地影响团队，改善团队士气和氛围。

拥抱变化——迎接变化，勇于创新。1 分：适应公司的日常变化，不抱怨。2 分：面对变化，理性对待，充分沟通，诚意配合。3 分：对变化产生的困难和挫折，能自我调整，并影响和带动同事。4 分：在工作中有前瞻意识，建立新方法、新思路。5 分：创造变化，并带来绩效的突破性提高。

诚信——诚实正直，言行坦荡。1 分：诚实正直，表里如一 。2 分：通过正确的渠道和流程，表达自己的观点；表达批评意见的同时能提出相应建议，直言不讳。3 分：不传播未经证实的消息，不在背后不负责任地议论事和人，并能正面引导，对于任何意见和反馈“有则改之，无则加勉”。4 分：勇于承认错误，敢于承担责任，并及时改正。5 分：对损害公司利益的不诚信行为有效地制止。

激情——乐观向上，永不放弃。1 分：喜欢自己的工作，认同阿里巴巴企业文化。2 分：热爱阿里巴巴，顾全大局，不计较个人得失。3 分：以积极乐观的心态面对日常工作，碰到困难和挫折的时候不放弃，不断自我激励，努力提升业绩。4 分：始终以乐观主义的精神和必胜的信念，影响并带动同事和团队。5 分：不断设定更高的目标，今天的最好表现是明天的最低要求。

敬业——专业执着，精益求精。1 分：今天的事不推到明天，上班时间只做与工作有关的事情。2 分：遵循必要的工作流程，没有因工作失职而造成的重复错误。3 分：持续学习，自我完善，做事情充分体现以结果为导向。4 分：能根据轻重缓急来正确安排工作优先级，做正确的事。5 分：不拘泥于工作流程，化繁为简，用较小的投入获得较大的工作成果。

30 条指标把抽象的价值观分解为具体的行为和精神层面的要求。在细分的 30 条考核指标中，也突出了业绩导向的取向。

3. 建立“政委”体系

在阿里巴巴，“政委”对价值观考核发挥软力量有重要的作用。阿里巴巴的人力资源管理工作分为两块，一块叫作“政委”体系，另一块叫作职能体系。有超过一半的人力资源管理经理从事“政委”工作，资历深、职位高的被称为“大政委”，年轻的经理被称为 “小政委”，但再小的政委，也必须由在阿里巴巴工作 3 年以上的阿里人担任。政委主要做“人”的工作，在价值观考核过程中也发挥着重要作用——政委直接介入考核过程，起到维护考核公正客观和协调分歧的作用。

政委每周都会参加所对应业务部门的例会或者阅读周报，以便跟进和了解业务部门的工作；每个季度都参加所负责部门的考核沟通会，与被考核员工、被考核员工的直接上级三方一起讨论并最终评定被考核员工的业绩。在考核过程中，员工的自评分数往往与上级打分不一致，在这种情况下，就需要政委、上级和下属三方通过沟通协调达成一致，政委对企业价值观的把握和客观公正的态度很重要。政委尽管没有太多的权力去干涉业务经理的业务决定，但可以在这个决策下帮助业务经理，审视自身的组织能力，查看整个队伍是不是充满了高昂的士气，是不是有心态上的不足。对于一个较大规模的企业来说，这些至关重要。

7.4.3 阿里巴巴集团的绩效管理创新实践

在“互联网+”的背景下，阿里巴巴绩效管理体系的特色主要表现为：注重外部客户的价值创造与内部员工的协作共识，合理设定并传递绩效管理目标；在能力考核的基础上引入价值观考核内容，并确保考核的整体结果得以有效运用；在整个管理过程中，侧重员工的参与感，建立平等、合作的绩效管理理念，强调员工与企业同步成长；充分利用先进的信息技术，开发绩效管理的信息化系统以提高整体效率与效果。

1. 目标管理

围绕客户价值，设定绩效目标并追踪修正。阿里巴巴摒弃了早期单纯追求销售额增长的绩效目标，开始推动从客户价值出发进行绩效管理。阿里巴巴的核心价值观为“客户第一”。在设定绩效目标过程中，阿里巴巴将为客户创造价值作为绩效管理抓手，强调既要为消费者提供高质量服务，又要助力商户发展，任何时候都不能损害客户价值去达到业绩目标。

阿里巴巴坚持认为，绩效管理不仅是对最终结果的考核，更应该是一种过程，应该将绩效管理视为日常活动。在绩效管理过程中，阿里巴巴会根据竞争的变化情况、客户的满意情况及公司的战略部署等，不断调整或者优化策略，修正绩效目标，总结前段工作并给出绩效评分，并且对即将生效的绩效目标做出设定，最终将前半段与后半段的绩效综合起来进行管理。

回归客户价值，共同规划。绩效管理的第一步是目标设定，一个是定，一个是晒。“定”是要回归客户价值，因为阿里巴巴的绩效管理是从客户价值出发的。在做绩效目标的时候，一定要回答这几个问题：我们公司或者团队到底是做什么的？我们为谁服务？我们要给别人解决什么样的问题？别人能做为什么我们还要做？我们现在要做的跟原来做的有什么不同？“晒”是用各种方法去晒。目标要人人知道、人人理解、人人相信、人人支持，因为目标靠 KPI 的精细分解想达到协同基本上是表面繁荣，真正达到协同是让彼此之间能够了解、能够理解、能够相信。在目标设定中，强调的是聚焦。我们要思考如何通过目标设定，推动业务聚焦在关键业务实现场景和这场“仗”上，以及在这个过程中，怎么样去凝聚人心。做绩效定目标的时候，要思考这个目标究竟是不是聚焦的，究竟打赢了这场“仗”之后，能不能把员工的能力和士气再上一个层面。在定目标过程中，我们的方法叫共同规划。把大家看见的因素放在一起，大家共同看我们应该去做什么事，应该定什么样的目标，我们把这叫“共同看见、共同规划、共同执行和共同复盘”，这个过程更强调的是参与。为了让组织活力能够充分发挥，阿里巴巴开发了像“三板斧”、晒 KPI 等组织发展的工具和方法。

2．能力与价值观的双轨式绩效管理

阿里巴巴不断调整并完善其核心价值观，最终形成了如今的价值理念——客户第一、团队合作、拥抱变化、诚信、激情与敬业。为使价值观考核顺利落地，阿里巴巴建立了一系列较为完善的管理办法体系。将价值观具体化为绩效考核评价指标，实施“通关制”的考核办法，借助政委体系推动价值观建设。

阿里巴巴采取双轨制考核，考核业绩，也考核价值观，结果要好，过程也要好。价值观考核的方法在不断变化，在公司发展的前十年，价值观需要不断去强化，让大家不断去认知，那个时候业绩考核和价值观考核是并轨制，两个都是要打分的，最终汇总产生绩效结果。发展到后面，公司的价值观考核变成了通关制，做到 A 是杰出青年，是非常好的；做到 B，符合价值观的要求；但是如果做到了 C，那是不能容忍的。这种变化实际上是随着企业发展和公司对文化价值观的认知做的调整。

面谈反馈：帮助员工成长是最大的善意。阿里巴巴半年做一次面谈反馈，“立场坚定”“今天的最好表现是明天的最低要求”“丑话当先”“No surprise”“One over one plus HR”，这些是面谈反馈最基本的原则。其实人都需要直接的反馈，要做到公正、真诚、善意，这种善意不是指用好话鼓励别人，而是要花很大的脑力和心力去帮他想哪点干得不好，这才是真正对人的帮助。阿里巴巴有很多年轻人，善意更多的是应该帮助他们看到有哪些做得不够的地方，对年轻人来说重要的是能够得到成长。

改进提升：借事修人，借人成事。在做业务的过程中，学会做人成事。做业务的过程实际上也是个人能力和业务水平提高的过程。把事情做好，在团队中学会思考、学会合作、学会做人，时间长了，自然也就成长起来了。

组织形态：“来之能战，战完能散”的灵动模式。公司的组织形态，由原来按部门条线的组织模式，发展到要按事情、按项目、按战区的组织模式。公司在思考，绩效管理怎么能够让这种“来之能战，战完能散”的灵动组织模式发挥作用。另外，工作流沉淀个人信息，成为绩效依据，也很重要。

高级别的管理者要不断地设目标；低级别的管理者要定 KPI，但要不断地尝试变化。对于创业阶段的公司，CEO 既要抓战略，又要抓执行，既要做得对，又要做得好。最基层的管理者通过自己拿结果，上边的管理者通过别人拿结果，如何让别人抢着为自己拿结果，好的管理者要思考怎样才能做到这点。

案例分析

阿里巴巴的绩效管理很简单，就是日常管理。阿里巴巴的绩效管理结果要好，过程也要好，为过程鼓掌，为结果付薪。阿里巴巴的绩效管理，不仅要注重结果，还要注重过程。在整个过程当中，HR 要鼓励员工。正如马云所说：“心要善，刀要快。”不行的人你要拉他、扶他，那就跟钝刀子割肉一样。

阿里巴巴有着自己的淘汰制度，宽进严出，淘汰不称职的员工。阿里巴巴的考核，有个强制分布——20%的员工超过期望，70%的员工满足期望，而剩下的 10%要被淘汰。

阿里巴巴的绩效考核系统在模块的制定上可以有效协助企业建立完善的绩效机制，极大地开发人的潜能，充分调动人的积极性、主动性和创造性，使人以最大的热情投入工作。阿里巴巴有多种考核模板，企业各岗位皆可使用，能够公平量化各部门工作成果。根据实际需求建立公司级、部门级、岗位级指标库，专设企业文化及价值观指标库。员工端发起考核方案，支持 KPI／OKR／360° 绩效考核方式。自动生成评估结果及员工成长轨迹，自动对接一键报表，为人才管理提供依据。

鼓励员工轮岗。在阿里巴巴的管理体系中，对人才是特别敏感的。阿里巴巴有一套自己的人才盘点体系，即员工中 30%的人才是最有潜力的，60%的人才是潜力一般的，10%的人才是没有潜力的。每位主管都要给自己的下属打分，并根据“361”原则对员工素质进行强制排序。阿里巴巴将绩效评分标准整体按照“361”比重进行分配：3.75～5 分的员工占 30%，3.5～3.75 分的员工占 60%，3～3.25 分的员工占 10%。其中，3～3.25 分的员工将没有年终奖，而且没有晋升机会。如果两年绩效都是 3～3.25 分，该员工将被辞退。这是阿里巴巴绩效管理中特别重要的一点，他们强调的是管理者的责任，就是让主管不断地关注下属。阿里巴巴人才管理中最为外界所知的一点是鼓励轮岗，这就意味着，一位员工的能力并不是一位主管说了算，而是多位主管共同评价的结果，这就让员工得到了相对公平的评价。阿里巴巴员工的盘点是随时进行的，主管可以每天对其员工进行评价，也可以记录下具体事件，而每换一次主管员工就会获得一次评价。每年，阿里巴巴都会有 20%的人被评为优秀员工，这个比例是有严格讲究的。同时，优秀员工和普通员工之间的收入设定了较大的差距，这个差距激励着 60%的员工向前冲，整个人才体系形成一个逆流，不给不思进取的员工留下温床。此外，这个差距也激励着最优秀的那层员工不敢去作弊。如果一个企业有 15%的员工是负能量的，那么这个企业就会非常危险。负能量员工的比例一定要控制在 10%以内。在阿里巴巴的每个业务部门，都相应地设立了“政委”这个角色，“政委”的主要任务就是传播阿里巴巴的价值观。员工的价值观在一定程度上决定了员工的工资、奖金及晋升。阿里巴巴将员工的能力评价分为三层，包括价值观、流程能力和专业能力。其中，价值观的审核占据了能力评价的 75%，流程能力占据了 15%，专业能力占据了 10%。

在阿里巴巴的管理文化中，很重要的一条是相信员工。公司对员工迟到并不敏感，简短的审核流程背后是对员工的信任。比如，阿里巴巴对加班的员工提供免费晚餐，但是享受免费晚餐并不需要上级的审核。当然，不需要审核的免费晚餐自然会有人蹭吃，但阿里巴巴的管理哲学是选择相信员工。还有一个不需要审核的福利是，只要怀孕的员工，每人可以领两件孕妇装。企业文化落到实处就是相信员工，相信员工是很重要的企业文化。

7.5　海尔集团绩效管理

海尔的成功，源自其对传统管理模式的彻底改造。海尔 CEO 张瑞敏具有颠覆精神，始终将科层制看作竞争中的负担。海尔一直致力于打造每位员工直接向用户负责（张瑞敏称之为“零距离”），团队成员都是充满活力的创业家，用户、开发人员与各利益相关方共创共建的开放生态组织代替传统的科层体系。海尔这一系列举措体现为“人单合一”模式。这种模式结合中国文化特色，将为用户创造的价值和员工自身实现的价值紧密结合起来。

7.5.1　海尔集团绩效管理制度的特点、原则及演变

1. 绩效管理制度特点

（1）绩效管理目标具体化：目标明确，清楚地用可执行的用语描述员工需要实现的目标。

（2）绩效考核指标的可衡量性：考核目标确定的准确性，衡量方法的可信赖性和数量化。

（3）绩效考核的可实现性：考核目标具有挑战性。

（4）绩效考核具有时效性：在制定目标时应包含最后期限和任务完成时间表。

2. 绩效管理制度原则

（1）与公司发展方向相一致：将公司的战略目标通过绩效指标层层分解，落实到个人，推动公司和员工的共同发展。

（2）以提高员工绩效为导向：通过绩效管理帮助员工发现优缺点，找到进一步提升绩效的路径。

（3）定量与定性考核相结合：在指标的设定上，要针对不同的岗位性质，既要设计定量指标，也要设计定性指标。

（4）公开、公平、公正原则：充分发挥考核的效果，“三公”原则始终贯穿在整个绩效管理体系中。

3. 绩效管理制度演变

改革开放的四十多年里，很多企业被淘汰，但海尔凭借其独特的经营方式坚持了下来，并凭借 OEC 管理法迅速发展了起来。OEC 管理法在海尔的企业绩效考核中处于核心地位，绩效考核目标的确定、绩效考核制度的制定、绩效考核的评价等无一不是以 OEC 为标准制定的。

海尔文化推动绩效考核。伴随着海尔创新体系，海尔形成了一系列先进的管理经营理念，如 OEC、6S、T 模式、全员 SBU①、TVM②等，这些共同构成了海尔的文化体系。在这一文化体系下，海尔的成长与员工个人的价值追求相结合，充分实现了企业发展与个人成长的有效融合。每个员工作为一个 SBU，自主经营、自负盈亏，经营着自己的三张财务报表（利润表、现金流量表、资产负债表），员工在工作中充满了激情与活力，绩效考评的激励作用得以充分体现。由此可见，员工的普遍认同感、主动参与性是海尔文化推动海尔绩效考核的主要原因。

从海尔绩效管理的内容上来看，海尔的绩效系统是自成体系的。从绩效规划、绩效实施、绩效评估再到最终的绩效反馈，在整个过程中职能部门、人力资源管理部门各有分工、有条不紊，运作流程在分工下简单高效。在工具选择上，除了 360° 绩效考核，还有独具特色的平衡计分卡，它使海尔绩效考核平衡了“过去”和“未来”的各项指标，既充分尊重了员工过去的产出成果，又保证了员工未来的持续成长。在绩效考核系统方面，海尔引进 SAP③绩效管理信息系统并向 GVS④过渡，这个系统的应用节约了成本，提高了效率，并推动了企业 BPR⑤。

7.5.2 海尔集团的绩效管理体系

海尔绩效管理体系以个人事业承诺为核心而打造，体现了以下四个特点。战略导向：以全球化和卓越运营战略为指针，设计和建设支持战略的绩效管理体系。持续改进：通过计划、反馈辅导、评估、制订改进方案，形成持续改进、不断循环的绩效管理体系。全员参与：通过绩效指标和工作目标自上而下的层层分解，落实到每位员工身上，实现绩效管理的全员参与。均衡发展：平衡考虑短期业绩和长期发展之间的关系，构建基于能力的绩效管理体系。

1. 员工绩效评价的内容

每个海尔员工都以 PBC 的形式做出个人对海尔的业绩承诺。在整个海尔范围内，各级员工经理和下属员工通过自上而下层层签订 PBC，将海尔的战略目标逐步分解落实到每个员工身上，将组织绩效和个人绩效有机联系在一起，实现集团事业发展和个人发展的一致。

---

① SBU：Strategical Business Unit，即战略事业单位，又称战略业务单元。

② TVM：Total Value Management，即全员增值管理。

③ SAP：S 即 System；A 即 Application；P 即 Products in Data Processing，SAP 意为基于数据的产品解决方案系统。

④ GVS：Global Value Systems，即全球增值系统。

⑤ BPR：Business Process Reengineering，即业务流程再造。

一般员工的 PBC 由两种目标组成：业务目标、个人发展目标。而经理级别的员工 PBC 中多了一种目标，即员工管理目标。

业务目标（Business Goal）。每位员工根据所从事岗位的工作性质、职责和企业年度工作计划的要求，在员工经理的指导和帮助下制定个人的业务目标。本人的业务目标必须与海尔全球化和卓越运营战略，以及本部门的目标有效连接，个人事业承诺与海尔的价值观保持一致，指标综数不超过 10 项，5～7 项为宜。指标综数主要是指完成业务需要的宏观、中观和微观考核指标。权重设定由员工和直线经理协商决定，每部分权重总值为 100%。关键任务设定总数不超过 5 个，关键任务各项权重之和为 100%。

员工管理目标（People Management Goal）。员工经理需要设置员工管理目标，从而引导员工经理关注团队建设、下属培育，培养员工经理的领导能力，支持业务目标的达成。设定 2～3 个支持组织绩效提高的目标，包括员工管理、下属发展和团队建设等内容；权重设定由员工和直线经理协商决定，每部分权重总值为 100%。

个人发展目标（Individual Development Goal）。每位员工在员工经理的指导和帮助下设置个人的发展目标并制订个人发展计划（Individual Development Plan，IDP），不断提高自己的工作能力，支持业务目标的达成。设定 1～2 个支持业务目标的需要提高个人能力，个人发展目标应该致辞“个人发展计划”和其他有关学习培养计划、职业发展计划、岗位升迁等；权重设定由员工和直线经理协商决定，每部分权重总值为 100%。海尔员工绩效评价内容如图 7-16 所示。

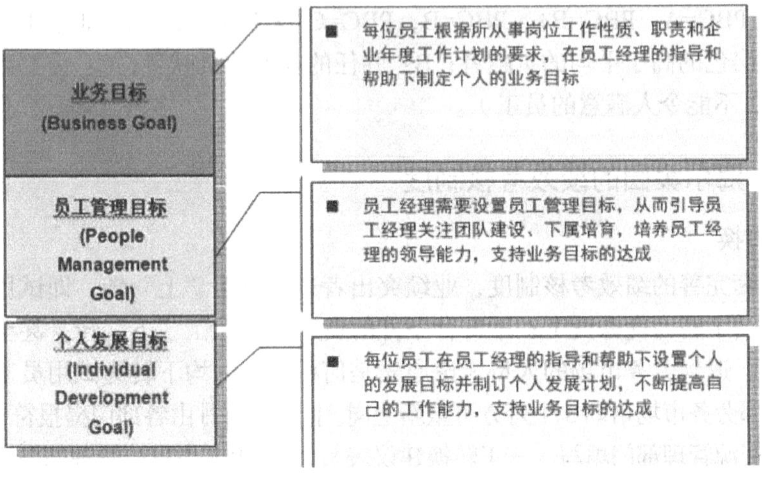

图 7-16 海尔员工绩效评价内容

2. 员工绩效评价指标

海尔员工绩效评价指标分成两种类型：定量指标和定性指标。定量指标：该类指标的评价可将绩效结果同事先设定的目标值进行比较，通常是达成结果的比率。定性指标：该类指标的评价可将绩效结果同事先设定的工作标准（定性描述）进行比较，通常是结果与预期描述标准的比较。定量指标得分计算：以实现目标值的完成率为基础，按照百分制计算每项指标的绩效得分。

3. 员工绩效评价周期

定期回顾辅导。定期回顾辅导分为两种，一种是月度业绩回顾辅导，各级员工经理每月针对本部门月度经营计划完成情况进行回顾总结，并对下属员工工作中存在的问题以非正式的方式进行辅导，制订工作改进计划，提高工作绩效。另一种是年度中期绩效回顾辅导，通常在半年左右，员工经理与下属员工就个人的业务目标、员工管理目标和个人发展目标进行综合、全面的正式沟通与辅导，为下属员工提出绩效改进意见和建议，必要时进行目标调整。值得说明的是，不论是哪一种回顾辅导，都不与员工工资的发放进行挂钩。

季度业绩评价针对所有员工季度业务目标完成情况进行评价。在每季度结束后的第一个月自上而下地逐级进行业绩评价。季度业绩评价结果与员工的季度绩效工资挂钩。

年度绩效考核对员工经理的业务目标、员工管理目标、个人发展目标进行年度综合绩效考核；对普通员工的业务目标、个人发展目标进行年度综合绩效考核。在每年度结束后的第一个月度内自上而下地逐级进行年度绩效考核。年度绩效考核结果与员工的年度绩效工资挂钩。

4. 绩效评价结果

海尔国际化发展战略。海尔继多元化战略之后，将目标投向国际市场。人单合一的管理模式。“人单合一”要求每个员工都要系统性地思考，同时它是全流程的模式，贯穿于企业经营的“创造订单”“获取订单”和“执行订单”的全流程。海尔的人力资源管理理念是“人人是人才，赛马不相马”、以人为本、能本管理。海尔的 PBC 绩效评价结果分为五个等级，分别是 PBC=A，PBC=B+，PBC=B，PBC=C 及 PBC=D（A：非常出色的年度顶级贡献者；B+：出色的高于平均的贡献者；B：胜任的扎实的贡献者；C：需要改进提高的最低贡献者；D：不能令人满意的员工）。

7.5.3 海尔集团的绩效考核制度

1. 三工转换

海尔有一套完善的绩效考核制度，业绩突出者进行三工“上”转，即试用员工转为合格员工，合格员工转为优秀员工；不符合条件的员工进行三工“下”转，甚至退到劳务市场，内部待岗。退到劳务市场的人员无论原先是何种工种，均下转为试用员工。试用员工必须在单位内部劳务市场培训 3 个月方可重新上岗。同时，每月由各部门提报符合转换条件的员工，到人力资源管理部门填写《三工转换建议表》，然后由人力资源管理部门审核和公布。

对于刚毕业的大学生，其典型的转换历程往往是这样安排的。首先到生产一线、市场一线等部门锻炼，为期一年，在这一年当中，员工都是试用员工。试用期满后，由人力资源管理部门公布事业部所需人数及条件，本人根据实际情况选择岗位。如果考核合格，就可以正式定岗，同时转为合格员工。在合格员工的基础上，历时 3 个月，如果为企业做出很大贡献，被评为标兵、获希望奖等，可以由部门填写《三工转换建议表》，并交到人力资源管理部门审核。审核合格后，发给当事人转换回音单，通知当事人已转为优秀员工，并在当月兑换待遇。

在海尔内部，三工的比例保持在 4：5：1，整个转换过程全部实行公开招聘、公平竞争、择优聘用。通过“三工转换”，员工的工作表现被及时加以肯定，解决了员工在短时期内得不到升迁、积极性受到影响的问题。

2. 负债工作法

在市场竞争如此激烈的今天，开发新产品的确是关乎企业生死存亡的大事，市场开发首先要做的就是产品开发。张瑞敏认识到：应该让企业中搞技术开发的人先提高效率。然而，提高工作效率总是企业老总们最头痛的事情。效率从何而来？针对这个问题海尔进行了“负债工作法”的探索。

开始的时候，从研究所所长开始，全部采用项目承包制，取消月薪，开发人员的收入只能与产品的销售挂钩，而平时的生活费只算提前支取。也就是说，开发人员只能根据所开发的产品的市场效益拿钱。这种办法操作起来是很细的。首先是设计时间目标：是不是按时完成，有没有拖期。其次设计质量目标：一个是在开发和生产过程中没有不良反馈，并符合标准化和通用化；另一个则是市场上对产品质量的反馈。产品上市以后产生了效益，按一定比例，给从事开发的技术人员提取报酬。

3. 负债开发

改革又往前进了一步，海尔对技术人员包括项目开发人员和项目组织人员，采取了“负债开发”——企业提供一定资源，员工要创造出相应的价值，要按时开发出产品，开发出的产品还要有质量保证和销售额的保证。比如，一个项目的负债额是 10 万元，项目成功后，按目标应该达到年产 5 万台的产量，达到这个目标后开发人员按规定应得到 3 万元。批量投产后，如果一年超过了 5 万台，就等于完成了负债额，然后开发人员的收入在 3 万元的基础上递增。产量达到 10 万台时，开发人员就可以得到 6 万元的收入。假如没有达到 5 万台的产量，就要按比例倒扣，差 2 万台，就只能收入 1 万元了，而此人的负债额还有 4 万元（总负债额的 3/5），这个人以后就必须用开发其他项目把这次的负债额补上。这样产品开发人员就被完全推上了市场，他们的收入只能由市场说了算。所以产品开发人员在开发产品时一定要想着市场的需要，他们时刻关心着市场的销售，市场上反馈了什么技术问题，马上要去帮助处理，而不像原来只是坐在办公室里。

案例分析

企业要有目标，关键是要设定战略性的整体总目标。一个组织总目标的确定是目标管理的起点。目标管理必须制订出完成目标的周详严密的计划。目标管理与组织建设相互作用。海尔普遍地培养员工参与管理的意识，认识到自己是既定目标下的成员，诱导员工为实现目标积极行动，努力实现自己制定的个人目标，从而实现部门单位目标，进而实现组织的整体目标。在海尔绩效计划的目标设定中，需要以岗位描述和直线经理的目标为基础，员工和经理共同挑选，设定绩效目标。同时，必须有有效的考核办法相配合。海尔的工资考核方法是让市场“发”工资，以市场为中心，每个人的利益都与市场挂钩。管理者和员工联合制定评价期内要实现的主要目标，并为实现特定的目标制定员工所需达到的绩效标准。在评价期间，管理者和员工根据业务或环境变化修改或者调整目标。管理者和员工共同决定目标是否实现，并讨论失败的原因。管理者和员工共同制定下一个评价期的工作目标和绩效目标。海尔在目标标准体系中指出首先要确定合理的目标，然后进行目标管理，把大目标分解到每个员工身上，让企业里的每个员工都知道自己每天要做什么，根据这个制定适合自己的小目标。海尔通过这个方法，让员工自己制定小目标，参与共同目标的制定，这一举动充分调动了员工的积极性，让员工以一种主动的态度参与到工作中。从某种意义上讲，还增强了员工的责任心和事业心。

海尔设计组织关键绩效指标：明确战略目标和任务；研究关键绩效指标；反馈和修改；形成关键绩效指标。分解绩效目标值。员工经理与员工协商讨论绩效合同，设定目标和评价标准；签订绩效合同。进行绩效回顾，辅导与考核。员工经理和员工进行定期回顾与辅导，制订改进计划；员工经理对每个下属员工的绩效进行评估，并将评价结果通过面谈方式反馈给员工。绩效考核结果应用与完善。为调整战略和业务计划、修订绩效管理体系、改善业务流程、其他管理制度提供信息。海尔的绩效管理体系设计总体思路是通过绩效合同把海尔、BU①/FU②部长、BU/FU部门经理、一般管理人员和支持人员联系起来。把季度和年度评价结果作为绩效工资发放的依据。所以员工年度的总收入包括固定工资、绩效工资、福利津贴，绩效工资分为年度绩效工资、季度绩效工资。如果员工任职期间需要进行工资调整，则由事业部来把握，以年度综合评价结果作为依据。不仅如此，年度综合评价还可以作为岗位升迁、员工发展的依据。这些都是现代绩效管理的表现。

确定的绩效指标要有效，即不能缺失和溢出；应当具体、明确，不能过于笼统；要意识到每个主体有其特殊性。所以，对于不同的员工来说，绩效指标应当有差异。海尔要注意工作任务的变化，注重绩效指标的可变性，不同的考核周期，各个指标的权重也应当根据工作重点的不同而有所区别。

海尔的日清控制体系，日清方法：自清，职能管理部门现场复审，自检、互检、专检。只有自己才是对自己了解最透彻的人，所以要尊重事物的特殊性，不能以企业的共同目标来衡量一个员工的绩效。海尔的有效激励体系中，要每天公布每人的收入，工资公开使员工感到相对公平；要制定合理的计算依据，对每个岗位量化考核，使劳动与报酬直接挂钩，报酬与质量直接挂钩。

① BU：Business Unit，即业务单元。

② FU：Function Unit，即功能单元。

第8章

薪酬与激励案例分析

学习目标

1. 通过案例分析，了解绩效管理与绩效考核的异同
2. 通过案例阐述，重点掌握绩效考核的方法
3. 重点掌握绩效考核结果的运用及防范

学习导航

8.1 中国平安保险公司的薪酬管理制度
8.2 IBM 的薪酬改革及全面报酬
8.3 谷歌公司的薪酬管理案例
8.4 华为公司的薪酬体系变革
8.5 海底捞公司的薪酬体系案例分析

知识回顾

关键词语——

薪酬宽带；货币性薪酬；非货币性薪酬；薪酬激励；基本工资；岗位工资制；技能工资制；绩效工资制；结构工资制；员工福利；法定福利；弹性福利；岗位评价评分法；薪酬调查；薪酬管理；薪酬调整。

核心提示——

通过制定标准和机制，把不确定的业务规则和流程通过工业化和市场化的手段确定下来，以降低人与人之间的沟通成本，同时还能最大限度地提升协作效率。目标是降低沟通成本，提升协作效率；实现手段是制定标准和规范；原则是集中管控，分布式执行。

相关链接——

企业的薪酬设计从重视内生平衡转为内外兼修，从月薪制逐步转为全员年薪制。未来的薪酬设计重心是自然人，一个自然人纳税识别码上多种收入聚合，属于用户化思维——更加注重个体，尤其是高收入个体需要定制化设计。薪酬设计从单位代扣转变为个人直报，企业由职等职级体系分开转变为业务一体化，企业的福利货币化转变为工资福利化。

理论前沿——

员工与人工智能的合作表现决定其薪酬，未来技术变革的影响是永久性的，要找到公司真正需要的东西。唯一变得稀缺的是人类注意力，没有哪一种技术可以增加你的注意力时间。金钱是会随注意力走的，人能够吸引注意力，就会赚到钱。

8.1 中国平安保险公司的薪酬管理制度

8.1.1 中国平安保险公司背景资料

中国平安保险（集团）股份有限公司（以下简称中国平安保险公司）于1988年成立于深圳蛇口，是中国第一家股份制保险企业，如今已经发展成为金融保险、银行、投资等金融业务为一体的综合金融服务集团。中国平安保险公司在2019年《财富》世界500强排行榜中排名第29位；在2019年《福布斯》全球2000强中排名第7位。2019年12月18日，《人民日报》发布中国品牌发展指数100榜单，中国平安保险公司排名第20位。

［资料节选自百度百科：中国平安保险（集团）股份有限公司］

8.1.2 中国平安保险公司薪酬制度

中国平安保险公司的薪酬管理分为固定部分和变动部分。固定部分包括员工底薪、员工的职务津贴和专业能力津贴。员工底薪根据其所在职位相对应的职级薪级区间执行，在总薪酬中占的比例较小，约为10%，主要薪酬来自公司奖金和期权。在津贴方面，中国平安保险公司对薪酬的定位，体现了公司在激烈市场竞争中的竞争力。津贴主要有两种：一种是根据不同员工的不同职务进行的薪酬分配和职务津贴补助；另一种是体现员工在公司相应专业职位享有的专属津贴，适用于会计、精算、信息技术、投资等。

中国平安保险公司的薪酬制度分为三种，适用于公司的不同类型。（1）无奖金的固定薪制，适用于公司集团总部。（2）固定薪加奖金制，适用于各分公司和其他相关经营部门，这种薪酬制度下的固定薪及调整幅度均略低于无奖金的固定薪制及其调整幅度。（3）固定薪加超额奖金制，适用于专业公司经营班子成员，以及产险总部、寿险总部与本部人员。除以上这些适用于不同类型的薪酬制度外，中国平安保险公司的业务系列员工按公司规定享受各项福利，如社会保险、交通补助、餐补等，也包括正式员工享受的五险一金。

良好的内部竞争机制是公司永续发展的核心。薪酬体制是关系中国平安保险公司落实“竞争、激励、淘汰”三大机制的制度条件和运作指南。薪酬改革的目标是：人员精（最好的人才在公司）、薪酬优（同行业中薪酬最好）、成本降（人力成本持续下降）、业务增（较强的市场竞争力）。运用薪酬改革，加强激励功能，理顺内部竞争秩序，提升中国平安保险公司的整体竞争力。薪酬改革的特点是前后线（前线主要是指在一线的营销人员，后线主要是指在公司内部的工作人员）分开，后线从提奖转预算，薪酬与考核紧密挂钩，运用考核拉开薪酬差距，薪酬制度公开透明，重点向 A 类干部、专业技术人员和关键岗位人员倾斜。薪酬改革体现岗位差别、绩效差别和能力差别。薪酬总量考虑投入产出比。前线人员收入主要依据业绩提奖，后线人员收入主要采用固定月薪制度。机构 A 类干部薪酬由职位工资、职务津贴、地区津贴和超额奖组成，薪酬差别体现责任差别、绩效差别和能力差别。专业技术津贴依旧保留，专业技术人员薪酬的变化与其技术等级评聘和业绩考核直接挂钩，普通员工薪酬变化与每年的考核紧密联系，可升可降。机构后线人员实行相对固定的职能工资制，将目前的工资与奖金（经过二次分配）固定按月发放，前线人员设置保障性基本底薪，主要收入来自直接业绩提奖。

构建充满活力的竞争机制。良好的内部竞争机制是实施公司长远发展战略，把握市场动态的前提。良好的内部竞争机制能调动员工的积极性、创造性，发挥人力资本的潜能，为公司创造价值。良好的内部竞争机制是吸引人才、培养人才、保留人才的制度保障。

完善薪酬体系。强化竞争机制：引导和创造内部竞争，通过内部竞争形成外部竞争的强大动力。完善激励功能：通过差别激励，让最优秀的员工得到最优厚的报酬，充分挖掘员工创造价值的潜能。落实淘汰措施：通过规范化的考核程序，淘汰不合格的员工，优化员工的整体素质，提升公司整体的竞争优势。

实现公司抱负。中国平安保险公司的目标与薪酬改革的目标一致，即最好的人才在公司、同行业中薪酬最好、人力成本持续下降、较强的市场竞争力。公司要实现价值最大化即实现公司价值最大化、员工价值最大化、股东价值最大化、公司与员工双赢价值最大化。只有实现公司价值的最大化，才能实现个人价值的最大化；只有个人为公司创造价值，才能从公司的成功中实现自身价值。

薪酬总量确定的变化。薪酬总量不再与业务高度联动，它由预算决定，总额度合理分配，有效管控。

“四定”是薪酬改革的基本控制手段。定量：确定部门职责内每项工作的工作耗时，并合计汇总出部门的工作总量耗时。定编：根据工作总量耗时，除以工作天数，得出部门完成所需工作的最基本人力。定岗：确定岗位名称及编制，以及招聘的基本标准和考核指标。定员：对岗位人员进行测评与分析，依据结果确定各岗位合格人选。

案例分析

薪酬管理是指一个组织针对所有员工提供的服务来确定他们应当得到的报酬总额，以及报酬结构和报酬形式的一个过程。在这个过程中，企业就薪酬水平、薪酬体系、薪酬结构、薪酬构成，以及特殊员工群体的薪酬进行决策。作为一种持续的组织过程，企业需要持续不断地制订薪酬计划、拟定薪酬预算，就薪酬管理问题与员工进行沟通，同时对薪酬系统的有效性做出评价并不断予以完善。

出于企业战略发展的需要，为实现更具市场竞争力的薪酬定位，中国平安保险公司的薪酬管理体系与公司的长短期战略、业务目标、企业文化相一致，达到了吸引、保留、激励、发展优秀人才的目的。中国平安保险公司以发放津贴的方式使一部分员工的收入水平在市场上具有更高的竞争力。根据薪资市场的调查结果，职务津贴使总公司部门领导以上及机构班子成员、总公司室主任、副室主任及机构班子领导这类职位薪值区间的中间值达到市场上的四分位（如果薪值区间用 0～100%来表示，75%即为四分位）。专业津贴同样使薪值区间的中间值达到市场上的四分位。

中国平安保险公司制定的薪酬管理政策如下：所有职位经过职位评估，按照职位职责、设立目的、技能与知识水平的要求，确定其职级和薪值的区间；同时保证不同职位的职级与薪值区间具有跨机构、跨部门与跨地域的公平性。

薪值区间是根据不同职级而确定的，相同职级的员工可以根据不同的技能、职责与知识水平在薪值区间中处于不同位置。薪值区间需要定期调整，以保证中间值能够反映各职级胜任员工的市场薪酬水平。中国平安保险公司根据每年薪资调查结果与竞争力定位调整薪值区间。每年一月份，中国平安保险公司向总经理提出调整薪值区间建议。薪值区间的调整基于对市场的调查结果，每年至少获取一次市场薪资数据，并进行相应的评估，目的是能够保证中国平安保险公司的薪资水平在不同地域内具有竞争力。薪值区间的确定与市场竞争力定位因职而异，需要不断定期调整与审核，以保障满足管理的需要并保持在市场中的竞争力。

绩效考核。个人调薪主要根据个人绩效等级确定。绩效等级达到良好及以上的员工可获得薪值区间内的薪资。所有新员工的起薪反映其水平和胜任程度，根据每年一月的绩效考核评估结果而定。薪值调整遵循以下原则：根据员工的绩效水平，处于薪值区间不同位置的员工获得不同的绩效调整幅度；在薪值区间位置相同的员工，绩效水平最为卓越的员工应获得最高的调整幅度；绩效水平有待提高的员工不获得加薪；绩效水平不及格的员工需要减薪。

特殊调薪。为了应对市场的突然变动及特殊情况，使用市场特殊调薪以保留关键职位的高绩效员工。特殊调薪的调整原则是员工绩效为良好或以上，并且员工职位位置是关键的。特殊调薪的考虑依据是员工所处的薪值区间、相似岗位其他员工的底薪水平、最近一次绩效评估、职位市场价格和竞争对手的薪资价格。

员工激励。员工是公司价值成长的基石，是企业的血脉。公司对员工负责，员工奉献于公司、发展于公司，最终实现员工价值与公司价值共同提高。人才是公司的重要资产。中国平安保险公司建立了“确保每位为公司效力的人才都有发挥的平台、有成就感、有合适的收入，工作虽然有压力但很开心”的用人机制，以竞争甄选人才、以激励鼓动人才、以淘汰优化人才。中国平安保险公司的薪酬成长体系根据企业发展的需要，支持各专业系列员工的发展与成长，激励并保留高绩效员工。

中国平安保险公司的薪酬管理策略能迅速反应市场变化，具有市场竞争力。中国平安保险公司选择在市场中的金融保险行业作为薪酬定位的目标市场，并在公司业绩良好的情况下使专业人才、高绩效人才、高潜质人才的薪酬水平具有较强的市场竞争力。并且，中国平安保险公司每年根据薪酬市场调查结果及时调整薪值区间，以迅速应对市场变化。

中国平安保险公司员工的薪酬反映了个人对公司的贡献大小，并激励员工实现最佳绩效表现。薪酬组成包括固定收入工资和变动收入奖金。其中，中国平安保险公司针对固定收入工资，建立了一套科学合理的职位评估系统和资质鉴定模型，员工基本薪酬按照职级和资质进行确定，同时对于特殊专业的关键岗位，公司制定了有针对性的薪酬政策。变动收入奖金是指薪酬应该基于员工个人绩效表现进行差异化调整，奖金是基本工资的合理部分，并与个人贡献度相连接。

具有竞争优势的人力成本投入和产出比。中国平安保险公司通过薪酬结构，规划员工的薪酬范围，对人力成本的投入进行总体控制。通过薪酬管理机制，促进员工业绩的超越、个人业绩对资质的不断改进，使人力成本的产出最大化。

薪酬制度对于公司内部实现公平、合理，激发员工的工作热情和提高工作效率具有重大意义；同时能帮助公司吸引优秀人才，增加公司的市场竞争力。中国平安保险公司坚持以人为本的薪酬制度原则，进行薪酬体系建设。经过多年的发展与完善，逐步实现薪酬制度的公平化和公正化，持续激励员工的工作态度和行为，提升公司影响力，为公司带来可观的经济效益和人才效益。中国平安保险公司应该在坚持薪酬制度的公正性原则的基础上，进行薪酬制度的改进与发展。公司员工之间的差别必须体现出科学化和合理化，要对员工工作能力和工作绩效进行合理评价和监督，对岗位工作进行合理分析和描述，充分衡量不同岗位价值，制定更加合理的薪酬标准。积极建立更加科学的薪酬管理制度，充分融合员工岗位、员工绩效、员工薪酬，实现薪酬制度对人才的激励作用。

中国平安保险公司构建充满活力的竞争机制、完善薪酬体制、实现公司抱负、实现价值最大化。薪酬总量确定依据四定原则，四定是指“定岗、定员、定责、定薪”，即划定前后线岗位、确定员工人数、制定每个岗位的职责、确定人员薪酬发展。薪酬与考核紧密结合、拉开薪酬差距、制度公开透明、向关键人员倾斜、薪酬总量考虑投入与产出、人员发展，形成了制定薪酬制度的六大机制。中国平安保险公司建立了完善的薪酬管理制度、完善的薪酬监控体系，确定了科学的考核指标，完善了公司的考核体系，加强了考核的公平性、激励性，加强了直线经理参与考核定薪的职能。

8.2　IBM 的薪酬改革及全面报酬

8.2.1　IBM 背景资料

国际商业机器公司或万国商业机器公司（International Business Machines Corporation，IBM），总公司在纽约州阿蒙克市，1911 年由托马斯 • 沃森创立于美国，是全球最大的信息技术和业务解决方案公司之一，拥有雇员 31 万多人，业务遍及 160 多个国家和地区。该公司创立时的主要业务为商业打字机，之后转为文字处理机，然后到计算机和有关服务。IBM 在 2019 年 Interbrand 全球品牌百强中排名第 12 位。

（资料节选自百度百科：IT 公司-国际商业机器公司）

8.2.2 IBM 薪酬改革

IBM 有一个让所有员工坚信不疑的规则：干得好，加薪是必然的。为了使每位员工的独特个性及潜力得到足够尊重，IBM 一直致力于工资与福利制度的完善。

1. 激励文化

薪酬是企业管理人员的一个有效硬件，它直接影响到员工的工作情绪，但是每个企业都不会轻易使用这个有效硬件，因为使用不好会造成负面影响，这是企业制定激励机制的共识。激励文化对员工基本上没有惩罚的方式，工作干得好，在薪酬上就有体现，否则就没有体现。因此，就出现了一种阐述惩罚的新话语：如果你没有涨工资或者晋升，就是被惩罚了。这种激励文化是建立在高素质员工的基础上的，高素质员工的自我认同感很强，高淘汰率使大部分人都积极寻求进步，如果自己的工作一直没有得到激励，就意味着自己存在的价值受到忽视，许多员工会在这种情况下主动调整自己，有的更加努力工作，有的选择辞职另谋发展。

2. 薪酬与职务重要性、难度相称

每年年初 IBM 的员工都特别关心自己的工资卡，自己去年干得如何，通过工资涨幅可以体现得非常清楚。IBM 的薪酬构成很复杂，但里面不会有学历工资和工龄工资，IBM 员工的薪酬跟员工的岗位、职务重要性、工作难度、工作表现和工作业绩有直接关系，工作时间长短和学历高低与薪酬没有必然关系。在 IBM，你的学历是一块很好的敲门砖，但绝不会是你获得更好待遇的凭证。在 IBM，每个员工工资的涨幅，会有一个关键的参考指标，这就是个人业务承诺（PBC）。只要你是 IBM 的员工，就会有个人业务承诺，制定个人业务承诺是一个互动的过程。你需要和你的直属经理坐下来共同商讨这个承诺怎么做才能切合实际，几经修改，你其实和直属经理立下了一个一年期的军令状，直属经理非常清楚你一年的工作及重点，你自己对一年的工作也非常明白，剩下的就是执行。大家辛辛苦苦地工作了一年，到了年终，直属经理会在你的军令状上打分。直属经理当然也有个人业务承诺，他的上级经理会给他打分，大家谁也不特殊，都按这个规则走。IBM 在奖励优秀员工时，就是在履行自己的高绩效文化。

3. IBM 的工资与福利项目

基本月薪——对员工基本价值、工作表现及贡献的认同。综合补贴——对员工生活方面基本需要的现金支持。春节奖金——农历新年之前发放，使员工过一个富足的新年。休假津贴——为员工报销休假期间的费用。浮动奖金——当公司完成既定的效益目标时发出，以鼓励员工的贡献。销售奖金——销售及技术支持人员在完成销售任务后的奖励。奖励计划——员工由于努力工作或者有突出贡献时的奖励。住房资助计划——公司将一定数额存入员工个人账户，以资助员工购房，使员工能在尽可能短的时间内用自己的能力解决住房问题。医疗保险计划——员工医疗及年度体检的费用由公司解决。退休金计划——积极参加社会养老统筹计划，为员工提供晚年生活保障。其他保险——包括人寿保险、人身意外保险、出差意外保险等多种项目，关心员工每时每刻的安全。休假制度——鼓励员工在工作之余充分休息，在法定节假日之外，还有带薪年假、探亲假、婚假、丧假等。员工俱乐

部——公司为员工组织各种集体活动，以加强团队精神，提高士气，营造大家庭气氛，包括各种文娱、体育活动、大型晚会、集体旅游等。

4．薪酬制度内部一致性

公司管理层认识到，实施薪酬战略变革是保证三项核心策略实施起作用的杠杆，是经营变革成功的关键。三项核心策略的内容有三个方面：第一，强调现金流的重要性，并恢复公司的盈利能力；第二，让公司成为吸引人才的工作场所，阻止高技术人才流失，同时实施适当的裁员政策，淘汰不合格人员；第三，提高创新研究的地位，保持公司的技术领导地位。

从 20 世纪 90 年代中期开始，IBM 结合公司的战略规划，实施战略性的薪酬管理，薪酬制度发生了根本性的改变：薪酬水平的确定更强调市场驱动性和外部竞争性加宽等级差别，减少工作岗位，实施高绩效员工获得高奖励回报，加强对管理者的管理，实施裁员与福利改革。IBM 通过削减员工数量来达到降低成本的目的，引导员工培养全新的工资待遇理念，并通过浮动工资计划、认购公司股份和期权计划，以及建立在绩效基础上的加薪计划来实现。改变后的薪酬体系在实施之后，公司发生了以下变化：虽然增加了绩效工资的支出，但是公司的盈利能力大大提升了，达到了双赢的效果，员工的收入更高了，而公司盈利能力也获得大幅度提升，公司扭亏为盈；公司的整体流动率降低，关键技术人才的流失率低于市场平均水平。公司薪酬体系的变革或建立一定要与企业的经营目标相匹配，在内部形成一致性。

案例分析

薪酬是企业激励机制的重要组成部分，它在决定工作满意度、激发工作动机、增强企业凝聚力、支持企业经营改革等方面起着重要的作用。合理的薪酬政策不仅能有效地激发员工的积极性、主动性，提高企业经营效益，还能在人力资源竞争日益激烈的背景下吸引和保留一支高素质的员工队伍。企业战略是企业的经营方向和发展目标，它解决了企业将向何处去、要做什么、在哪个市场提供什么产品和服务、最终要发展到多大规模等问题。企业的人力资源管理战略和薪酬战略都是服务于企业战略的。企业战略决定了企业的薪酬支付方式和结构。因此，企业的薪酬设计方案一定要匹配企业战略，实施有效的战略性薪酬设计。

战略性薪酬，是指薪酬方案能提高员工的工作积极性并促使其个人发展，同时使员工的努力与组织目标、理念和文化实现完美匹配。战略性薪酬将企业薪酬体系的构建与企业的发展战略有机结合起来，使企业薪酬体系成为实现企业发展战略的重要杠杆。战略性薪酬体系设计需要充分考虑五个驱动因素：（1）企业的薪酬设计方案是否匹配企业的战略；（2）企业薪酬是否具有外部竞争力；（3）企业的薪酬制度是否体现内部公平性；（4）企业的薪酬分配制度是否节约成本；（5）企业的薪酬设计方案是否能体现高执行力。

IBM 的薪酬战略。IBM 早期注重薪酬的内部一致性，当 IBM 在大型主机计算机市场占据主导地位并取得高额利润时，这种战略对公司贡献很大。到了 20 世纪 80 年代末，计算机行业变化迅速，内部一致性战略却并未能对这种变化做出灵敏的反应。后来 IBM 经过改革调整后，把重点放在成本控制和承担更大的经营风险上，并且更重视顾客，这种调整适应了公司经营战略的变化。

绩效工资和非传统的报酬方式是未来薪酬制度发展的重要趋势。IBM 在实行薪酬制度改革时，实行绩效工资制，将公司所有的薪酬支出都建立在市场的基础上，员工个人收入的增加因市场的变化及各自的工作绩效呈现出不同的工资水平。员工奖金建立在业务绩效及个人的贡献基础上，并且实行的股票期权奖励也建立在个人的关键性技能及公司的竞争风险基础上，随着后者的变化而不同。

在薪酬管理中兼顾整体利益，对管理人员进行充分授权。IBM 原有的薪酬制度对高级经理的奖金发放主要依据各自部门的工作业绩，与整个公司的业绩相关不大，这种薪酬模式助长了以小我为中心的企业文化。改革之后的人员奖金，不仅取决于部门业绩，也将取决于整个 IBM 的业绩状况。这些措施有利于激发员工对公司整体利益的团队合作精神，有利于塑造全新的企业文化。

IBM 实施全面薪酬。IBM 支付给员工的薪酬分为外在激励和内在激励两大类。外在激励是指企业为员工提供的可量化的货币性价值，如基本工资、奖金等短期性激励薪酬，股票期权等长期性激励薪酬，失业保险金、医疗保险等货币性福利等。内在激励是指那些给员工提供的不以量化的货币形式表现的各种奖励价值，如工作满意度、提高个人名望的机会、工作环境等。

虽然 IBM 的薪酬构成包含了以上诸多因素，但里面却没有学历工资和工龄工资。在 IBM，学历是一块很好的敲门砖，但绝不会是获得更好待遇的凭证。IBM 员工的薪酬与员工的岗位、职务、工作表现和工作业绩有直接关系，与工作时间长短、学历高低没有必然关系。为了保持薪酬的竞争力，IBM 专门委托咨询公司对整个人力资源市场的薪酬进行调查，公司员工的收入会根据市场情况进行调整。但是，IBM 的薪酬有严格的保密制度，员工与员工之间不允许通气。薪酬没有上下限，工资涨幅不定，没有降薪情况，员工具体得到多少由 PBC 决定。

IBM 公司的薪酬发放方式。在 IBM，每个员工工资的涨幅，会有一个关键的参考指标，这就是个人业务承诺——PBC。IBM 的个人业绩评估计划从三个方面来考查员工工作的情况：第一是 Win，制胜；第二是 Executive，执行；第三是 Team，团队精神。IBM 的 PBC 要求每位员工都必须清晰理解公司和自己部门的业绩目标，抓住工作重点，发挥团队优势并彻底执行。所有员工都要围绕“力争取胜、快速执行、团队精神”的价值观设定各自的 PBC。

8.3 谷歌公司的薪酬管理案例

谷歌拥有扁平化的结构，最高一层是执行官，下一层是高管团队，再下面就是各个项目组及一些少数常规部门。谷歌推出以绩效为导向的富有竞争力的全面薪酬。谷歌的全面薪酬包括工资、津贴、奖金、福利、保险、股票期权等，在对员工的短期、中期和长期激励上发挥着不同的作用。对外，谷歌整体薪酬保持着市场上的强大竞争力；对内，谷歌充分考虑不同岗位、职级及员工工作表现的差异性，建立了全方位的以业绩为导向的薪酬理念。谷歌为所有正式员工发放股票期权，并且每年都会根据员工上一年度的业绩表现再授予股票期权。业绩表现越好的员工，越能得到更高的工资、奖金和股票期权，从而保障员工的收入与绩效充分接轨。

谷歌为了确定企业绩效考核与薪酬激励的整体思想，在借鉴竞争对手管理思路的同时，结合现代化社会发展与企业管理的实际需要，提炼出一套适合企业的管理思想和管理系统。

8.3.1 绩效目标制定——OKR 管理实践

谷歌不像IBM那样强调客户价值的企业使命，但谷歌依然能够做到让员工与顾客满意。谷歌对员工提倡“不怕目标太高，要有达成难度”。创始人佩奇认为：“不要怕目标太高，就算尽力后达不到目标，也是成功的，只怕画地自限。”面对传统 KPI 带来的计划阶段无法测量、期末考核具有虚假、过度追求数字目标等现象，面对员工人际关系紧张、核心人才外流等问题，谷歌决定用 OKR 来代替 KPI，OKR 的思路是自下而上，属于产出导向而非做事导向，考核标准不像 KPI 那样分数越高越好拿钱、拿奖励，而是知道极限和上升的空间，其目的不是考核员工，而是相信并依靠员工的自主性和创造性完成工作。但是，其中也会存在因员工懒散不能够按时、保质保量达成公司要求，造成效率低下，人浮于事的现象。所有人的 OKR 在谷歌内部具有 SMART 原则，既方便看到其他人或团队在做什么，也激励自己不落后于团队，正确地设立目标。OKR 设定要点如图 8-1 所示。

图 8-1　OKR 设定要点

1. 谷歌执行 OKR 的基本要求

谷歌执行 OKR 的基本要求包括以下内容。最多 5 个 O（目标），每个 O 最多 4 个 KR（关键结果）；60%的 O 最初来源于底层；所有人都必须根据 OKR 协同，不能出现任何命令；最好能在一页写完，两页是最大限值；OKR 不是绩效评估工具，不与薪酬和晋升直接挂钩，分数永远不是最重要的，只是起到直接的引导作用；争取得分在 0.6～0.7 分的范围内，满分 1 分并不意味着成功，反而说明 O 不具有野心，0.4 分以下也不意味着失败，但要考虑项目是不是应该继续进行，明确该做什么及不该做什么，只有在 KR 仍然很重要的情况下，才持续为它而努力；公司保证每个人都朝同样的目标前进，每个员工都能够获得大家的认可和帮助。

2. OKR 的四个关键要素

明确 O。目标要具有野心，由个人和公司共同确定；目标要有一定的难度，有一些挑战，即便会让员工有一些不舒服。这样的目标能不断督促员工奋斗，不会出现期限不到就完成目标的情况。

对 KR 进行可量化的定义。例如，“使 Gmail（谷歌提供的免费网络邮件服务）达到成功”的描述是不合格的，而要采用“Gmail 在 9 月上线，并在 11 月拥有 100 万用户”的描述。

在个人、团队、公司层面上均有 OKR，且公开透明。在谷歌，OKR 的内容和成绩都是公开的，每名员工的介绍页都会显示他们的 OKR 记录。公司内所有人能够知道每个人的下一步工作是怎样的，以及每个人过去都做过什么。一方面，自然产生群体监督的作用；另一方面，方便合理有效地组建项目团队。

季度和年度评估，在 0～1 分的区间内对每个关键结果打分。季度 OKR 保持一定刚性，年度 OKR 可以不断修正。谷歌最佳的 OKR 分数在 0.6～0.7 分之间，高分并不一定受到表扬，如果本期目标制定的野心不够，下期 OKR 制定则需要调整；低分也不会受到指责，而是通过分析工作数据，找到下一季度 OKR 的改进办法。

8.3.2 绩效辅导沟通

谷歌通过绩效辅导沟通，助力员工职业生涯发展和提升企业整体绩效，并消除和澄清员工对绩效考核的错误及模糊认识，让绩效不佳的员工懂得向顶尖员工取经，不断学习，激发其积极性与创新思维，同时让工作优异的员工得到公司的正面回馈。企业未来能否取得好成绩的关键掌握在顶尖员工手上，顶尖员工受惠于良性循环，绩效辅导与考核不是为了制造员工之间的差距，也不是把员工分为三六九等，而是实事求是地挖掘员工的长处，发现其短处，以扬长避短，使员工有所改进和提高。

8.3.3 不公平薪酬制

作为全球幸福企业、全球员工认可的最佳雇主之一，谷歌采取不公平薪酬制，为员工创造了良性的激励环境。在追求效率和结果之余，谷歌的许多制度，如为去世员工的家属提供现金和股票保障，体现了谷歌对员工的关怀。

谷歌完善的薪酬体系对许多人来说有相当大的诱惑力。谷歌的员工不仅有着高额的年薪，还可以持有公司的股票。美国雇主评价网站 Glassdoor 于 2014 年发布的一项数据显示，谷歌工程师的平均年薪可以达到 12.8 万美元，在当年的薪酬排行榜中居于首位。所有的谷歌正式员工都可以获得股票期权，并且每年都会根据员工在上一年的表现给予股票期权奖励。谷歌的员工收入与绩效密切相关，业绩表现优秀的员工得到的奖金及股票期权会更高。谷歌给员工发放奖励时，工作量不是重点，关键是项目对企业发展的推动作用。即使一名员工仅负责一个很小的项目，甚至在现阶段无法真正得到应用，但只要他能够证明这一项目对企业发展的意义，同样可以获得高额的奖金，这样可以有效提升员工开发新项目的积极性，从而为企业创造更高的价值。

在直接发放经济奖励的基础上，谷歌还采用一套独特的奖励机制。每隔一定的周期，谷歌会将员工负责的每个项目在公司内部展示，从而充分体现每名员工的工作价值，有效提升员工工作积极性。此外，谷歌内部还为员工免费提供三餐、健身设施、通勤车、医疗服务、干洗衣服等多种福利。注重人文关怀的谷歌还实行一种特殊的“遗属福利”。如果谷歌的员工在职期间发生意外不幸去世，该员工的配偶或者伴侣将获得长达十年的薪资补偿，金额相当于该员工薪资的一半，同时去世员工的股份将转移到其配偶或者伴侣手中，如果他们有孩子需要抚养，这些孩子直到满 19 岁以前将获得每月 1000 美元的补贴。如果孩子是全日制的学生，补贴的有效期可以延长至 23 岁。

移动互联网时代，用户的需求日趋个性化及多样化，企业产品开发不能由高层管理人员独断专行，应该鼓励员工尝试创新，并宽容地对待创新项目失败的员工，尽可能地为员工的创新项目提供更多的资源支持。英国著名的《经济学人》杂志在一篇文章中对谷歌管理员工的方式给予了高度评价：谷歌最为注重的是有野心的想法，谷歌建立了一套超前的空想式产品开发流程，并将其命名为“登月计划”。谷歌的管理者时常会纠正员工的工作方向，引导员工放弃将精力过多地放在业绩提升方面，而是更多地投入到改善过程中来。谷歌为员工设置的“20%自由时间”在谷歌的发展过程中发挥出了重要作用。员工在日常工作中，可以拿出 20%的工作时间用来完成自己想做的事情。谷歌许多经典的产品及服务都是在员工这 20%的工作时间中创造的，如谷歌广告、谷歌新闻、谷歌邮箱等。

案例分析

谷歌 OKR 的优势具体如下。OKR 与绩效考核分离，不直接与薪酬、晋升关联，强调 KR 的量化而非 O 的量化，并且 KR 必须服从 O，可以将 KR 看作达成 O 的一系列手段。员工、团队、公司可以在执行过程中更改 KR，甚至鼓励这样的思考，以确保 KR 始终服务于 O。这样就有效避免了执行过程与目标愿景的背离，也解决了 KPI 目标无法制定和测量的问题。同时 OKR 定期促使员工、团队、公司进行思考，排列目标和任务的优先级。在公开透明的氛围下，促进各层面沟通协同，使上下集中精力为重要工作而努力，并且形成了目标完成过程的监督和衡量。如果 KPI 起到了激励员工努力工作的目的，那么 OKR 则进一步保证了员工工作方向的正确。0~1 分的评分区间大致相当于完成任务的百分比，不鼓励 100%完成、不与直接利益挂钩、不涉及具体数字，因此不会给员工带去很大压力，也不会产生弄虚作假的现象。

OKR 致力于如何更有效率地完成一个有价值的项目。OKR 更希望参与者能与组织者同心同德，类似自由团体需要流程的参与者与组织同心同德。听上去后者更加人性化，更加符合当今社会潮流，但实质上只有在特定文化下才能适用。谷歌的文化是 Impact（碰撞），衡量的是员工为谷歌做出了多大的 Impact，而不是员工完成了多少工作量，是否努力，也不是员工是否完成了老板布置的任务。在这种文化下，OKR 也是为了让员工有可能做出更大的 Impact 设计。OKR 的思路更多是自下而上的，目标是模糊的，达不到计划的程度，只是统一共同努力的方向，使个人、团队、公司目标协调一致，具体如何实现可以慢慢探索。OKR 存在的主要目的不是考核某个团队或者某个员工，而是时刻提醒每个人当前的任务是什么，相信并依靠员工的自主性和创造性去完成任务，使自由和方向达到一种平衡。自上而下有利于执行，有利于创造。当企业发展到行业或者领域尖端时，或者行业本身依赖于创新、创意、创造，没有可跟随的目标和方向时，就需要企业自己探索，这时自下而上的 OKR 则更能激发员工的创造力。

企业绩效考核与薪酬激励体系的实施是决胜企业未来发展的顶层设计。从对员工的激励角度上讲，可以将薪酬分为两类：一类是外在激励性薪酬，如工资、固定津贴、社会强制性福利、公司内部统一的福利项目等；另一类是内在激励性薪酬，如员工的个人成长、挑战性工作、工作环境、培训等。绩效管理可以分为两大类：一类是激励型绩效管理，侧重于激发员工的工作积极性，比较适用于成长期的企业；另一类是管控型绩效管理，侧重于规范员工的工作行为，比较适用于成熟期的企业。谷歌以招揽硅谷最优秀、最聪明的人才闻名，但留住这些人才并非易事。谷歌采用的是激励型绩效管理，创造良好的工作环境与福利措施，提供免费餐点、驻站医生服务，甚至是“死亡福利”。谷歌不仅提供了优良的工作环境和福利，更重要的是让员工做主，谷歌着力打破地位象征，开始看数据做决定，放下个人意见让员工做主，小至个人，大至公司工作内容。谷歌对员工抱持高度期许，但其核心都有利于提升企业的整体绩效。

谷歌奖励不以金钱至上，而是打造鼓励员工的环境，而且如果员工立意良好，即使失败依然有奖。谷歌把薪酬管理与员工发展一起来讨论，可能在绩效考核反馈后很久提出员工薪酬分配，这有效地避免了员工以拿奖金、工资为目的机动性的工作方式，并且有效警示员工别把福利当负担，有效保证和提升员工、组织和企业的发展能力。建立公平合理的奖励机制，谷歌奖金与激励不是根据员工工作分配，而是依靠项目的重要程度分配。股权激励就是把公司的股权作为员工的奖励工具，是目前较为先进的激励方式。谷歌采用股权激励，让员工充分认识到企业对于员工发展的重视，同时使组织和企业业绩得到不断提高。谷歌树立了良好的企业形象，为员工提供了平台和发展机遇，将绩效考核、薪酬与员工发展分开，使企业和员工实现双赢，企业竞争力不断增强。谷歌站在互联网搜索引擎的前列，绩效评估系统也日趋智能化和完善化。为了更好地吸引人才、留住人才、激励人才，避免出现绩效与薪酬管理的混乱，谷歌创造出具有创业型和合作型特点的混合式的人力资源管理系统，在注重员工个人发展的同时发展企业，制定和推出一些吸引人才、防止人才流失的激励和福利政策，创造优良的工作环境与日常生活设施，提高办事效率，而不是单一的靠绩效管理来确定薪酬。谷歌绩效考核与薪酬激励体系的构建框架融合了个人利益、团队利益和公司利益的有机统一，有效实现了公司绩效考核体系、薪酬体系和激励体系。谷歌在绩效管理时不断贯彻的思想是将绩效、薪酬管理与员工发展分开，这是少数企业能够做到的，也是其他企业需要学习和发展的绩效与薪酬管理模式。

8.4　华为公司的薪酬体系变革

企业为提升整体绩效，需要有效激发员工自我管理的动能，即通过触发—赋能—授权—连接，引导他们自我驱动、自我成长、自我实现、自我聚合。华为有一个规定：给员工一个工资包，他想拿多少工资，就按比例倒推出他的任务。

8.4.1　华为公司的薪酬制度演变

1．初创期（1987—1994 年）

初创期的华为基本还是一家贸易型公司。华为从 1991 年开始投入全部资金生产自主品牌的新型用户程控交换机；1994 年，华为的第一台 C&C08 万门交换机开局成功，从此终结了华为无产品、无技术的贸易时代，开始进入新的发展阶段。尽管华为在 1992 年的销售收入已经突破 1 亿元，但公司整体实力依然较弱，内外部资源都比较贫乏，受到财力、物力等诸多方面的限制。当时华为的薪酬和福利都低于市场平均水平，吸引大家的主要是创业机会及对未来成功的期望，华为主要依靠晋升、提高能力、工作氛围等非经济性薪酬贡献来吸引员工。在无法支付高薪的情况下，华为还尝试采用股权激励的方式来吸引和留住员工。早在 1990 年，华为便第一次提出了内部融资、员工持股的概念；在 1992 年变更为集体企业之后，华为便开始推行员工普遍持股制，但持有内部股的员工只有分红权，并无其他股东权利，公司会在员工退出公司时按照购股之初的原始价格加以回购。大约从 1993 年开始，华为实际上就已经开始小心尝试“薪酬领袖”战略，因为任正非相信，企业可以高价买元器件、买机器，也同样可以“高薪买人才”。

2．高速成长期（1995—2005 年）

1995 年之后，华为开始高速成长，1996 年的销售收入达 26 亿元。就在这一年的春节前夕，公司对市场部进行了一个多月的整训，要求市场部全体人员向公司同时提交一份述职报告和一份辞职报告，然后公司根据个人的实际表现、发展潜力，以及公司的市场发展需要批准其中一份。这次市场部的“集体辞职”实践拉开了华为国际化、正规化管理的序幕。也就是在这一年，华为邀请中国人民大学的一批专家帮助自己起草《华为基本法》，在 1997 年又提出了客户服务文化，同时开始陆续聘请 IBM、合益集团、普华永道、埃森哲等咨询公司帮助自己在 IPD[①]、ISC[②]、人力资源管理、财务管理、营销管理、质量控制等多个领域引入世界级的管理经验，全面构筑客户需求驱动的流程和管理体系。此时的华为，经济实力越来越雄厚，人才招聘需求也迅速上升，于是开始全面实施“薪酬领袖”战略。

3．稳定发展期（2005 年至今）

华为从 2003 年开始逐渐进入欧洲市场，进而进入日本、南美和北美市场。2005 年后，华为与全球的几百家客户从原来的甲乙方关系转变为相互依存、相互促进的战略伙伴关系。

① IPD：Integrated Product Development，即集成产品开发。

② ISC：Integrated Supply Chain，即集成供应链。

也就是在这一年，华为在海外的销售额首次超过国内。2006年以后，华为开始推行薪酬改革，根据岗位责任和贡献产出决定每个岗位的薪酬级别，员工的薪酬与岗位和贡献挂钩，员工的岗位被调整了，薪酬待遇也随之改变。2007年10月，在《中华人民共和国劳动合同法》正式实施前夕，华为要求所有工龄超过8年的员工必须在2008年元旦之前主动办理辞职手续，辞职之后再竞岗，然后与公司重新签订1～3年的劳动合同。华为此次“辞职门”共涉及6687名中高级干部和员工，任正非本人也不例外。最终，任正非及其他6581名干部和员工完成了重新签约上岗。尽管外界对华为此举有不少微词，但华为提供的所谓“N+1”补偿方案却让员工感到非常满意。2013年7月，华为公布了其上半年业绩：实现销售收入1138亿元，同比增长10.8%，全年净利润率预计为7%～8%。随后，华为宣布了较为激进的加薪计划：13级、14级的基层员工平均加薪幅度在30%左右；部分人的薪酬上涨幅度甚至会超过70%；一些人的薪酬翻番。在这次薪酬调整中，华为员工薪酬的另外一个变化是在基层员工年薪总额中，年终奖和分红部分大幅度下降，主要薪酬收入来自每个月的固定薪酬。华为员工的薪酬随着工作年限的递增，增长幅度也是不一样的，华为员工薪酬对比趋势图如图8-2所示。

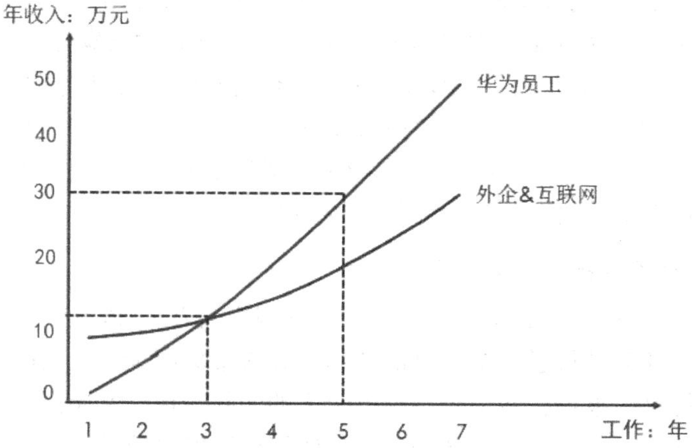

图8-2　华为员工薪酬对比趋势图

8.4.2　华为公司的薪酬变革

华为薪酬激励模型细化到以下几个维度：（1）经济性回报；（2）愿景与目标；（3）机会与发展；（4）理解与尊重；（5）沟通与信任；（6）授权与赋能；（7）支持与辅导；（8）评价与反馈；（9）团队与氛围；（10）知识与信息共享平台；（11）标杆示范；（12）压力与强化。这样的薪酬设计才更能体现公司的战略和目标。

华为员工总薪酬由现金总收入、长期激励、福利补助所构成。现金总收入由固定现金收入、可变薪金构成。固定现金收入由基本工资、现金津贴构成。华为员工薪酬构成如图8-3所示。

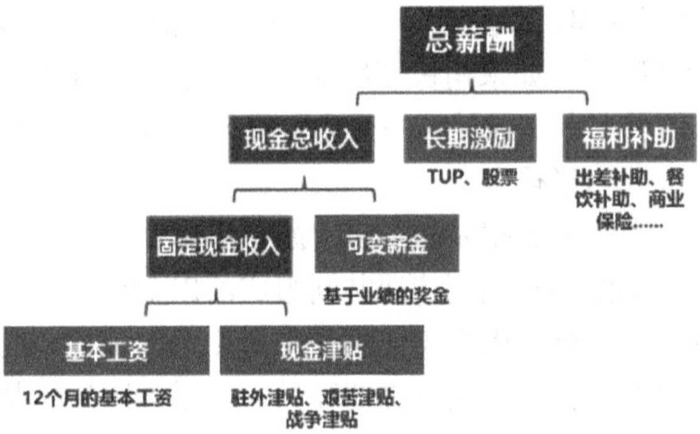

图 8-3　华为员工薪酬构成

华为的薪酬主要分为四块：工资+奖金+TUP[①]分配+虚拟股分红。总体来讲，可以用十六个字来概括华为的薪酬管理：以岗定级、以级定薪、人岗匹配、易岗易薪。华为薪酬管理的十六字方针如图 8-4 所示。

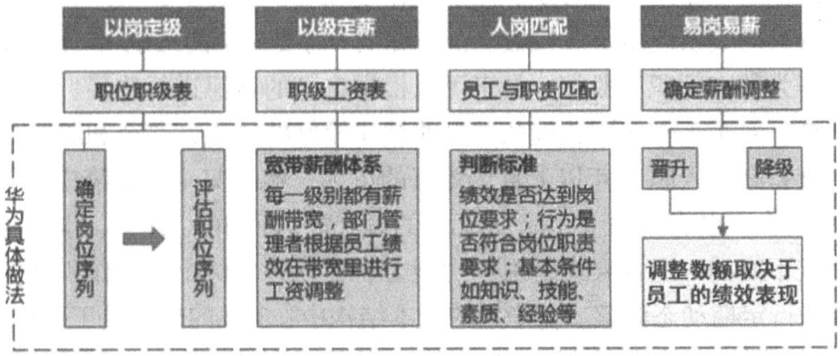

图 8-4　华为薪酬管理的十六字方针

在华为，学历、工龄、社会职称等不作为薪酬的考量因素。华为基于以级定薪的理念进行工资结构的设计。华为的以级定薪，实际是宽带薪酬体系，每级从最低到最高，都有长长的宽带，员工做出了优秀业绩可根据这个宽带进行薪酬的调节。华为的以级定薪表（非实际）如表 8-1 所示。

表 8-1　以级定薪表

等位	职　级								
	11	12	13	14	15	16	17	18	19
C	4100	4700	6100	7600	9600	11600	14100	15800	17500
B	5500	6300	8000	10000	12500	15000	18000	20000	22000
A	7800	8800	11000	13500	16500	19500	22800	30000	32600

华为通过"分灶吃饭"的薪酬预算机制来控制人员规模、人均效益及加薪空间，加薪是以人员编制和人均效益为基础的，计算公式如下。

① TUP：Time Unit Plan，即奖励期股计划。

总加薪包=预算销售额×基线比例-上一年的薪酬包-新增编制的薪酬包

在人员编制不变的情况下，如果销售额增加，员工就可能加薪。在奖金分配上，向高绩效者倾斜，绩效优秀的员工和一般员工的奖金差距为4～6倍。因此，在华为的员工越优秀越值钱，而且远比一般公司挣得多。

华为将报酬分为两大类：外在激励和内在激励。外在激励主要由基本工资、固定奖金、现金津贴、浮动收入、长期激励和福利待遇共同组成的以金钱形式给予报酬的全面薪酬。内在激励体现在工作内容、文化氛围和工作生活平衡度上的精神方面的感知，具体就是工作内容的挑战、培训发展的机会、文化氛围的和谐、公平透明的机制、同事的互助友爱等一系列非物质方面的因素。通常来说，五种主要的薪酬组成部分（基本工资、固定收入、全面现金收入、全面薪酬、全面激励）对吸引员工加入、员工继续留任和员工激励三大功能上分别起着高、中、低三个不同作用。对员工影响最大的薪酬组成项属于长期激励，即股票认购。华为在每个财年开始之际，各个部门的高层管理人员开始确定新的年度符合认购股票资格的员工名单。需要确定标准的维度是员工的入职时间、总工作年限、现岗位工作时间、岗位级别、上年度业绩表现、团队合作度和员工总评价，最终会得出确定符合条件的员工可以购买的股票性质及股权数。新进员工（需要一定的级别），即入职必须满一年的员工可享有华为的内部职工股权，员工可以根据自己的意愿进行购买、套现或者放弃这三种形式的选择。对于工作年限比较久并且业绩比较好的员工，奖金和股票分红收入相比较一般员工而言会高。入职5年以上且干得好的员工，年终奖（一般第二年年中发）可以达到10万，股票收入也能达到10万，近几年的分红能达到30%左右。华为内部股的发放配额并非是固定不变的，通常会实时根据“能力、责任心、付出、工作积极主动性、风险担当”等因素进行定期动态调整。在华为的股本结构中：30%的优秀员工可享有集体控股，40%的骨干员工按照一定的比例控股，10%～20%的低级别员工和新入职员工只能视具体情况适当参股。

目前市场超过50%的企业都会把薪酬组成定位在中位置上，30%左右的企业会定位在中位置到七十五分位值之间，这是企业用来招聘和留任员工比较好的操作实践。华为目前的薪酬定位是高于七十五分位的，验证了任正非的“重赏之下，必有勇夫”薪酬策略，这个策略也确实为华为招揽了不少优秀人才。在按照不同级别对薪酬定位时，市场上的普遍操作是中级管理层（包括中级管理层）以下的定位在中位置，中级管理层（包括中级管理层）以上的定位在中位置到七十五分位值之间。华为目前是将中级管理层（包括中级管理层）以上的定位在七十五分位值以上，其余级别定位在中位置到七十五分位值之间。华为这种明显高于市场普遍定位的操作，是跟企业的经营战略和价值观相符合的，即对应华为“高质量、高压力、高效率”的组织文化。华为在薪酬支付方式上将按岗定薪和按人定薪两种方式结合在一起进行管理，对于公司来说，不会起决定性作用的岗位会采用比较简单的按岗定薪，研发岗位和销售岗位会稍微偏向按人定薪。

案例分析

华为的薪酬特点具有一致性和公平性。薪酬一致性，就是说对所有部门和级别采用一套架构体系。通常市场上会按照四种评判标准来决定是否有必要采用多套架构体系：（1）按照运营类型来看，生产类型部门和非生产类型部门之间薪酬给予标准和管理方式的一致性；（2）按照部门来看，要实施不同的标准，包括生产、销售、研发和后勤行政等部门；（3）按照城市或者国家划分，针对当地的政策或者环境，要区别对待；（4）按照级别，管理层要比非管理层享受更好的待遇。

华为在按照部门划分和级别划分上，实施了不同的薪酬体系：（1）市场定位不同，华为在市场定位上对管理层和非管理层是不同的，决定了薪酬的不一致性；（2）对于华为来说，研发部门是最为重要的，因此在研发部门上也体现出不同于其他部门的薪酬结构设计。华为在处理公平问题上，大原则是尽量平衡双方的考虑，当出现矛盾时，会优先考虑外部竞争。在内部公平方面，华为的薪酬分配根据员工个人能力和对组织的贡献，激励奖金的多少要看个人和团队的绩效评估。华为在薪资分配上的原则是坚定不移地向优秀员工倾斜，薪酬机制明确定岗定责、定人定酬。华为对员工岗位的分配是严格按照岗位说明书进行的，以确保人岗匹配；工资分配采用基于能力的职能工资制，对岗不对人，支付与员工岗位价值相当的薪水；奖金的发放分配与部门和个人的绩效挂钩，多劳多得，以此来调动员工的积极性和主动性。

华为的薪酬制度具有创新性，体现了公司的整体战略。企业更关注的是股权或期权的长期激励，华为的员工内部持股制度开创了中国企业内部管理机制的先河，同时在华为资金匮乏的时候，采取员工持股的激励方式大大激发了华为人艰苦奋斗的韧劲。华为员工按研发、生产、市场销售和客户服务划分为四个体系，其中研发部门和市场销售部门的薪酬福利水平明显高过生产部门和客户服务部门，这也是由公司的战略决定的。华为按照贡献和能力为员工定级别，华为的员工薪酬级别分为 10 级，不同级别的员工薪酬和福利不同，员工干满一定时间可持有企业股权。这种薪酬管理模式充分考虑了企业的核心竞争力战略。

华为薪酬体系的历次变革，都是以团队为基础来开展项目的，针对团队统一设计有针对性的激励方案和薪酬策划，即便是销售人员拿到的浮动收入，也是根据团队乃至公司的整体业绩来考评发放的。而我国的大多数同行仍然比较关注个人奋斗对企业的贡献度，由此薪酬制度的设计也都是基于个人来考虑。针对海外员工薪酬体系的制定，首先，华为考虑的因素是制度是否符合当地的法律法规，能否尊重当地的风俗习惯，因此需要对当地市场进行充分的调查和研究。其次，结合华为本身的经济支付能力，参照“对内公平性，对外竞争性”的标准来制定薪酬标准。现在很多国内企业逐步开展跨国业务，对于华为海外员工的薪酬方案，如果盲目地照搬照抄，不考虑实际内外环境因素的影响，是无法取得成功的。

8.5 海底捞公司的薪酬体系案例分析

8.5.1 海底捞公司背景资料

四川海底捞餐饮股份有限公司（以下简称海底捞）成立于 1994 年，是一家以经营川味火锅为主、融汇各地火锅特色为一体的大型跨省直营餐饮品牌火锅店，创始人是张勇。海底捞在世界各地有百余家直营连锁餐厅。2018 年 5 月 17 日，海底捞国际控股在港交所递交上市申请；9 月 11 日，海底捞在香港召开新闻发布会，宣布其股份将于 9 月 12 日起在香港公开发售；9 月 19 日，海底捞确定了最终发行价，每股 17.8 港元；9 月 26 日，海底捞（新上市编号：06862）正式登陆香港资本市场。2020 年 1 月 9 日，胡润研究院发布《2019 胡润中国 500 强民营企业》，海底捞以市值 1570 亿元位列第 34 位。

（资料节选自百度百科：海底捞公司）

8.5.2 海底捞公司薪酬体系

随着海底捞的发展，工资结构逐步细化；各部分工资结构对应考核标准；单纯业绩考核指标变为行为考核；单核高利润变为多结构参与分配；利润分配演变成短期、中期、长期分配结构。

1. 各职级工资标准十分明确

从海底捞各级员工工资标准（见表 8-2）可以看出，海底捞的职级划分十分明确。员工分为四级，分别是新员工、二级员工、一级员工和劳模员工；门店的管理层分为三级，分别是大堂经理、店经理和店长；接下来就是区域经理。在表 8-2 中我们看到，海底捞各级员工工资的组成部分都是在激励员工更好地工作。基本工资是为了鼓励员工不要随意请假，能够全勤工作；工龄工资是为了鼓励员工留下来，做得越久拿得越多；分红、员工股票是为了让员工有主人翁意识，更加努力地工作；父母补贴是为了让员工的父母鼓励自己的子女好好工作。通过这一系列的工资制度，让每个员工明白多劳才能多得，想要提升自己的待遇水平就要努力工作，提升职级，这也造就了良性的竞争环境。在海底捞，除财务总监和工程总监外，所有管理层都是从基层提拔的，基本不外聘管理者，所以海底捞的员工十分稳定。

表 8-2 海底捞各级员工工资标准

	基本工资	加班工资	奖金	话费补贴	员工住宿	假期	级别工资	工龄工资	分红	荣誉奖金	员工股票	父母补贴
新员工	√	√	√	√+20	√	√+12天						
二级员工	√	√	√	√+50	√	√+12天	√+40	√+40				
一级员工	√	√	√	√+50	√	√+12天	√+60	√+40	√			
劳模员工	√	√	√	√+50	√	√+12天	√+60	√+40	√	√		
大堂经理	√	√	√	√+500	√	√+12天	√+60	√+40	√	√		
店经理												
店长						√						√+800
区域经理												√+800

奖金：先进员工+80；标兵员工+80；劳模员工+280；功勋员工+500

分红：一级以上员工共同分红所在分店纯利润的3.5%

1）海底捞总体工资结构

总工资=基本工资+级别工资+奖金+工龄工资+分红+加班工资+其他-员工基金

级别工资：一级员工+60 元，二级员工+40 元，普通员工不变。

奖金：先进员工、标兵员工奖励 80 元/月，劳模员工奖励 280 元/月，功勋员工奖励 500 元/月。

工龄工资：每月 40 元，逐年递加。

分红：一级员工以上才可以分红，分红金额为当月门店纯利润的 3.5%。

其他：包括父母补贴（200 元、400 元或者 600 元，公司帮助寄回老家父母处）、话费（10～500 元/月）。

员工基金：在每月工资中扣 20 元，扣满一年为止。

2）普通员工工资结构

新员工：总工资=月薪+基本工资+加班费+岗位工资+其他-员工基金

二级员工：总工资=月薪+级别工资+工龄工资

一级员工：总工资=月薪+级别工资+工龄工资+分红

劳模员工：总工资=月薪+级别工资+荣誉奖金+工龄工资+分红

3）管理层员工工资结构

大堂经理：总工资=基本工资+浮动工资+工龄工资

店经理：总工资=基本工资+浮动工资+工龄工资

基本工资：鼓励员工全勤。

级别工资：鼓励员工做更多或者更高难度的工作。

奖金：鼓励员工达到更高的工作标准。

工龄工资：鼓励员工持续留在企业工作。

分红：公司整体业绩和员工个人收入挂钩。

加班工资：鼓励员工多做事。

父母补贴：让员工父母鼓励员工好好工作。

话费：鼓励员工多和客户沟通。

2．完善的制度做保障

（1）考核制度。不管是奖金发放还是职级晋升，都离不开考核制度，完善的考核制度能够保证公平，让员工对公司的未来保持信心。海底捞的绩效考核并不复杂，只有三类定性的指标：一是顾客满意度，二是员工积极性，三是干部培养。①顾客满意度。海底捞让店长的直接上级——小区经理非定期地在店中巡查，小区经理和他们的助理不断同店长沟通，了解顾客哪些方面的满意度比过去好，哪些比过去差，这个月熟客多了还是少了等情况。海底捞的小区经理大都是服务员出身，所以他们对客人的满意情况都是行内人的判断。②员工积极性。海底捞通过观察员工的仪容仪表和员工工作的状态判断员工的积极性。③干部培养。海底捞升职和降职主要由上级来决定，并以抽查和神秘访客等方法对各店的考核进行复查。因为上级同自己的直接下级在一起时间最长、工作交往最多，也最了解下级的工作状态和为人。此外，海底捞还设立了越级投诉机制，当下级发现上级不公平，特别是有人品方面的问题时，下级随时可以向上级的上级——大区经理或者总部投诉。

（2）晋升制度。在海底捞除了财务总监和工程总监，所有管理层都要从基层干起，基本不外聘管理者。但是，在服务细节上不断做加法的海底捞，在考核上却大做减法。考核一个店长或者区域经理的标准只有两个——“顾客满意度”和“员工工作积极性”。在海底捞的晋升需要通过三级六次考，任何一个员工经过三级六次考都有机会成为海底捞的店经理。

（3）授权制度。为了保证顾客正当、合理的要求得到及时满足，质量事故得到及时解决，消除顾客的一切抱怨，保证顾客的满意率，海底捞对一线员工、店长、区域总管等授予了一定的权利。例如，一线员工可以享有打折、换菜甚至免单权（有员工签字的名片即可兑现），只要事后口头说明即可。在每个月召开一次的总经理办公会中，副总的审批权为200万，大区总管为100万，店长为30万。

（4）创新制度。创新与否是体现一个团队凝聚力高低的重要标志，海底捞为了区别于别人的做法，并在工作中能够展现出很好的效果，使各项工作得以向前推进，由此设立了创新制度。

3．福利制度

（1）员工家庭。海底捞给每个店长父母发工资，每月 200 元、400 元、600 元、800 元不等，子女做得越好他们父母拿的工资会越多。优秀员工的一部分奖金由公司直接寄给其父母。此外，在海底捞工作满一年的员工，若一年累计三次或者连续三次被评为先进个人，该员工的父母可探亲一次，而且往返交通费由海底捞全部报销，除此之外，该员工还有三天的陪同假，父母可享受在店就餐一次。

（2）员工住宿。宿舍与门店距离步行不会超过 20 分钟，宿舍都是小区或者公寓中的两居室、三居室。宿舍内配备电视机、洗衣机、空调、电脑、网络，并安排专门的保洁打扫房间，工作服、被罩的洗涤外包给干洗店。若夫妻二人共同在海底捞工作，门店会提供单独房间。

（3）员工假期。所有员工享有每年 12 天的带薪年假，公司为员工提供回家的往返车票。工作满 3 个月以上的员工可以享受父母丧假及相关补助；工作满 1 年以上的员工可以享受婚假及相关待遇；工作满 3 年以上的员工可以享受产假及相关补助。

（4）员工股票。给优秀员工配股，一级以上员工享受 3.5%的纯利润红利。

案例分析

海底捞的成功主要得益于它的人力资源管理与开发。要想服务做得好，就需要员工乐意为顾客服务。用中国式管理来定义的话，张勇对员工的管理及客户可谓“人性化”，这个价值转移的过程简而言之，就是“企业对员工好—员工有干劲—员工对客户好—客户体验良好—忠诚顾客再次消费和口碑推广—企业获利”这样一个服务利润链。服务利润链可以形象地理解为一条将“赢利能力、客户忠诚度、员工满意度和忠诚度”与生产力之间联系起来的纽带，它是一条循环作用的闭合链，分别是员工能力循环、员工满意度循环、顾客忠诚度循环、企业赢利循环。其中，以企业赢利循环为主线，四个循环之间又相互作用，每个环节的实施质量都将直接影响其后面的环节，最终目标是使企业赢利。

科学合理的员工股权激励设计是海底捞成功的关键因素。海底捞为每位员工设计好了清晰的职业发展路径。在海底捞，除了财务总监和工程总监两个职位会从外部引进人才，其余包括大区经理等所有职位，都是从基层做起、一步步升上来的，这给了员工足够的希望与动力。同时，除了管理条线的晋升通道，海底捞还设置了技术荣誉层面的晋升体系，从先进员工到标兵员工、劳模员工，再到功勋员工，让每个员工付出的努力都得到尊重与奖励，充分满足员工自我实现的需求。海底捞制订的员工配股计划，优秀员工、骨干员工可以以干股的方式入股，享受分红。比起奖金、绩效，股权激励具有更长久和巨大的激励能量，同时也更容易形成标杆效应，不仅对拿到股份的员工是激励，而且对目前尚未有资格拿到股权的员工，也会产生巨大的激励。

海底捞对门店店长的考核是全面而独特的，业绩只占考核体系的一小部分，顾客满意度、员工工作激情、后备干部培养情况等方面也都是考核的重要部分。这一制度保证了海底捞的服务品质、员工忠诚度及人才储备能力，促进了品牌的建设与企业的长期可持续发展。在对门店店长进行全面考核的同时，海底捞也给店长足够的资源与自主权。总部每月都会拿出部分利润给门店店长，由店长按照门店员工的业绩自主分配。

海底捞有科学合理的薪酬设计体系。员工的收入由基本工资、工龄工资、奖金、荣誉奖金等多层次构成。收入的分配具有激励性，一名普通的服务员如果能被评为功勋员工，那么他的收入会超过领班甚至大堂经理。除薪酬外，海底捞还拥有一套完善、创新的福利体系，并能针对不同员工群体满足差异化的需求。海底捞为员工提供良好的住宿环境、向员工的父母发放养老金、为员工子女入学提供便利、针对“90后”员工的特点在宿舍配备电脑等。在海底捞的公司目标里，“开向全国”只排到第3位，而“创造一个公平公正的工作环境”“致力于将双手改变命运的价值观变成现实”则排在前面。

“认可公司，快乐工作，用自然的微笑、发自内心的微笑，将顾客当作亲友般照料”，这是海底捞一系列人力资源管理与开发实践的自然逻辑结果。海底捞本着“人”这个关键词出发，进行以人为本的人员培训与开发，将微笑的真谛运用、融合于整个经营管理的系统工程之中，这对其他组织的人力资源管理培训与开发有非常重要的启示和借鉴意义。

第 9 章

职业生涯管理案例分析

学习目标

1. 通过案例分析，了解职业生涯的内涵、特征和作用
2. 通过案例阐述，重点掌握职业生涯管理对企业的意义
3. 重点掌握职业生涯规划的概念、原则和内容

学习导航

知识回顾

关键词语——

职业生涯；职业生涯管理；职业生涯规划；职业锚。

核心提示——

职业生涯管理是组织开展和提供的用于帮助和促进组织内正从事某类职业活动的员工，实现其职业发展目标的行为过程，具体包括职业生涯设计、规划、开发、评估、反馈和修正等一系列综合性的活动与过程。

职业生涯管理包括员工的职业生涯自我管理和组织协助员工规划其职业生涯发展。

职业生涯管理是一个系统工程。

相关链接——

自我职业决策能力，意指个人习得的用以顺利完成职业选择活动所需要的知识、技能及个性心理品质。具体到要培养和提高个人如下几方面的职业决策能力：善于搜集相关的职业资料和个人资料，并对这些资料进行正确的分析与评价；制订职业决策计划与目标，独立承担和完成个人职业决策任务；在实际决策过程中，不是犹豫不决、不知所措、优柔寡断，而是有主见性，能适时地、果断地做出正确决策；能有效实施职业决策，能够克服计划实施过程中的种种困难。

前沿话题——

八类职业锚：技术／职能型；管理型；自主／独立型；安全／稳定型；创造／创业型；服务／奉献型；挑战型；生活型。

9.1 埃克森美孚公司员工职业生涯管理

9.1.1 埃克森美孚公司背景资料

埃克森美孚公司（Exxon Mobil Corporation）是世界上最大的非政府石油天然气生产商之一，总部设在美国得克萨斯州爱文市，在全球拥有生产设施产品，在六大洲从事石油天然气勘探业务，在能源和石化领域的诸多方面处于行业领先地位。埃克森美孚公司见证了世界石油天然气行业的发展，其历史可以追溯到约翰·洛克菲勒于 1882 年创建的标准石油公司。埃克森美孚公司通过其关联公司在全球拥有 8 万多名员工，其严谨的投资方针、致力于开发和运用行业领先技术及追求完善的运营管理，使之在全球处于行业领先地位。公司连续 85 年以上获得 3A 信用等级，是世界上保持这一记录为数不多的公司之一。在《财富》杂志年度美国最大上市公司排名名单中，暴涨的能源价格把埃克森美孚公司推到了 2006 年《财富》500 强的首位。此外，它是全球第一家市值超过 4000 亿美元的公司。2018 年 12 月，世界品牌实验室编制的《2018 世界品牌 500 强》揭晓，埃克森美孚公司排名第 33 位。

（资料节选自百度百科：埃克森美孚公司）

9.1.2 埃克森美孚公司员工职业生涯设计

1．埃克森美孚公司的职业生涯管理体系

埃克森美孚公司的职业生涯管理是相当成功的，主要涉及以下几个方面。（1）人力资源目标：一个长达五年的人力资源预测，包括对人力资源需求与成本的估计。（2）目标管理：将长期性的企业目标层层分解，落实到部门及个人，成为部门和员工的目标。（3）工作考评：每年定期从目标管理的准则上评价员工的表现，从而决定薪酬的调整。（4）员工潜质的预测：根据员工的优缺点对员工做出评价，从而制订员工的发展计划。（5）员工职位安排总结：可以显示企业现在及将来职位的安排，包括现任职位与将来可能安排的调动。（6）职业发展研讨会：由各部门开展，将讨论资料提请高层人士作为人力资源规划的参考。（7）指导与辅导。（8）职业生涯的工作研讨会：帮助员工了解企业需要的技能和自己擅长的技能，制定与公司需要相匹配的职业生涯规划。

2. 埃克森美孚公司的职业生涯管理遵循的原则

从埃克森美孚公司对员工的目标管理，我们了解到员工的职业生涯管理，需要从企业的发展战略出发，使得员工的发展与企业的发展目标和方向一致，从而达到员工与企业发展的双赢。埃克森美孚公司在对员工进行职业生涯管理时，遵循了以下原则。

（1）利益整合原则。利益整合是指员工利益与组织利益的整合，处理好员工个人发展和组织发展的关系，寻找员工个人发展与组织发展的结合点。

（2）公平、公开原则。在职业生涯规划方面，企业在提供有关职业发展的各种信息、教育培训机会、任职机会时，都应当公开其条件标准，保持高度的透明度。

（3）协作进行原则。职业生涯规划的各项活动，都要由组织与员工双方共同制定、共同实施、共同参与完成。职业生涯规划应当有利于组织与员工双方，如果缺乏沟通，就可能造成双方的不理解、不配合，甚至造成风险。因此，必须在职业生涯开发管理战略开始前和进行中，建立相互信任的上下级关系。

（4）动态目标原则。一般来说，组织是变动的，组织的职位是动态的，因此组织对于员工的职业生涯规划也应当是动态的。在“未来职位”的供给方面，组织除了要用自身的良好成长加以保证，还要注重员工在成长中所能开拓和创造的岗位。

（5）时间梯度原则。由于人生具有发展阶段和职业生涯周期发展的任务，职业生涯规划与管理的内容就必须分解为若干个阶段，并划分到不同的时间段内完成。每个时间段又有“起点”和“终点”，即“开始执行”和“完成目标”两个时间坐标。

（6）发展创新原则。职业生涯规划和管理工作，并不是制定一套规章程序，让员工循规蹈矩、按部就班地完成，而是要让员工发挥自己的能力和潜能，达到自我实现、创造组织效益的目的。

（7）全程推动原则。在实施职业生涯规划的各个环节上，对员工进行全过程的观察、设计、实施和调整，以保证职业生涯规划与管理活动的持续性，使其效果得到保证。

（8）全面评价原则。为了对员工的职业生涯发展状况和组织的职业生涯规划与管理工作状况有正确的了解，要由组织、员工个人、上级管理者、家庭成员，以及社会有关方面对职业生涯进行全面的评价。在评价中，要特别注意下级对上级的评价。

3. 埃克森美孚公司的全员职业生涯管理计划

埃克森美孚公司鼓励并帮助员工为自己的职业生涯发展制订计划，并建有完善的人力资源管理体系，为员工发展提供空间。公司的举措有以下方面。（1）完整清晰的岗位描述。每个员工都应该与自己的主管领导每年至少讨论一次职业发展计划，主管领导和人事部门应该支持和帮助员工去实现这个计划。（2）领导和下属签订业绩合同，告诉下属在工作岗位上应该有什么样的业绩，并定期进行沟通。（3）建立完善的培训系统。公司以公平公正且具有竞争力的薪酬福利政策吸引人才。（4）建立完善畅通的职位信息系统，向员工提供多渠道的职业发展机会。（5）领导与下属共同讨论下属的职业发展计划，回顾业绩，并指出如何进一步提高。

公司促进员工与其上级就职业生涯开发问题进行对话，制订员工个人发展的书面计划。辅助工作包括对员工及其主管培训、岗位需求信息发布、管理层的反馈与评审。在职业生涯开发体系中，员工负责对自己和公司进行评估、设定个人目标、制订行动计划；领导者负责提供建议和支持；公司负责提供有助于切实开展员工职业生涯管理的环境，确定战略发展方向并扶持专业技术发展。

案例分析

企业发展战略是员工职业生涯管理的实施基础。从企业的发展战略和业务需求出发，找到企业和员工个人需求的共同点，以此为基础开展员工的职业生涯管理，实施效果会大幅度提高。例如，埃克森美孚公司的目标管理和职业生涯工作研讨会，都是建立在个人利益与公司利益相结合的基础上的，体现了公司职业生涯规划的合理性。

人力资源管理系统是职业生涯管理的工作支持系统，岗位需求信息发布、岗位设置、工作分析、绩效考核、培训、薪酬等均对职业生涯管理工作的实施效果产生重大的影响。因此，职业生涯管理只有和其他工作紧密配合才能有效实施。例如，埃克森美孚公司促进员工与其上级就职业生涯开发问题进行对话，制订员工个人发展的书面计划等工作，这些均对员工的职业生涯规划起着重要的辅助作用。没有这些工作的辅助，员工的职业生涯规划就不够完整，不够精确，对员工的发展也就没有多大影响。与其他人力资源创意相结合，职业生涯计划由公司的总体战略目标所推动。这些公司目标不仅通过对职业生涯计划的内部宣传得以简述，同时也通过公司的员工简报及管理人员杂志得到倡导。公司反复提醒每个员工和管理人员自己所处的工作大环境，鼓励他们思考在这一大环境中如何应用自己的能力，以及是否需要开发自己的能力。

职业生涯管理需要由企业、一线领导和员工三方共同负责。只有三方共同对职业生涯管理负责，才能取得最佳效果。下属的成长发展应纳入一线领导的职责范围。一线领导对员工的职业生涯发展起着关键性的联系纽带作用，他们对下属有效的职业辅导和支持能保证系统的实施效果。企业注重对员工职业观的教育，职业生涯开发工作应强调在当前岗位上的发展和学习，不断提高自我能力和素质的观念。组织应通过工作内容的丰富化及平级调动等手段来探索如何保持工作的挑战性和对员工的激励作用。职业生涯管理可以有力地促进企业战略目标的实施、全面提高员工素质和工作绩效、增强企业的竞争力，同时也有利于建立全新的企业文化、有利于员工实现个人发展目标。实践证明，在实施过程中所采取的措施必须结合自身情况，形成具有自身特色的职业生涯管理模式。

职业生涯管理可以为员工提供平等就业的机会，对企业持续发展有着重要的意义。对于企业来讲，职业生涯管理能够让其留住人才。只有充分进行职业生涯管理，才能够了解员工的专长，才能够最大限度地发挥该员工的能力，使其更好地为组织工作。

9.2　3M 公司员工职业生涯管理

9.2.1　3M 公司背景资料

3M 公司全称 Minnesota Mining and Manufacturing（明尼苏达矿务及制造业公司），创建于 1902 年，总部设在美国明尼苏达州的圣保罗市，是世界著名的产品多元化跨国企业。

3M 公司素以勇于创新、产品繁多著称于世，生产了数以万计的创新产品，在医疗产品、高速公路安全、办公文教产品、光学产品等核心市场占据领导地位。3M 公司为全球近 200 多个国家的客户提供产品及服务，其产品已深入人们的生活，从家庭用品到医疗用品，从运输、建筑到商业、教育、电子、通信等各个领域，极大地改变了人们的生活和工作方式。2018 年 7 月 19 日，《财富》世界 500 强排行榜发布，3M 公司位列第 376 位。2018 年 12 月，3M 公司入围 2018 年世界品牌 500 强。2019 年 10 月，Interbrand 发布的全球品牌百强榜中，3M 公司位列第 64 位。

（资料节选自百度百科：3M 公司）

9.2.2 3M 公司员工职业生涯设计

3M 公司的管理层始终尽力满足员工职业生涯发展方面的需求。从 20 世纪 80 年代中期开始，公司的员工职业生涯咨询小组一直向员工提供职业生涯问题咨询、测试和评估等服务，并举办员工职业生涯问题公开研讨班。通过人力资源分析过程，各级主管对自己的下属进行评估。公司采集有关职位稳定性和员工职业生涯潜力的数据，通过计算机进行处理，用于内部人才的提拔。公司的人力资源管理部门可以对员工职业生涯发展中的各种作用关系进行协调。公司以往的重点更多地放在评价和人力资源规划上，而不是放在员工职业生涯发展的具体内容上。新的方法强调公司需求与员工需求之间的平衡，为此，3M 公司设计了员工职业生涯管理的体系。

1．职位信息系统

根据员工民意调查的结果，3M 公司于 1989 年年底开始试行了职位信息系统。员工的反应非常积极，人力资源管理部门、一线部门及员工组成了专题工作小组，进行了为期数月的规划工作。

2．绩效评估与发展过程

该过程涉及多个级别（月薪和日薪员工）和所有职能的员工。每位员工都会收到一份供明年使用的员工意见表。员工填入自己对工作内容的看法，指出主要进取方向和期待值，然后员工与自己的主管一起对这份员工意见表进行分析，就工作内容、主要进取领域和期待值，以及明年的发展过程达成一致。在第二年中，这份员工意见表可以根据需要进行调整。

3．个人职业生涯管理手册

公司向每位员工发放一本个人职业生涯管理手册，它概述了员工、领导和公司在员工职业生涯发展方面的责任，还明确提出公司现有的员工职业生涯发展资源，同时提供一份员工职业生涯关注的问题的表格。

4．主管公开研讨班

为期一天的公开研讨班有助于主管理解自己所处的复杂的员工职业生涯管理环境，同时提高他们的领导技巧及对自己所担任的各类角色的理解。

5. 员工公开研讨班

员工公开研讨班提供个人职业生涯指导，强调自我评估、目标和行动计划、平级调动的好处和职位晋升的经验。

6. 一致性分析过程及人员接替规划

集团副总裁会见各个部门的副总经理，讨论副总经理手下管理人员的业绩情况和潜能。管理层再逐层召开类似会议，与此同时开展人员接替规划项目。

7. 职业生涯咨询

公司鼓励员工主动去找自己的主管商谈个人职业生涯问题，也为员工提供专业的个人职业生涯咨询。

8. 职业生涯项目

作为内部顾问，员工职业生涯管理人员会根据员工兴趣印发一些项目，并将它们在全公司推出。

9. 学费补偿

这个项目已实行多年，它报销学费和与员工当前岗位相关的费用，以及与某一工作或者个人职业生涯相关的学位项目的全部学费和费用。

10. 调职

职位撤销的员工自动进入个人职业生涯过渡公开研讨班，同时还接受具体的过渡咨询。根据管理层的要求，还为解除聘用的员工提供外部职位介绍。

案例分析

3M 公司强调公司需求与员工需求之间的平衡，为此设计了员工职业生涯管理的体系。

以前 3M 公司更多的是重视评价和人力资源管理规划，从而忽视了组织在员工职业生涯管理中的作用。从组织的角度来看，员工职业生涯规划包含着使个人潜在贡献最大化的自觉尝试，而由于员工受到多变的环境和客观机遇的限制，或者对自身职业生涯的认识不足，所以无法准确定位职业生涯方向和目标。这时候组织就应该发挥作用，指导员工设计其职业生涯规划。

据统计，优秀的现代企业总是会尽量去满足员工的各种需要，尤其是对他们的高层次需要十分敏感。他们鼓励、支持并帮助员工实现其职业上的抱负。要管理好员工的职业发展，企业必须制订人力资源开发的综合计划，并把它纳入企业总的战略发展计划当中，真正把此事提到应有高度并与其他方面的计划协调一致。3M 公司把员工的需求和企业的需求统一在了一起，成功地提高了员工的工作效率，更大限度地焕发起员工为实现公司目标的工作热情。3M 公司的各项职业生涯管理活动针对的是真正的需求，因此它为个人和公司都带来了最大的利益。所以，这种新的系统带来的影响对双方来说都是有益的。

现如今的企业都逐渐认识到职业生涯管理的重要性，它带来的作用影响不容小觑。对绝大多数人来说，其职业生涯都会跨越人生中精力充沛、知识经验日臻丰富和完善的几十年，职业已经成为其生活的重要组成部分。可以说职业早已不再仅仅是个人谋生的手段，它还为个人创造了迎接挑战、实现自我价值的大好机会和广阔空间。如今企业已经越来越深刻地认识到，人是最重要的资源。

注重企业的可持续发展，在考虑企业利益的同时兼顾员工个人的发展，是现代企业的管理趋势。实际上，也只有使员工的职业生涯发展目标与组织的发展目标保持一致，将员工的职业生涯发展与组织的发展紧密地结合起来，才能真正发挥出职业生涯管理的作用，既能使员工终身受益，也让组织茁壮成长，实现两者的共同目标。

9.3 海尔集团员工职业生涯管理

海尔为员工搭建以制造系统为起点的职业发展平台，让员工能够在不同的工作岗位和工作领域中得到历练，不断提升工作技能，从而能够积累多岗位和跨领域的工作经验，迅速成长为海尔“全球化品牌战略”需要的高素质职业化人才。

9.3.1 为新员工量身定做的“启航计划”

为了帮助新员工快速融入海尔，海尔大学设计了新员工培养项目“启航计划”，包括课堂培训、在岗培训、导师辅导等多种培养形式，帮助新入职员工全面提升各方面能力，帮助新员工成长为具有第一竞争力的人才。

新员工应该主动去了解和适应新的企业和企业文化，包括企业的发展史、经营理念、决策机制和关键的人际关系等。新员工适应企业文化的时间因各自情况而不同，一般的在3～6个月。适应快的人，一个月就可以；适应慢的人，或许需要半年时间才可以。因此，如何快速地融入新公司的企业文化中，避免自己的职业生涯就此搁浅，是每个新员工必须考虑的问题。企业文化是企业和企业人的思想和行为。公司的业务各种各样、公司的规模有大有小、公司的层次有高有低，这样就导致了不同的公司有不同的企业文化。哈佛商学院终身教授、世界领导与变革领域的权威约翰·科特曾指出：企业文化对长期经营绩效有巨大的正相关性。而另一位写出《基业长青》的著名管理学者詹姆斯·柯林斯认为，伟大的公司都有“利润之上的追求”与“教派般的文化”。可见，优秀的公司无一不对企业文化有着执着的追求，而对于新员工来说就是要适应这种企业文化。海尔在新员工入职后通常做的第一件事就是举办新老“毕业生”见面会，通过师兄师姐的亲身感受理解海尔。新员工也可以通过面对面与集团最高领导沟通的机会，了解公司的升迁机制、职业发展等问题。这无疑可以使新员工快速了解海尔的企业文化。进入一个新的文化环境中肯定有一些陌生的地方，这就要求新员工在工作中要多学、多问、多了解。对于看得见的规矩，可以找来公司的制度、流程和职位说明书，加以学习；对于看不见的规矩，也就是企业文化，需要虚心地向老员工请教，因为他们在公司的工作时间长，对公司的方方面面可谓了解入微，多和他们交流可以少走很多弯路。另外，在工作中遇到问题拿不准时，千万不要不闻不问，而应该主动大方地请教身边的同事，培养自己对公司的归属感。身处一个陌生的文化环境中，谦虚行事是必不可少的。在对公司的企业文化还没有基本了解的情况下，急于表现自己的所知所能，这样不但不能让别人对你刮目相看，还容易弄巧成拙，容易让人产生厌恶感，这不利于融入公司的企业文化。积极参加公司举办的各种活动，是新员工融入团队的一个有效方法，哪怕是共进一次午餐，也可以加深你和同事之间的关系。因为在工作中你和同事接触毕竟有限，而且大家都忙于自己的事务，不可能过多的交流，而在一些非正式场合则可以对公司的团队有更深入的了解。

海尔还鼓励新员工说出自己的想法——不管是否合理，让员工把话说出来是最好的解决矛盾的办法，如果你连员工在想什么都不知道，解决问题就没有针对性。海尔给每个新员工都发了合理化建议卡，员工有什么想法，无论制度、管理、工作、生活等任何方面都可以提出来。对合理化的建议，海尔会立即采纳并实行，对提出建议的员工还有一定的物质和精神奖励。而对不适用的建议也给予积极回应，因为这会让员工知道自己的想法已经被考虑过，他们会有被尊重的感觉，更敢于说出自己心里的话。

9.3.2 为员工制定特定的双通道发展模式

海尔为员工规划了双通道，即管理通道和专业通道的职业发展模式，并通过纵向职业晋升、横向职业转换为员工提供多重职业发展机会，使员工的职业生涯最大限度地与集团的发展保持一致。管理通道适用于综合管理素质较强，能够引领团队达成目标愿景的海尔人；专业通道适用于专业技能突出，能够在专业技术领域研究突破的海尔人。海尔的职业发展体系支持海尔人在管理通道和专业通道之间的转换，以及族群、序列间转换。员工可以在经理人员和人力资源管理部门的帮助下，根据公司职业转换的原则进行横向发展。

晋升主要体现在岗位层级的变化上，成功的海尔人凭借实力和不懈努力获得晋升，海尔人晋升的指导原则有三点：一是持续高绩效表现，致力于在各方面达成或者超越人们的期望；二是展现出更高层级上所需要的能力；三是业务的发展和需要。

9.3.3 海尔大学提升职业胜任能力

海尔大学秉承海尔“选准母本、清楚目标、找出差距、需要什么学什么、缺什么补什么、急用先学、立竿见影”的培训原则，依据海尔的发展战略，围绕市场终极效果，通过现场、案例、即时、互动的创新培训形式，开展问题管理培训、创新能力培训、发展能力培训等。

在此前提下，首先是价值观的培训。什么是对的，什么是错的，什么该干，什么不该干，这是每个员工在工作中首先必须明确的内容，这就是企业文化的内容。对于集团内各级管理人员，培训下级是其职责范围内必备的项目，这就要求每位领导，上到集团总裁、下到班组长都必须为提高部下素质而搭建培训平台、提供培训资源，并按期对部下进行培训。特别是集团中高层人员，必须定期到海尔大学授课或者接受海尔大学培训部的安排，不授课则要被索赔，同样也不能参与职务升迁。每月进行的各级人员的动态考核、升迁轮岗，就是很好的体现：部下的升迁，反映出部门经理的工作效果，部门经理也可据此续任或升迁、轮岗；反之，部门经理就是不称职。

海尔大学进行技能培训的重点是通过案例，到现场进行的即时培训模式。具体来说就是抓住实际工作中随时出现的案例（最优事迹或最劣事迹），当日利用下班后的时间立即在现场进行案例剖析（不再是原来的停下来集中式的培训），针对案例中反映的问题或者模式，来统一人员的动作、观念、技能，然后利用现场看板的形式在区域内进行培训学习。

海尔将培训工作与激励紧密结合。海尔大学每月对各单位培训效果进行动态考核、划分等级，等级升迁与单位负责人的个人月度考核结合在一起，促使单位负责人关心培训、重视培训。

海尔的人力资源开发思路是“人人是人才，赛马不相马”。海尔大学在具体实施上给员工做了三种职业生涯设计，每种都有一个升迁的方向，只要是符合升迁条件的即可进入后备人才库，参加下一轮的竞争，跟随而至的就是相应的个性化培训。海尔把培训和个人的职业发展结合起来，学习和培训越多，个人职业发展的机会就越多。在海尔，上至集团高层领导，下至车间一线操作工人，企业根据每个人的职业生涯设计为每个人制订了个性化的培训计划，搭建了个性化发展的空间。

“海豚式升迁”是海尔大学培训的一大特色。海豚是海洋中最聪明、最有智慧的动物之一，它下潜得越深，则跳得越高。例如，一个生产系统的员工进厂以后工作表现比较好，从班组长做到了分厂，如果现在让他做一个事业部的部长，那么他对市场系统的经验可能就非常缺乏，就需要到市场上去学习。到市场上之后他必须到下边从事最基层的工作，然后从这个最基层岗位再一步步干上来。如果能干上来，则上岗；如果干不上来，则就地免职。有的经理已经到达很高的职位，但如果缺乏某方面的经验，也要派下去；有的经理各方面经验都有了，但处事综合协调的能力较低，也要派他到这些部门来锻炼。这样对一个干部来说压力可能较大，但是也培养锻炼了干部。

案例分析

海尔为新员工量身定做的“启航计划”，是为了帮助新员工快速融入海尔，这体现了职业生涯管理第一个任务，即帮助员工开展职业生涯与开发工作。组织为员工提供工作分析资料、工作描述、经营理念、人力资源开发策略等，有利于员工更快地拟定自己的发展目标，以及自己接下来工作的计划，更有利于员工与组织的契合，达到个人和组织目标的匹配，更好地展开工作，提高效率。海尔为员工制定特定的双通道发展模式，管理通道更有利于挖掘出具有领导管理才能的人员，使之能被组织更好地任用，为企业做出贡献；专业通道则是更注重专业能力，要求员工具有一定的专业技能，把他们放到合理的位置上，能发挥最大的作用。两个通道相辅相成，让企业人才划分得更加细致，更利于他们的职业发展。开展职业生涯管理相结合的绩效评估工作，让优秀的员工可以晋升。

在人的一生中，从事职业活动的成年阶段是较为重要的，我们大部分的人生都要在工作中度过，所以做好职业生涯管理，对个人发展具有十分重要的意义。从员工的角度来看，职业生涯管理可以增强员工对职业环境的把握能力和对职业困境的控制能力，帮助员工协调好职业生活与家庭生活的关系，更好地实现人生目标，同时，组织为员工制订的职业发展计划可以使员工充分把握机会，发挥能力，使员工的自我价值不断提升和超越。从组织的角度来看，职业生涯管理能够提高组织的竞争力和应变能力，减少因员工流动而带来的损失。组织关心员工职业发展，会使员工感觉到自己是组织整体计划的一部分，从而改善员工的工作态度，激发他的士气，提高劳动生产率，使组织变得更加有效率。职业生涯管理具体的作用有以下几个方面。（1）可以帮助企业了解内部员工的状态，工作能力目标等，调节他们与企业在某些方面存在的矛盾。（2）人员协调，更有助于高层人员进行人力资源的管理，让人尽其职。（3）给员工提供平等的就业机会，改善企业的文化，促进企业的可持续发展。

要注重个人的职业生涯规划，首先，要做到自我综合评估，了解自己的兴趣、特长、性格、爱好等，确定职业发展的目标，做出合理的选择；其次，对职业机会进行评估，评估周围各种环境因素对自己职业发展带来的影响，充分了解和把握不定性因素，适时转变发展路径；接着，确定职业发展目标，确定适合自己的、符合自己发展的目标；接着选择职业发展路线，有明确的选择，对于自己适合哪种职业、想要发展哪种职业，心中要有规划；最后，制订计划，将目标落实，采取措施，及时调整和检查，对自己完成的情况进行评估，找出不足，提高能力。总而言之，职业生涯规划是进行人力资源管理的重要前提，只有做好职业生涯管理和规划，才能让我们少走弯路，更好、更快地找到适合的工作，同时企业做好这一步，也是成功的关键。

当一个员工真正认同并融入企业当中后，企业就应该引导员工树立职业理念，让他们知道怎样去创造和实现自身的价值。海尔大学对新员工的培训除了开始的导入培训，还有拆机实习、部门实习、市场实习等一系列的培训，海尔花费近一年的时间来全面培训新员工，目的就是让员工真正成为海尔“躯体”上的一个健康的“细胞”，与海尔同呼吸、共命运。

9.4　惠普公司员工职业生涯管理

9.4.1　惠普公司背景资料

惠普（Hewlett-Packard）公司是世界上最大的信息科技公司之一，成立于 1939 年，总部位于美国加利福尼亚州帕洛阿尔托市。惠普公司下设三大业务集团：信息产品集团、打印及成像系统集团和企业计算机专业服务集团。中国惠普有限公司总部位于北京，在上海、广州、沈阳、南京、西安、武汉、成都、深圳等都设有分公司。中国惠普有限公司在大连设有惠普全球呼叫中心，在重庆设有生产工厂，在天津设有数据中心。2019 年 7 月，2019《财富》世界 500 强发布，惠普公司排名第 173 位；在“2019 福布斯全球数字经济 100 强榜”排名第 35 位；2019 年 10 月，在 Interbrand 发布的全球品牌百强榜排名第 54 位。

（资料节选自百度百科：惠普公司）

9.4.2 惠普公司员工职业生涯设计

惠普公司是世界知名的高科技大型企业。该公司聚集了大量素质优秀且训练良好的技术人才，是惠普公司最宝贵的财富，也是其发展与竞争力的主要根源。惠普公司能吸引来、保留住和激励起这些高级人才，除了靠提供丰厚的物质待遇，还靠向这些员工提供良好的提高、成长和发展机会，帮每位员工制订令他们满足的、有针对性的职业发展计划。

1. 惠普公司员工的职业生涯规划遵循的原则

惠普公司员工的职业生涯规划遵循的原则有以下几种。

（1）清晰性原则；（2）挑战性原则；（3）变动性原则；（4）一致性原则；（5）激励性原则；（6）合作性原则；（7）全程性原则；（8）具体原则；（9）实际原则；（10）可评量原则。多个原则的遵循体现了惠普公司对员工的职业生涯规划的完善。

2. 惠普公司员工的职业生涯特点

（1）针对性。惠普公司开发的职业发展课程，先让参加者用各种信度测试工具及其他手段进行个人自我评估，然后将评估中发现的问题结合工作环境编制出每个人的职业生涯发展图。惠普公司从哈佛 MBA 班第二学年的职业发展课程中学到六种工具，通过学习来取得每个员工的个人特点资料。

（2）综合性。让参加者观察和分析自己总结出来的资料，从中总结出一般性规律。每位员工将职业发展目标和绩效目标结合起来，以供将来绩效考评时用。部门经理要检测其部下在职业发展方面的进展，作为考评活动的一部分，同时需要对他们提供尽可能的帮助与支持。

（3）独特性。每个人做好自我评估后，部门经理再逐一听取参加过此活动的员工汇报自己选定的职业发展目标，并将对应岗位上的人和发展目标记录下来，这些信息便可供高层领导用来拟定总体人力资源规划，确定不同岗位员工所要求的技能。当公司所需要的预测结果与每位学习参加者所制定的职业发展目标对照后相符时，部门经理就可据此帮助他的员工绘制出在本公司内发展升迁的路径图，并标明每次升迁前应接受的培训或应增加的经历。

3. 职业发展自我管理的课程

惠普公司的科罗拉多泉城分部开发了一种职业发展自我管理的课程，让参加者通过对个人特点的自我评估，更清楚地认知自我。

（1）一份书面的自我访谈记录。给每位参加者发一份提纲，其中有 11 道问题及有关参加者情况的问题，要求参加者提供有关自己生活（有关的人、地、事件）中经历过的转折及对未来的设想，并让他们在小组中互相讨论。这篇自传摘要体裁的文件将成为之后的自我分析所依据的主要材料。

（2）一套“斯特朗—坎贝尔个人兴趣调查问卷”。这份包含 325 项的问卷在参加者填完后，就能据此确定他们对职业、专业领域、交往的人物类型等的喜恶倾向，为每个参加者跟各种不同职业中成功人物的兴趣进行比较提供了依据。

（3）一份“奥尔波特—弗农—林赛价值观问卷”。此问卷中列有多种相互矛盾的价值观，每个人都需要做出选择，从而测定出参加者对多种不同的关于理论、经济、美学、社会、政治及宗教价值观接受和同意的相对强度。

（4）一篇 24 小时活动日记。参加者要把一个工作日及一个非工作日全天的活动如实且无遗漏的记下来，用来对照其他来源所获得的同类信息是否一致或相反。

（5）对另两位“重要人物”（指对自己有重要意义的人）的访谈记录。每位参加者要对自己的配偶、朋友、亲戚、同事或其他重要人物中的两个人，就自己的情况提出一些问题，看看这些旁观者对自己的看法。这两次访谈过程都需要录音。

（6）生活方式描述。每位参加者都要用文字、照片、图或任何其他手段，把自己的生活方式描绘下来。

案例分析

惠普公司聚集了大量素质优秀且训练良好的技术人才，惠普公司能吸引住、保留住和激励起这些高级人才，除了靠提供丰富的物质待遇，还靠向这些员工提供良好的提高、成长和发展的机会。在现代社会，员工除了关注物质报酬，更重视自身职业的发展，很多员工就是因为看不到发展前景而产生职业倦怠，给企业带来损失。惠普公司针对员工的需求，为员工提供发展与成长的机会，不仅可以稳定员工队伍，而且可以提高企业的绩效，为公司的光明未来做储备。

惠普公司的职业发展自我管理的课程，让参加者通过对个人特点的自我评估，更清楚地认知自我。从哈佛 MBA 班第二学年的职业发展课程里学到的六种工具，用在这门课程的学习里，来取得每个人的个人特点资料。惠普公司通过举行这些活动，有助于员工实现自己的职业目标和职业理想，帮助员工使整个职业历程中的工作更富有成效，帮助员工更好地控制职业生活，实现工作与家庭的平衡。

惠普公司举行这些活动的关键之处就在于所用的方法是归纳式的而非演绎式的。一开始就让每位参加者总结出有关自己的新资料，而不是先从某些一般规律去推导出每个人的具体情况。这个过程是从具体到一般，而不是从一般到具体。惠普公司运用归纳式的方法可以让每位参加者进行自我剖析和自我认知。每个人做好自我评估后，部门经理再逐一采访参加过此活动的下级，听取他们汇报自己选定的职业发展目标并记录下来，部门经理要监测其部下在职业发展方面的进展。惠普公司实施上级对下级的监测，使员工更有信心完成目标。部门经理对员工具有一定的指导性是对员工未来职业发展的一种蓝图。

自我评估的目的主要是认识自己、了解自己，总结个人的优势和劣势，确定自我的发展目标和发展能力，从而对自己所适合的职业和职业生涯目标做出合理的抉择。

职业生涯的机会评估是评估个人周边各种环境因素对自己职业生涯发展的影响。在制定个人的职业生涯规划时，要充分地了解所处的环境特点，掌握职业环境的发展变化，明确自己在这个环境中的地位和个人能力，以及环境对自己提出的要求和创造的条件，以此利用环境来促进自身的发展。在确定职业发展目标时要时刻注意和个人基本状况相匹配，不能妄自菲薄，也不能好高骛远，要慎重。不同的发展路线对职业发展的要求也不同，对个人的能力及知识要求也有所不同。因此，在职业生涯规划中，必须对发展路线进行抉择，以便及时调整自己的学习、工作及各种行动措施沿着预定的方向前进。这种选择具有前瞻性，如果不能及时选择，那么会对我们的职业发展造成影响。

9.5 迪士尼公司员工职业生涯规划体系

9.5.1 迪士尼公司背景资料

华特迪士尼公司（The Walt Disney Company，以下简称迪士尼）是世界上较大的传媒娱乐企业，由创始人华特•迪士尼于1923年创立。迪士尼旗下的电影发行品牌有华特迪士尼影片、试金石影片、好莱坞影片、米拉麦克斯影片、二十世纪福克斯电影公司、帝门影片、皮克斯动画工作室、漫威影业等。2019年10月，迪士尼在“2019福布斯全球数字经济100强榜”中排名第9位。2020年1月22日，迪士尼名列2020年《财富》全球最受赞赏公司榜单第4位。

（资料节选自百度百科：华特迪士尼公司）

9.5.2 迪士尼公司员工职业生涯管理

迪士尼的核心竞争力主要来源于其数量庞大、质量顶级的IP[①]资源，以及良好的管理机制和企业文化。迪士尼的商业模式具有较强的创造性，从深耕IP到通过动画电影等内容为IP赋能，再到开创世界上真正意义的主题乐园，为IP建立线下展示的载体，这一系列充满创造性的举措和其造梦工厂的定位，都需要有企业管理的核心人物带领，迪士尼的灵魂人物及人员管理制度也是其成功的关键。

1．核心人物引领员工发展方向

迪士尼作为以内容为核心的公司，以影视行业起家，经过多年的发展，已经成长为集主题乐园、影视、媒体网络、IP衍生品为一体的成熟企业。在公司成长历程中，关键节点决策和创造性方向引领至关重要，而担此重任的就是核心管理团队及灵魂人物。迪士尼的灵魂人物是华特•迪士尼、罗伊•爱德华•迪士尼、迈克尔•艾斯纳和罗伯特•艾格。

华特•迪士尼：白纸上书写的冒险家。华特•迪士尼是迪士尼的创始人。他曾说：“我必须朝着新事物前进，因为有很多新世界等待着我们去征服。”1926年，他正式成立“华特迪士尼制作公司”，标志着迪士尼的诞生。随后，一个以老鼠为原型的卡通形象——米老鼠被创作出来，成了迪士尼最大且最具代表性的IP之一，这一形象从创立之初直至当下都

---

① IP：Intellectual Property，即知识产权，特指具有长期生命力和商业价值的跨媒介内容运营，是一种高品质知识产权。

在持续不断地为迪士尼带来收益。他开创了迪士尼业务版图，奠定了迪士尼迈向百年企业的基础。创意是公司优质内容的源泉，华特·迪士尼能够看到成果之外的东西，热衷于冒险，鼓励每个人发表自己的看法，唯一关心的是观众喜欢什么，他将创意理念根植于迪士尼的方方面面。华特·迪士尼成了一个标志形象，代表了一种影迷们的期望。

罗伊·爱德华·迪士尼：迪士尼的守护者。罗伊·爱德华·迪士尼在公司低谷期担负起复兴传统手绘动画的重任，先后出品了《小美人鱼》《美女与野兽》《阿拉丁》《狮子王》等一系列佳作，这一时代被称为迪士尼的黄金时代，对迪士尼的传统动画领域产生深远影响。

迈克尔·艾斯纳：力挽狂澜的实干家。迈克尔·艾斯纳在 1984—2005 年长达 21 年的时间里担任迪士尼 CEO，并曾兼任公司董事长。迪士尼王国在他的领导下，从一个市值仅为 20 亿美元的公司发展成为市值超过 400 亿美元的娱乐帝国。迈克尔·艾斯纳关注内部管理能力的提升。为了调动员工的积极性，他采用了职工优先股权计划，激励员工发挥自己的创造性。同时，建立"迪士尼空间"，对高层经理进行短期强化培训，增加内部沟通和责任感。在一系列相关的举措下，迪士尼逐步发展为集媒体网络、主题乐园、影视、IP 衍生品四大类为一体的娱乐帝国。

罗伯特·艾格：新世纪的领航员。罗伯特·艾格从 2005 年起担任迪士尼的首席执行官，现任迪士尼董事长兼首席执行官。在短短的十余年间，迪士尼的利润由 2005 年的 25.33 亿美元增长至 2018 年的 125.98 亿美元，罗伯特·艾格在其中扮演了重要角色，包括 21 世纪以来迪士尼几次具有决定意义的收购均是在其领导下完成的。创造出与众不同的体验感非常重要，艾格带领下的迪士尼秉承的一项经验是："一切皆可创新、更新，新的景点、新的人物、新的演出都可以包含在内，迪士尼乐园充满了增加、扩充各种新元素的机会。"

2. 幻想工程师是催生迪士尼创意的源泉

迪士尼作为以内容为核心的公司，创意是它的源泉。创意源于三样东西，即激情、洞见和耐心，而幻想工程师正是迪士尼创意的来源。"华特·迪士尼创造了幻想工程，幻想工程师们让它翩翩起舞。"用华特·迪士尼自己的话来讲，"幻想工程就是富有创意的幻想和专业技术水乳交融的产物"。要成为一名幻想工程师，必须具备的特质是：一颗好奇的心、喜欢旅行、敢于尝试和热爱冒险。优良特质的限制决定了幻想工程师从入职起就是最具创造力的一批人。除去特征，系统的培训和基本原则同样重要。"米奇定律"出自华特迪士尼幻想工程创意总监马蒂·斯克拉，共包含十条，基本囊括了迪士尼乐园设计和建造的核心准则。一是"尽量把你'关'在每个故事里"：一次只讲一个故事。高山、河流或树林都可以用来作隔离物，将迪士尼乐园中每个部分同外界分隔开，制造一个个"密室"。二是"为什么你玩了一天也不觉得累"：制造"维也纳香肠"，特指可以引导游客获得逻辑清晰的体验的视觉目标，用不同类型的道路来引导游客的节奏。三是"地上的小脚印都不想让你错过"：用有逻辑的故事引导人群。每个城堡都是一个幻想世界的入口，迪士尼用线索串联幻想世界的逻辑，让游客身临其境。四是"以假乱真，假戏真做"：用一吨的快乐来招待一盎司的细节。确保游客真实的"沉浸式体验"，注重乐园内细节的建设。五是"让所有细节提醒你，这里是个'非日常'世界"：进行视觉沟通。在不同园区同种商品有不同的呈现方式，与乐园主题相贴合。六是“老老实实当一回游客”：认识、理解游客的需求。幻想设计师亲身体验游乐园项目，来发现其中的需求点，根据需求提出创意解决方案。七是“这永远是世界上最独一无二的‘园区’”：在丰富的娱乐活动中隐藏点滴说教。在满足游客视觉和心灵上享受的同时，迪士尼给游客以梦想。八是“没有任何一种元素，会显得突兀”：避免矛盾，保持一致。打造有当地特色的主题乐园。九是“在这里我永远不会打瞌睡”：避免超负荷，创造刺激物。对于一项新的项目，不能沉迷于堆砌信息，要寻找合适的刺激点。十是“保持”：高级体验离不开高效维护。让乐园里的一切都完美运作，最大限度避免顾客的流失。

3．员工生涯发展的机制保障

迪士尼优质的表现不仅来自其强大的 IP 资源，也来自其自身优质的管理制度为员工发展提供重要保障。

顶级的服务。迪士尼对于服务质量的考核标准高于其他指标。对服务的考核指标高于速度、质量和技术等维度，迪士尼对于服务的把控堪称全球顶级，而迪士尼的服务来自每个员工的标准化服务和高质量要求。迪士尼的服务需要创造性，如迪士尼乐园的清洁人员可以载歌载舞，与游客进行互动，并为其提供旅游路线和方案。迪士尼要求员工根据游客的年龄段，以及不同的游玩诉求提供个性化和差异化的服务，为游客提供适合的游玩路线和方案。在迪士尼内部，有细致明确的岗位分工，但是每个岗位不仅有传统的职责，还要求创造性地为游客和消费者服务，虽然服务内容具有差异化，但服务质量都是高标准的。在迪士尼，游乐设施标准、员工服务词汇和状态、扮演卡通人物的动作状态、食品及配套服务提供，均拥有一套完整的制度作为支撑。

有针对性的员工管理。高质量的服务来自专业化的培训，并且迪士尼会按照课时付给员工工资，一方面为其提供优质的提升机会，另一方面又以最大的诚意保证员工的利益。待遇得到保障，这进一步激励了员工提升自身服务能力和服务态度的决心。迪士尼的培训分为历史文化传统培训、探索迪士尼和岗位培训。迪士尼大学的特色培训还包括为员工模拟不同的客户反应，并要求员工根据客户反应提供不同的针对性服务，其出发点完全对接到客户的需求，并且非常讲究员工随机应变的能力。

有凝聚力的企业文化。迪士尼的企业文化具有极强的凝聚力。迪士尼创始人华特•迪士尼将“为所有人创造快乐和幸福”作为重要目标，结合迪士尼梦幻般的 IP 王国，迪士尼“造梦”的历程也为很多员工带来很强的愉悦感和归属感。给世界带来快乐是一个很崇高又很实际的目标，而迪士尼通过良好的制度管理，不仅为全世界的消费者带来了快乐，也为员工带来了快乐和成就感，这使员工与企业深度绑定在一起，无论对于员工还是对于游客，迪士尼都是一个让人“梦想成真”的地方。

9.5.3 迪士尼公司员工职业生涯管理体系

1．迪士尼职业生涯管理的内容和目的

从迪士尼组织层面上来考虑职业生涯规划问题，把企业组织目标和员工个人目标有效地结合起来，通过员工的工作及职业发展的设计，协调员工个人需求和组织需求，实现员

工和组织的共同成长和发展，适应组织发展和变革的需要。通过不断优化组织人力资源配置结构，提高员工满意度，降低员工流动率。组织职业生涯规划的目的是帮助员工整体地了解自己，在进一步衡量内在和外在环境的优势、限制的基础上，为员工设计出合理可行的职业生涯发展目标，在协助员工达到和实现个人目标的同时也实现组织目标。

2. 迪士尼职业发展路径和模式

技术与管理相结合的路线：基层员工—各类部门成员—部门负责人—基层管理人员—中层管理人员—高层管理人员—总经理。通过学习、训练和发展，员工可以在提升岗位技能、领导能力和管理技巧的同时，获得更多的发展机会。培训铺就成长之路。迪士尼的训练、学习和发展系统涵盖了企业所有的员工，同时针对员工核心能力、领导能力和专业能力的提升，设计了一系列符合使用者需求的训练课程和训练实践。在每个不同的工作职责阶段，结合绩效发展系统为员工提供相适应的培训活动。这些训练课程在全国各个训练中心展开，每年接受培训的人员近万人次。训练活动的设计都是由迪士尼和外部专业训练机构合作开发的。从新员工加入乐园的第一天起，学习、训练和发展就贯穿于员工的整个职业生涯。在迪士尼，从乐园计时员工发展进入乐园月薪管理组，再晋升为公司的中高层管理者，甚至成为总经理，每个发展阶段都有清晰的培训方案和实施步骤，保证每位员工在每次的职责变换和职业生涯发展时都有配套的学习和发展的机会。

3. 组织职业规划体系

组织中正确积极的生涯发展信念是组织职业生涯成功的根本；自我评估和机会评估是前提；职业方向定位是关键；合适的目标设定与行动计划是保障；生涯评估与回馈促进员工的职业生涯永续发展。树立正确的生涯发展信念要帮助员工确立人生志向，对期望人生取得更大发展。帮助员工进行自我评估，包括兴趣、特长、性格、学识、技能、智商，以及组织管理、协调、活动能力等。生涯机会评估要分析环境条件的特点，在复杂的环境中趋利避害，组织环境因素评估包括组织发展战略、人力资源需求、晋升发展机会等。职业方向定位通过对自我评估及生涯机会评估，结合生涯发展愿望，初步确立员工个人的职业发展方向，如具体的职业、职位、希望发展的高度等。除了给员工上升的牵引，还要关注员工的横向发展，越来越多的企业对于一专多能的员工的需求开始上升，因此还需要建立相应的轮岗轮训机制。

设定发展目标。通常职业生涯目标的确定包括人生目标、长期目标、中期目标与短期目标的确定，它们分别与人生规划、长期规划、中期规划和短期规划相对应。根据个人的专业、性格、气质和价值观，以及社会的发展趋势确定自己的人生目标和长期目标，然后把人生目标和长期目标进行分化，根据个人的经历和所处的组织环境制定相应的中期目标和短期目标。

制订行动方案与实施计划主要包括工作、训练、教育、轮岗等方面的措施。例如为达成目标，在工作方面，计划采取提高工作效率的措施；在业务素质方面，提高业务能力；在潜能开发方面，采取开发潜能的措施等，这都需要有具体的计划与明确的措施，以便于定时检查。

生涯评估与回馈修订的内容包括职业的重新选择、生涯路线的选择、人生目标的修正、实施措施与计划的变更等。

案例分析

对个人来讲，首先，职业发展设计为员工带来了更多的职业发展机会，尤其是当个人所在部门的职业发展机会较少时，他们可以规划、转换到另一个新的工作领域中，开始新的职业生涯；其次，这种职业发展设计也便于个人在职业规划中找到真正适合自己的工作，找到与自己兴趣相符的工作，实现自己的职业规划目标。对组织来讲，这种职业发展设计增加了组织的应变性。当组织战略发生转移或组织环境发生变化时，通过这种职业发展设计能够顺利实现人员转岗安排，保持整个组织的稳定性。但也正是由于这一路径“四通八达”的优点，增加了组织向成员解释其职业可能采取的特定路线的困难，这是职业发展设计的不足，展现在人们眼前的是一条复杂的，而不是清晰可视的职业路径，个人需要更多地关注自己的职业规划和组织的需求。

迪士尼的职业生涯管理要制定迪士尼的组织目标，确定组织与员工的共同目标，帮助员工制定明确的职业生涯规划分析。组织通过有目标的培养，培养出有目标、有自信的员工，他们更能提高公司与员工的稳定性，公司从而可以获得较多的利益。同时，还需要制定企业的社会目标，加重注意社会效益的发展，帮助保持组织的职业竞争力，树立良好的企业形象。职业生涯管理的主要任务是确定组织的发展目标与组织的职业需求规划，帮助组织做好对于职业生涯管理相配合的绩效评估与调试工作，及时调整发展过程中的偏差。

迪士尼的职业发展路径选择。职业发展路径是为了实现在未来工作中得到成长的愿望，而为了实现这个愿望，制定自己成长发展的职业计划的实施过程。迪士尼给员工制定了职业发展的路径，使员工能更加清晰地了解到自己的路径选择。在制定职业发展路径时，迪士尼同时也要考虑到员工的职业生涯周期的管理，对于职业生涯早期的员工管理，需要给员工展示公司未来发展前景及员工自身职业发展前景、对新员工进行培训和配备职业顾问；职业生涯中期的员工，具有衰老、工作废退感及工作流动性下降的特点，这些都被称为“中年危机”，这个时期企业更应该对员工进行重新定义职业成功，或是让老员工指导新员工，使新老员工都受益；对于职业生涯发展晚期的员工管理，不应该采用一味否定的态度，而应该雇用那些老年人才，让工作更有意义，不让劳动人口因退休而流失。

在迪士尼的培训过程中，每个发展阶段都有清晰的培训方案和实施步骤，保证每位员工在每次的职责变换和职业生涯发展时都有配套的学习和发展的机会。类似于职业生涯行动计划中的措施，为达成职业生涯规划制定的目标，自己的行动计划要定时的检查和调整。

迪士尼的训练、学习和发展系统涵盖了企业所有的员工，在每个不同的工作职责阶段，结合“绩效发展系统”为员工提供相适应的培训活动，这有利于员工对职业目标和路线进行及时修正，但是修正中的过程要谨慎考虑，因为职业生涯的规划是根据长期规划来制定的，所以要谨慎修改。

迪士尼的员工培训不仅有利于员工提升岗位技能、领导能力和管理技巧，还能让员工获得更多的发展机会。迪士尼建立了一种平行的职业轨迹，一个阶梯是管理职业，另一个阶梯是技术职业，让员工多角度、全面的发展。每个组织都有自己的运转目标、组织结构和用人需要，因此组织进行的职业生涯规划不仅要帮助员工树立正确的生涯发展信念，还要激励员工。新员工在进入组织时，会在工作过程中依循个人需要、动机和价值观，经过不断探索确定长期职业贡献区和职业定位。迪士尼帮助员工进行自我评估，包括兴趣、特长、性格、学识、技能、智商，以及组织管理、协调、活动能力等，从而确定了员工自身的职业锚。不同的员工有不同的职业锚类型。例如，该员工是管理型的人才，那么该类型的员工致力于承担整个部分的责任，并将公司的成功与否看成自己的工作。该类型的员工需要重视培养自己的管理能力。

职业路径可以分为纵向的、横向的、网状的和多阶梯发展的四种类型。迪士尼的职业路径有利于为个人职业生涯规划和发展活动提供强有力的支持，组织需要开发出新的职业生涯路径来满足个人的职业规划需求，达到个人目标和组织目标的双赢。职业生涯管理具有信息化的特点，只有做好信息管理工作，才能有效进行职业生涯管理。对个人来讲，职业生涯发展进行可行性分析的前提条件是要了解职业生涯信息的管理工作，了解自己的职业所需的能力水平等；对于组织来讲，组织需要协助员工进行职业生涯规划，了解公司所需职位的特征。职业生涯管理具有动态性，职业生涯管理的动态性是指员工要因时因地地分析，正确看待职业发展过程中的问题，在可行性分析的过程中需要及时修改与调整目标，因此，此过程是动态发展的。

第 10 章

员工劳动关系管理案例分析

学习目标

1. 通过案例分析，了解员工关系管理
2. 通过案例阐述，掌握劳动关系管理
3. 重点掌握劳动合同管理

学习导航

知识回顾

关键词语——

员工使用；委任制；选任制；聘任制；考任制；员工流动管理；员工流失；劳动关系；传统型的劳动关系；劳动合同的变更和续订；劳动合同的解除和终止；劳动争议；劳动争议仲裁。

核心提示——

员工使用在人力资源管理中居于核心地位。劳动合同的履行、劳动合同续订、劳动合同的解除、劳动合同的终止、集体合同、事实劳动关系、劳动安全技术规程、劳动争议这些关键点都是需要重点关注的。

相关链接——

劳动关系管理属于员工关系管理的一部分。员工关系管理从狭义上讲，就是企业和员工的沟通管理。

前沿话题——

共享员工模式下人员输出单位仍然是用工主体，员工的社会保险费用仍由原单位也就是输出单位和个人继续缴纳。输出企业重视《借用员工协议》，与输入单位就风险的分担进行自主约定。输入单位除了通过《借用员工协议》，提前与输出单位就借用员工时间、工资社保缴纳及工伤责任的承担进行约定，还需要注意在对借用员工的管理上，需要由输出单位发放工资、缴纳员工社会保险，如果需要解除与借用员工的劳动关系，也需要由输出单位来做。

10.1 沃尔玛公司员工关系管理

山姆·沃尔顿认为，“没有整个系统中那些尽心尽力的员工和卡车司机，那些计算机、激光制导配送中心都是没有用的”。要是公司想要员工为顾客着想，公司必须首先为员工着想。人的因素仍然会在包括零售在内的服务领域，发挥不可替代的作用。有些折扣销售商之所以失败，归结为一点是因为他们不关心顾客，不关心店铺，没有使店里的员工具备端正的态度，他们会失败，是因为他们甚至从未试着真正关心过自己的员工。为员工着想这一点正是沃尔玛成功的最关键部分。在零售业中，不管公司怎样削减工薪总额，它总是经费开支中最重要的部分之一，而经费开支则是公司必须千方百计加以控制以保持利润率的决定性因素之一。员工所做的工作很繁重，而且是按小时计酬的。沃尔玛同员工的关系是真正意义上的伙伴关系。这是公司能够始终在竞争中胜出，甚至超越自身期望的唯一原因。为了激励员工积极主动把工作做到最好，沃尔玛采取了许多不同的措施和方法，但要是离开了这简单的一条——感激，所有那些措施都没用。不过要想让员工保持行事正确，再没有什么比让他知道你是多么感激他所做的一切更管用的了，只要你办到了这简单的一条，人类的天性就能促使他自动完成接下来的事情。沃尔玛的基本原则：保持低成本、教导员工关心顾客、坦率地说、拼命干活、疯狂促销。

10.1.1 沃尔玛公司员工管理理念

1. 尊重个人

沃尔玛的员工管理理念建立在一些非常朴素的价值观和信仰的基础之上。公司关于人的哲学的一个主要基础就是：我们的同事创造非凡。这种信仰贯穿于公司所从事的每件工作之中。在沃尔玛，员工之间直呼其名。这有助于营造一种顾客和员工都希望得到的一种温暖、友好的氛围，为大家提供一个愉快的工作环境。沃尔玛相信从自己员工的身上能够反映出其服务的顾客和社区的多样性。为了保持竞争力，沃尔玛必须保留一支多样化的员工队伍。沃尔玛完全遵守现行的机会均等法案。在提供招聘、雇用、培训、提升及其他就业条件时，沃尔玛的政策不因种族、肤色、年龄、性别、宗教信仰、残疾、国籍或兵役情况而受影响。沃尔玛期望员工以严谨和尊重的态度对待他们的同事，且全力支持沃尔玛提供平等就业机会和保持一个没有任何骚扰的工作环境这一工作宗旨。公司为员工提供均等机会的承诺不仅由公司政策来保证，更会付诸行动，公司不会容忍任何形式的歧视。员工可能在主管和经理被称为老板的公司工作过，而在沃尔玛，主管和经理被称作教练。教练通过培训来帮助员工解决工作中遇到的困难。公司的教练是经过甄选并且在技术方面经过培训的，同时他们还熟悉日常管理和人事工作，他们懂业务，并且懂得公开交流的宝贵。

2. 公仆领导

具有影响力的领导者，需要走出去和员工站在一起。不论员工是在商店、会员制商场、配销中心，还是在公司的其他机构，员工的教练都与员工在一起。总部的经理们也需要经常走动，这样他们才会对公司的业务了如指掌。沃尔玛的员工以他们的"听力"出名，因为公司教给员工如何倾听他人，能够对彼此的想法和需要做出反应，鼓励员工就影响员工的事宜与教练交谈。教练很想听到员工的评价、想法和关心的事情，员工的想法公司也很想听到。沃尔玛相信教练的领导方式就是为每位同事服务。员工的教练指导、帮助、鼓励员工，并且为每位员工取得成功而创造机会，这些教练被称为公仆领导。长期以来的公仆领导方式，已经成了沃尔玛的一个组成部分，每个人都是一位公仆领导。

3. 门户开放政策

公司的门户开放政策指的是如果员工有想法或者问题，可以和教练商谈，而不必担心受到报复。若员工的教练本身就是问题所在或者员工对答案不满意，可以向公司的任何管理层汇报。请记住：门户开放政策可以保证让员工发言，但员工的意见未必总会被采纳。任何管理层人员如果有借门户开放政策实施打击、报复行为，都将受到相应的纪律处分甚至被解雇。在分享信息的同时，公司不但可以从竞争中脱身而出，而且可以从大多数其他事务中脱身而出。沃尔玛始终相信如果员工都了解公司的发展目标，以及如何才能实现这些目标的话，员工会工作得更好。分享信息可以帮助员工在一起工作，使公司朝着正确的方向前进。

4. 都应该做个商人

公司的工作就是销售商品，将商品介绍给顾客就是公司要做的事。下面几点是工作的重点：我们必须具备顾客需要的商品；我们的商品质量必须达到顾客的要求；我们必须具备顾客需要的各种尺寸和款式；我们要备齐顾客所需要的商品数量；我们必须了解每种商品的功能与优点；对同一类或者类似商品，我们提供的商品价值必须超过我们的竞争对手。

5. 追求卓越

沃尔玛为拥有卓越的商业信誉而倍感骄傲。诚实的信誉是沃尔玛最大的财富之一。同样员工诚实的信誉也是员工自己最大的财富之一。员工的行为应始终符合行为规范，在员工的行为中，以及与他人做生意的过程中，应采取正确的判断，任何形式的不诚实行为都将导致被解雇。某个人不诚实，员工有责任让管理层的成员知道。保护公司的财产是每个人的职责。使用公司办公用品与财产时，应始终多加节约与爱惜，在员工离开工作岗位时，所有的公司财产（除了工作服/马甲、工牌等）都必须交回部门。控制损耗，每节省一块钱，公司就在竞争中前进一步——而这种进步正是公司梦寐以求的。只有每位员工在工作中力求使公司的营业成本降低，公司才能始终如一地向顾客提供低价商品。削减成本本身就是一个巨大的节省费用的方法——可以将公司的营业成本降得比我们的竞争者更低。

6．防止意外事故

公司必须采取预防措施以防止员工发生意外，员工必须对自己及顾客的安全负责，其中的关键是要坚持实施安全工作条例。只要共同努力，消除事故隐患，实施安全工作条例，公司就能够减少意外事故，确保员工的平安，让顾客享受一种愉快、安全的购物体验，也能够为公司节省一大笔开销。沃尔玛保证为员工提供一个安全的工作环境，同时也保证为顾客提供一个安全的购物环境。只要每位员工每天注意发现和检查危险区域，就能帮助公司履行自己的诺言。

7．晋升和调职

员工从普通职员晋升到教练队成员的记录中，公仆式领导原则是一项重要的依据。教练队中，大约 60%的成员是从普通职员起步的。这一数据反映了公司为员工服务的信念，公司鼓励员工，并且为他们提供必要的条件，使员工在沃尔玛大家庭中发展他们的事业。如果员工对升职感兴趣，需要去与员工所在部门的主管去谈。

10.1.2 沃尔玛公司员工管理的十大法则

第一法则：全心经营，比别人更尽心尽力，你对工作的热情，可以让你尽可能把工作做得更好，你身边的人也会因此受到你的影响。

第二法则：和同仁分享利润，视同仁为伙伴，你的行为要像一位为合伙人服务的领导者。

第三法则：树立远大目标，不断想出新点子，来激励并挑战你的同仁。

第四法则：凡事和同仁沟通，他们知道得越多越能理解，也就越关心事务，沟通就是力量，你的收获足以抵消泄密给竞争对手的风险。

第五法则：感激同仁对公司的贡献，任何东西都无法取代几句适时的真心感激话。

第六法则：成功要大肆庆祝，失败也不必丧志，别把事情看得太严肃，轻松行事，你周围的人也会跟着轻松，做事要有趣，表现你的热情。

第七法则：聆听公司内每个人的意见，并设法让他们畅所欲言，下情上达，让员工将好的构想提出来。

第八法则：超越顾客的期望，顾客就会再度光临，做错了事要诚心道歉，不可以找借口，在第一代沃尔玛的牌子上就写着“保证满意”，现在还是这么写着。

第九法则：控制成本低于竞争对手，这就是你的竞争优势，如果你的经营有效率，那么即使你犯了错误，也可以复原；反之，即使你很聪明，仍然做不好事业。

第十法则：逆流而上，走不同的路，放弃传统观念，如果走同一条路，那么选择不同的方向，就可以找到自己的优势。

案例分析

企业的发展归根结底是员工的发展，只有员工提高了他们的工作积极性及生产效率，才能推动着企业不断发展，所以在招聘员工时应当选择适合企业发展的人才，同时企业的管理者也应该注重员工的使用。员工的使用作为人力资源管理的核心，必定对企业经济效益的提高起着举足轻重的作用，因此管理者应当给予足够的重视。沃尔玛的三大信仰——尊重个人、服务顾客、追求卓越，以及十条员工管理法则，这极具企业文化的独特管理方式使得它一步步走向成功，并不断保持成功。

沃尔玛能够大大降低自己的员工流失率，这是因为沃尔玛独特的员工管理和管理者对自己员工的爱护，使员工心甘情愿留下来为企业效力。

员工管理要做到合理、科学地使用员工，人力资源管理部门就必须清楚了解和掌握每位员工的基本情况和特点，必须熟悉每个工作岗位的任职要求，并把两者有机地结合在一起。沃尔玛的管理者通过与员工多种方式的沟通，了解到员工的真正所求，并付诸行动。第一，沃尔玛的企业文化崇尚“尊重个人”，视员工为合伙人和同事，这就使得员工得到了充分的平等与尊重，而管理者将“员工是合伙人”分为三个计划，即利润分享计划、雇员持股计划和损耗奖励计划，使员工生活有了一定的保证，并且获得了额外的收入。第二，给予员工工作目标保护。企业给每位应聘者平等的就职机会，给新员工提供培训，并配备老员工来带领其工作，让每位员工进行交叉上岗，既避免单一工作内容的单调乏味性，同时也让企业内的员工获得更多的知识技能，得到更好的发展，满足他们的成就获得感。第三，给予离职员工足够的重视。沃尔玛管理者对离职人员都要做一次谈心交流，了解离职的真正原因，并做好一切可能的挽留。管理者所做的一切很可能是一笔隐藏的巨大财富。

沃尔玛不断发展壮大，在员工管理上有很多值得我们借鉴的地方。从本案例分析中，可以总结出如下几点经验，关于作为企业管理者应当如何对员工进行有效的使用及管理。

第一，作为管理者应当重视员工的重要性，充分了解员工，不仅是员工的学识、技能、价值观，还要了解员工的需要。“员工是我们最重要的资产，即使公司所有的资产被大火毁于一旦，但只要员工还在，就可以迅速重建公司。”由此可见员工的重要性。尤其在当今社会，企业之间可能有着差不多的生产系统、服务等，那么这时的企业员工之间的竞争就显得尤为重要了。就像沃尔玛的管理者所做的一样，他们十分明白员工对于企业的重要性。公司在招聘时如果充分了解新员工的学识、技能、价值观等，就可以将他们分配到具体的、合适的岗位上，然后赋予他们相应的职责、权力，最大限度地发挥他们的才能为企业所用，从而推动着企业的发展。公司充分了解员工的需要，针对他们的需要来满足员工，提高他们的满足感，激发他们的工作积极性。

第二，加强与基层员工的沟通，建立完整的意见反馈制度。在企业中，基层员工注重技术能力，更加清楚企业存在的问题，而高层管理者往往更加注重决策能力，他们更多考虑的是企业的利益，所以管理者学会与员工进行沟通及意见反馈，可以让管理者及时对企业存在的问题进行改正，避免其阻碍企业的发展。

第三，对于不同的人使用不同的管理方法，并对管理的方法进行创新。世界上没有两片相同的叶子，人亦如此，不同的人有不同的性格、兴趣、价值观和需求等，管理者必须意识到这一点，针对员工不同的特点选择合适的管理方法，让员工自愿被企业管理，为企业卖命。世界唯一不变的就是永远在变，所以管理者要根据时代、社会工作环境等各种因素的变化，来不断创新企业的管理方式。

第四，善待每位离职的员工。了解每位离职员工离开的原因，是否是公司的原因，如果是并且较多人反映这一问题，那么管理者就有必要针对这一问题进行反思并且改正，促使企业更好地发展；如果仅仅是因为员工个人原因，管理者不应怀恨在心，而是应该去适当的关心一下。简而言之，离职员工很有可能是企业隐形的一笔巨大财富，管理者应当好好珍惜。

10.2　格力电器员工关系管理

10.2.1　格力电器背景资料

珠海格力电器股份有限公司（以下简称格力电器）成立于 1991 年，是一家集研发、生产、销售、服务于一体的国际化家电企业，拥有格力、TOSOT、晶弘三大品牌，主营家用空调、中央空调、空气能热水器、手机、生活电器、冰箱等产品。格力电器旗下的“格力”品牌空调，是中国空调业唯一的“世界名牌”产品，业务遍及全球 100 多个国家和地区。2019 年 7 月，发布 2019《财富》世界 500 强，格力电器排名第 414 位；在“2019 中国制造业企业 500 强”中，格力电器排名第 37 位；2019 年 12 月，格力入选“2019 中国品牌强国盛典榜样 100 品牌”。

（资料节选自百度百科：珠海格力电器股份有限公司）

10.2.2　格力电器员工“柔”性管理

董明珠的“柔情”总是蕴含在坚决实现关键核心技术自主可控的“侠骨”之中。2013 年，格力电器刚进军智能装备产业时，技术人员拿着涉及 1 亿元的研发申报单踌躇，担心金额太大董明珠不签，没想到她却说：“只要是我们中国制造转型升级必须投入的，别说 1 个亿，就是在后面再加个零，我也会签字。”于是，格力电器的 1.4 万名技术研发人员都知道了“在格力电器，研发投入不设上限”这一规定。董明珠还常常鼓励他们勇敢逐梦：“即使今天失败了也没关系，从中吸取教训，明天一定能成功，我们不怕失败，只怕不敢尝试，不敢改变。”

董明珠对待人才的“柔”，不仅是给格力电器技术人员资金上的大力支持，还包括对所有年轻人人生道路的悉心指引。2019 年 9 月 1 日，董明珠为刚刚入职格力电器的 2019 届大学生上了“入职第一课”。她结合自身经历和格力电器发展历程，耐心地叮嘱这批格力电器“雏鸟”要有吃苦精神和责任感，凝心聚力为实现“让世界爱上中国造”的目标奋斗，年轻人是格力电器的宝贵财富，年轻意味着敢拼、敢闯、敢创新，这正是格力电器发展的精神。

董明珠对待员工的“柔”，还体现在员工安居工程上。自 2007 年起，格力电器就开始了自建员工住宿房，至 2019 年 5 月，已解决 1.2 万名在职员工的住宿问题，基本实现了“一人一居室”的安居工程目标。

董明珠对待员工的“柔”，还体现在员工加薪上。2016 年，格力电器宣布给安装工加薪，每台空调安装费加 100 元；同年在感恩节宣布给全员加薪 1000 元；2017 年 6 月再次给安装工发放补贴，安装每台空调补助 100 元；同年 8 月给全员一次性发放高温补贴 1000 元；2018 年年初，董明珠宣布全员每人平均再加 1000 元。

董明珠对待员工的“柔”，还体现在员工素质提升上。授人以鱼不如授人以渔。对于格力电器员工来说，公司的人才培养机制更让他们感到幸福。在格力电器内部，公司每年都会举办劳动技能大赛、各类职能培训、技能认证等活动，员工不仅能在工作中提升自我能力，还能得到公司及社会的认可。同时，格力电器也为这些自主培养的人才提供了宽阔的职业发展空间和晋升机会。董明珠认为，要打造好的产品，关键是全体员工尽心尽职。为此，格力电器建立了一整套选育用留人才培养体系，包括德才兼备、品德优先的选人机制，“能者上、庸者下”的内部晋升机制和优胜劣汰的竞争机制，为各类人才提供了施展平台。

10.2.3 格力电器线上线下员工管理的理念

1. 线上线下管理的完美结合

微店和线下门店其实是一种完美的结合。格力电器约有 9 万名员工，员工首先要爱自己的产品。当消费者告诉员工，这个产品我哪里喜欢、哪里不喜欢的时候，他们更加意识到自己岗位的重要性。格力电器把店面逐步变成体验店或者科普店。这些微店都是在格力电器的电商平台上实现的，让每个员工都成为服务者，成为格力电器守卫者，这点特别重要。

2. 核心技术最有价值

要拥有自己的核心技术，要拥有自己的人才，同时更要拥有自己的管理，这样才能打造出精品。知识产权是最有价值的。格力电器曾遇到一件很大的事情。有一款空调，几年前就投放市场了，某同行天天来格力电器这挖人，拿到了这款空调的技术，他知道格力电器这个技术比较保密，没有申请专利，就用它来申请专利然后起诉格力电器，而格力电器在他申请专利的前几年就有了这款产品，最终这个案子宣布他败诉。有些人把格力电器的很多专利做成自己的产品，那格力电器就要和这些人较量，绝对不能允许这种行为，因为这破坏了创新企业的积极性。格力电器拿出来 5000 万元作为科技进步奖奖励员工。董明珠现场说 5000 万元太少了，应该拿出一亿元、两亿元。核心技术掌握在手上，公司就敢对外宣称，全世界最好的空调就是格力电器。敢说这个话，就是因为格力电器的技术人员的付出，以及给消费者的承诺。

做空调，格力电器肯定是第一。这个信心来源于公司在空调领域掌握的核心技术，是没有人可以比的。企业都在技术创新才是最好的竞争，这种竞争才能让消费者的生活品质得到进一步的提高，这就是竞争的价值。未来只要企业家意识到自己的社会责任，用诚信来打动这个世界，市场将会越来越好。

3. 格力电器的文化就是奉献文化

格力电器的文化就是奉献文化、大爱文化。当“大家”和“小家”摆在一起的时候，只能选择其中一个的时候，你选择谁？这是一个很难的问题，但格力电器选择了“大家”，因为这个“大家”是几万员工，甚至几亿消费者，你要选择它，你就必须放弃自己的快乐和享受，因为只有你投入和付出了，才能让更多的人享受快乐和幸福。每个员工都愿意舍得，去实现这种大爱，都为别人着想，你说这个社会、这个世界能不和谐吗？当然，放弃“小家”是指最高领导人，不是指每个员工，格力电器要让员工生活得更好。

4. 全员销售、全员管理

格力电器的全员销售活动没有考核任务，主要是激励大家，凝心聚力，培养大家的主人翁意识。从人力资源的角度看，全员销售一定程度上是人力资源利用的最大化。从人力资源的角度看，全员销售具有一定的合理性。格力电器的这种做法，相当于向全员通知了公司的目标，把公司的目标和个人的行动强行联系起来，实际上给了员工一种明确的警醒。全员销售是减少阶层管理的一种思路。通过全员销售这种形式，能够让所有员工感受到最高管理层的指令，从而减少阶层制度中的信息传输失真，形成上下一心，致力共同目标的效果。全员销售是落实责任结果的一种方式。提高销售业绩，是公司全员的事，和每个人都有关系！

案例分析

在格力电器什么能力最重要？三个字——执行力。最能和强势的领导力形成匹配的就是绝对服从的执行力，而忠诚度正是这种绝对服从的执行力有效落实的前提。董明珠说自己注重内部培养，不用外部人才。格力电器成立于 1991 年，在这 30 年里面，除了品牌的积累、技术的积累、渠道的积累、市场的积累，还有大量人才的积累。随着技术的发展，格力电器内部已经存在一大批专业技术人才。说白了，就是格力电器的人才，只有别人来挖他们的份儿，不存在他们去挖别的企业的份儿。

在产业转型升级和智能制造的引导下，格力电器智能化、数字化、平台化、柔性化生产方式不断发展，着力打造线上线下联动、内部外部协同的创新创业生态系统，实现研发、设计、生产、营销、金融等资源的开放与共享。格力电器通过对领导、战略、顾客与市场、资源管理、过程管理、测量分析与改进六个方面的创新实践，取得了卓越的经营结果，并在企业内部建立了一套完善的绩效评价机制，促使企业进入良性的循环管理，通过持续改善来进一步深化和提升企业管理水平，引导企业从优秀走向卓越并取得可持续发展。

从一个年产不到 2 万台窗机的小企业，发展到目前全球最大的集研发、生产、销售和服务于一体的专业化空调企业之一，这与格力电器坚持“精品战略”是分不开的。格力电器在实施卓越绩效管理的实践过程中，总结出了适合自己、同样也适合中国企业特色的卓越绩效管理经验，形成了具有自己本色的“格力电器卓越绩效管理模式”，创造性地以诚信共赢为基础构建营销渠道，开创了独树一帜的格力电器营销模式——区域性销售公司模式，被经济界、理论界誉为“21 世纪经济领域的全新革命”。

在公司内部，格力电器成功构建了一个庞大的人才库，打造出一整套选育用留的人才培养体系和多通道的激励体系，形成了企业人才队伍的良性发展模式。格力电器实施“以人为本”的人力资源管理体系。为了在公司内营造良好的技术创新氛围，奖励创新人才，公司设立了科技进步奖、创新奖、合理化建议奖等多样化的创新激励体系，同时通过开展科技创新活动，设立“先进个人”“创新标兵”“金牌员工”等荣誉称号来激发员工创新，鼓励员工创新。“能者上、庸者下”的干部竞聘机制，激励了员工的成长。公司建立自上而下和自下而上的立体式改进模式，如自上而下的六西格玛管理法、精益生产、质量整改，自下而上的 5S、合理化建议、QC 小组、TPM[①]改进等。同时，公司为员工提供有竞争力的薪资和福利，格力电器通过花巨资建造生活示范区——康乐园、评先进员工、发掘每个发光的“金子”等方式给予员工人文关怀，营造家的温馨，让每个员工都有归属感。

为了实现“全员创新”，格力电器在企业内部实行全员培养、全员激励。每年评选科技进步奖，重奖科技人才。良好的发展平台，使每个员工将创新意识、不断提高质量的意识融入心中，营造了良好的创新氛围。强调人才的作用，是董明珠一贯的态度，也被严格贯彻到公司实际运转中。在格力电器，公司的技术骨干、中层干部乃至高层领导，大都来自基层培养。为了员工的长远职业发展，格力电器还筹办格力工程技术学院。董明珠曾表示：“我们一直坚持自主培养人才，这比引进人才重要得多。我的愿望是将每个人培养成技术人才，留在格力电器有用武之地。即使离开格力电器，也能掌握一技之长。这对于人的一生都是有益的。”董明珠认为，“只有对企业忠诚的人才，才能保证企业的发展，才能保证技术创新、管理创新和营销创新”。格力电器对员工忠诚度的理解，不是简单地让员工为企业卖命，而是企业不断促进员工忠诚于自己的职责和事业，把自己的职责、事业与企业的发展结合起来，同时，将员工与企业结为命运共同体、利益共同体，不仅让人才培育出来、留下来，还要好好干下去。满足员工的基本需求，尊重员工特征，格力电器将其落实在了细节。更重要的是，格力电器借助积攒多年的技术和创新优势，从文化层面让员工产生真正的认同，从而奠定了员工忠诚的基础。

格力电器的管理非常严格，员工触犯了公司的底线必然被辞退，但是格力电器多年以来，即使是在 2008 年金融危机经济形势紧张的情况下，也没有选择依靠裁员来缓解企业压力。相反，格力电器还在积极践行“全员培训”，力促员工素质提升。格力电器的内部人才基本上都以自己培养为主，包括一线工人、内部基层管理人员、专业管理人员和研发人员。一线工人主要以技校招聘为主，研发人员以高校招聘为主，基层管理人员主要从一线工人提拔。

10.3 顺丰控股有限公司员工关系管理

10.3.1 顺丰控股有限公司背景资料

顺丰控股有限公司（以下简称顺丰）是国内的快递物流综合服务商，经过多年发展，已初步具有为客户提供一体化综合物流解决方案的能力，不仅提供配送端的物流服务，还

① TRM：Total Relationship Management，即全面关系管理。

延伸至价值链前端的产、供、销、配等环节，从消费者需求出发，以数据为牵引，利用大数据分析和云计算技术，为客户提供仓储管理、销售预测、大数据分析、金融管理等一揽子解决方案。2019 年 12 月，顺丰速运入选“2019 中国品牌强国盛典榜样 100 品牌”。2019 年 12 月 18 日，在中国品牌发展指数 100 榜单中排名第 61 位。2020 年 1 月 4 日，顺丰获得 2020 年《财经》长青奖“可持续发展创新奖”。

（资料节选自百度百科：顺丰控股有限公司）

10.3.2　顺丰控股有限公司员工管理

管理好员工，充分发挥人的作用，是企业人力资源管理中的重要一环。很多管理者强调规范的员工管理系统，但是顺丰总裁王卫认为，管理体系只是企业管理的“外功”，要练好“外功”，还必须有“心法”协助，否则很容易“走火入魔”。

1. 顺丰员工管理“四心法”

心法第一诀：爱心。爱心的前提是同理心。顺丰强调以家人一般的感情关心、关爱身边的员工和同事。无论是领导者还是普通员工，只有有了同理心，才能设身处地为员工着想，比如他们辛不辛苦，工资够不够用，生活是否有其他困难。管理者要深入一线体验员工的工作和生活，业务体验的意义不仅是让管理层不脱离业务，更是在精神层面上让所有员工都知道，管理者不是高高在上的，他们也要做业务，这对于增强公司凝聚力有非常大的作用。

心法第二诀：舍心。什么是舍心？舍心就是要与员工慷慨分享，而企业对员工最大的舍心应该就是福利待遇了，顺丰在这方面也是出了名的大方。顺丰上市敲钟时，王卫豪掷十余亿元为员工发红包，感谢员工的辛勤付出，这也是顺丰“舍心”的最好体现。正所谓舍得舍得，有舍方有得，与员工共享公司的财富，换回的是员工更死心塌地地工作，从而实现共赢。

心法第三诀：狠心。顺丰强调慷慨分享，但管理员工并非这么简单，就像父母对于子女一样，管理者也要让员工接受艰苦历练，当然这并非出于功利目的，而是爱心与舍心的结果。快递行业会发生缺乏职业道德的行为，比如会有员工顺走某些没有保价的贵重物品等，顺丰对此类行为会不惜一切代价追查到底，严惩不贷。管理是一种严肃的爱，如果真的爱员工，就要考验他、逼迫他成长，如果碍于情面，低目标、低要求，不仅会损害企业，更不利于员工的长远发展。

心法第四决：恒心。所谓恒心，就是长期坚持这样做下去。只有坚持修炼这些心法，一层层真正地落实，才有机会管理好员工。恒心作为最后一诀，能够保证整个过程的连贯性。顺丰将员工培养出一种恒心，无论面对什么困难，都能勇于挑战。

2. 生命的本质是修行

员工的命运并不掌握在他的上级手里，也并不掌握在某一个人手里，而是由整个组织的机制决定的。员工从出生开始可以控制的东西很少，是男是女、何地出生、身高长相、家庭背景均由不得人来决定，运气的好坏更无从掌握。对员工而言，人生只有一样东西可以控制，那就是态度。积极态度与消极态度之间有着很大差距，如果将人比喻成一辆跑车的话，好的出身可能意味着前方有一条通畅的高速公路，然而，如果不加油，这辆车永远只能停止在路上。态度也有正念与邪念之分。在高速公路上以积极的态度加满油去开，这就是一种正念；邪念好比是喜欢逆行、在高速公路上飙车的做法。因为有着正向的态度，顺丰才可以做到现在这个规模。在管理企业，甚至自己人生中一直努力保持着平常心。有了平常心，就可以做很多事，换位思考就是其中的一种，把员工当作家人，真心关爱他们，以后也会获得回报。

3. 回归到人性上管理员工

快递员是顺丰的核心资产，也是最可爱的人，他们日复一日地送包裹铸就了顺丰物流帝国，所以要对快递员保持尊重。顺丰管理好 20 多万名员工的方法，就是回归到人性上进行管理。人性需要什么，你就给员工什么。员工需要公平，你就给他公平；员工需要多劳多得，你就帮他算得清清楚楚。尊重、照顾和发展机会都要给到员工。不过，这样的给予要有底线，如同父母不能过度宠爱孩子，有时也要“狠心”。增加可能出现的偷窃成本，是顺丰抑制员工盗窃行为的方法之一。然而一旦出现员工盗窃的事件，公司也是“打得狠狠的”，顺丰内部用“奖金猎人”的方式调查员工是否有偷窃的行为。

4. 管理员工的新招牌——“科技”

目前，顺丰正在向外界展示更多的“科技范”，在当前形势下，科技才是一家物流公司的核心竞争力和未来发力重点。顺丰在单一业务的背景下希望有相关 IT 技术部门去做职能业务，如财务系统开发，于是就成立了顺丰科技有限公司（以下简称顺丰科技）。目前顺丰科技拥有超过 2000 人的 IT 专业技术队伍，自主研发获得专利、软件著作权四十多项。顺丰内部的一些产品，如无纸张运单和私密运单等，都由顺丰科技去参与或者主导，后续推广落地和运营的事情也都由顺丰科技负责。放弃数据等于放弃未来，数据是物流管理的基础，数据化是粗放型管理与精细化管理的首要区别，物流企业首先要建立数据的标准和规范，完善数据的采集与管理，把所有业务的过程变成数据，实现从有数据到用数据的转化。一家优秀的物流公司一定是通过数据、计算来规划和运行的。如果物流公司放弃计算，就是放弃未来、放弃自己的生存权。未来的物流具有互联互通、数据驱动、深度协同、高效执行等特点。互联互通、数据驱动就是所有物流要素互联互通并且数字化，以数据驱动一切；深度协同、高效执行就是跨集团、跨企业、跨组织之间深度协同，调度整个物流系统中各方高效分工协作。

5. 员工成长环境营造

作为一个流动性非常大的群体，顺丰能够做到只有 20%～30%的流动率，原因其实很简单，那就是帮助员工成长，解决他们的后顾之忧，让他们更加愉快地工作。人才在良好的环境下能够得到更好的发展，公司构建了优越的人才环境，在招培管评、薪酬、激励、职业生命周期等方面融入对员工的思考。员工都希望通过适合自己的发展路径去实现人生目标，公司要做的就是在畅通的人才发展渠道里帮助他们快速地达成目标。根据员工的性格和意愿，同时启动管理线和专业线两条发展通道。业务扩张引得大量来自不同工作背景和国籍文化的人才涌进顺丰，“兼容并包”的人才文化让他们得以适应并生存下来。在顺丰这样的劳动密集型企业里，人性化的关怀也是吸引人才的因素之一。顺丰围绕“医食住教”这些实际层面关怀员工，与医院、企业、政府、学校进行沟通，帮助员工获取相关资源，以解决各类人才的后顾之忧。比如针对就医难的问题，公司联系医院为员工建立快速通道，获取更多的医疗资源，如体检、重病救助；比如“顺丰优选”也是员工的福利平台，员工可以以优惠的价格买到放心的大米、食油；年轻员工租房、住房的压力非常大，公司积极地与当地政府沟通，获得相关政府资源，为员工谋求更多支持（比如廉租房）；与福田区政府、教育局合作教育基金项目，希望通过深圳的教育改革帮助公司外聘的关键人才、高层管理人才解决后顾之忧。

案例分析

顺丰对于员工的重视体现在总部常年固定承包一些酒店以提供培训使用，它的培训在线上线下同时进行。对于一些业务能力不达标或者专业技能不够的员工，顺丰会要求他们不定期进行回炉培训。公司建立了顺丰大学，独立开发课程、印制课本，建立了在线学习系统及专业的讲师团队。顺丰提出了“千里马”人才培养机制，坚持从内部选拔人才。员工通过内部选拔、培养、考核，可以从最基层的收派员一步步成长为副总裁。去年，一线员工成为分部经理的达到 80%～90%，成为高级经理的有 70%左右，甚至还有达到更高层级的。

顺丰实施的“医食住教”处处都体现了对员工的关爱。顺丰联系医院为员工建立快速通道，获取更多的医疗资源，如体检、重病救助；建立“顺丰优选”平台，员工可以以优惠的价格买到放心的大米、食油；年轻员工租房、住房的压力非常大，顺丰则积极地与当地政府沟通，获得相关政府资源，为员工谋求更多支持（比如廉租房）；不同于别的企业对员工自备电动车的入职要求，顺丰执行“用者拥有”计划，为所有员工免费配备电动车，希望给家境差但愿意通过劳动挣钱的员工提供机会。快递员中有不少都是“90 后”，且大多数是独生子女，管理者的挑战和压力也越来越大。其实谁都明白，选择快递行业就意味着必须吃苦，所以当一个人踏入这个行业时，就已经做好了心理准备。外界对顺丰的认识依旧很模糊，只知道是一家快递公司，也有很多人以为这是一个门槛很低的行业。

顺丰公司奉行“能者上、庸者下”“竞争上岗”“优胜劣汰”的人事政策。根据业务发展需要及员工的实际工作能力和业绩，对员工的工作岗位和职务进行调整；员工也可以根据本人意愿申请在公司内部调动。公司鼓励员工竞聘个人所胜任的岗位。岗位晋升、晋薪，按公司的有关规定执行。晋升主要取决于员工的工作态度、业绩和潜能，以及公司经营、管理需要。

顺丰对员工辞职的规定是已过试用期但在合同期内的员工辞职，须提前三十天填写《员工离职表》，向直属领导提出申请；未过试用期或不在合同期内的员工辞职，须提前七天填写《员工离职表》，向直属领导提出申请；员工辞职获准后，在离职之日前须按《工作交接表》上的内容与相关人员进行交接，交接完毕后到人力资源管理部门办理离职手续。员工未经批准擅自旷工连续三天以上，或者无正当理由事假，或者休假逾期不归连续超过六天的，视为自动离职。员工严重违反公司规章制度和纪律，工作不称职、失职或者违反法律法规被处以刑罚的，公司将根据规定依法做出辞退或开除的决定，终止与员工的劳动关系。双方协商提前解除劳动合同和劳动合同期满不再续约自然终止。

顺丰从员工的工作场景、实际的工作需求开始，去设计员工关系管理，而非完全的以绩效为导向。从这个角度上去讲，关心员工实际的利益与诉求，这也是领导力的一个核心价值观。真正的赋能团队，管理层与员工必须成为一致的利益共同体。符合人性的，才是好福利。不管是文化、战略、人才的成功，其字里行间都在解释一个东西，那就是人性：比如怎样把工作积极性、人的情绪、人的主观意识调动起来。顺丰总裁王卫认为，“对于管理几十万人的公司，我没有什么独到之处，只是将管理回归到人性的本质上来”。员工福利不是薪资，但发福利，并不是变相的发钱。面对越来越多的“90 后”“95 后”新生代员工，旧式的约束型管理、激励方式早已不适用。用扣工资、定绩效、各种规章制度来管理，都不如靠贴合人性的福利、关怀来驱动。

10.4 联想集团员工关系管理

联想的管理团队具备三大能力——领导力、信任和抱负。此外，还有一个非常关键的因素，那就是多元化。这里不仅包括性别的多元化，还包括种族、文化和思想的丰富多元化。比起那些不具备这一多元领导力的所谓“全球化”企业，联想所拥有的宽广的运营维度，是一个真正的全球化运营企业成功的基础。

10.4.1 联想集团员工管理的理念

联想管理三要素：搭班子、定战略、带队伍。

对管理的理解就像一个房屋的结构一样，房子的屋顶部分是价值链的直接相关部分。

先把碗里的饭吃好，再积极准备锅里的饭。不准备锅里的饭就往前伸，就是温水煮青蛙。但是吃不好碗里的饭，就没有能力去煮锅里的饭。

联想是联合创办的，要的是管理权，而不是所有权，重点是管理。

要把 5%的希望变成 100%的现实，因为是 5%而不是 1%，说明还是有一定希望的，就要坚定不移地把它做成功。

在该发力的地方要义无反顾。联想如果不是当年部署做投资，今天也会面临比较尴尬的境地。

希望成为长手指这是对的，但木桶的短板一定要非常小心。制定战略的时候，一定要把具体的步骤想清楚。光知道想怎么做而没想能不能做到的话，有时候是会出大问题的。一件事情做完以后，成功或者没成功，尤其是没做成功的，预先怎么设计的、中间出了什么问题、为什么做不到，把这个过程梳理一遍，才能吸取经验教训。

一个企业的成败有两个因素十分关键，一是管理层的一把手，也就是 CEO 如何领导他的团队；二是董事会和管理层之间的有效配合。

带队伍方面有三个要点：第一，让你的员工爱工作，让他们热爱自己的公司和工作；第二，让你的员工会工作，就是善于工作，包括团队和个人工作；第三，让你的员工能够有序工作。

一个企业如果想让员工热爱企业、好好工作的话，需要做到两条：一个是激励，有长期激励、短期薪酬等；另一个是企业的文化建设，这对企业来说是很重要的事情。

做事的时候，如果要定规章的话，要先简后繁，不定则已，定了就一定要做到，做了就要非常认真地执行并宣传。

一个好的领军人，可以团结好班子，制定好战略，但如果一把手不行，那整个企业就不行。核心在于一把手本人是不是把企业的利益放在第一位，你如果能够做到把企业的利益放在第一位，将话能放在桌面上说，这个问题就好解决，你就会制定出一系列的规章制度，保证企业不产生这样的问题。

企业里的一把手和下边的员工之间是大发动机跟小发动机的关系，你所带动的不是齿轮，不是螺丝钉，员工也可以成为一个发动机，而且能跟你同步。做到这样，这个企业活力就非常大了。

联想做到今天，在很多领域都很成功（联想通过投资进入了众多领域）的原因，第一点就是一把手深刻认识到自己在企业里面的作用，所以如何选定一把手这个非常重要。第二点更重要，当选定了以后，我们要舍得给人平台，而且这个平台不只是业务，还要在物质和精神双方面给他机会，民企老板一般没有联想这么舍得的，比如联想给你提供大的行业背景，给你提供钱，告诉你们怎么做，一般人就让你们做职业经理人。正是这套机制，有了这些一把手，才可以远离“具体事务”。

光能把事情做好的人是不够的，所以联想强调要能干会说。“说”本身不光是口头表达，还要善于归纳，能做到这样的人就会得到重用。

对一个企业来说，核心技术重要，但管理也很重要，否则靠高技术暂时上去了，还会下来。成功的管理是企业发展的基础，而管理失当将是制约企业发展的瓶颈，高科技企业也要抢占管理制高点。民营企业能否做大、做长的根源在于管理。

10.4.2　联想集团和谐劳动关系的做法

1．建立健全的规章制度

“国有国法，家有家规”，企业也需要有规章制度。严格依照国家劳动法律法规制定规章制度，规章制度既保护劳动者，也保护企业，让劳动者心中有保障，企业在处理劳动关系中做到有法可依、有据可查。1995 年实施的《中华人民共和国劳动法》要求企业建立和完善规章制度，一方面保障劳动者的权利，另一方面督促劳动者履行义务。企业常见的《考勤制度》《奖惩制度》《薪酬制度》等充分体现出以上两方面。2008 年实施的《中华人民共和国劳动合同法》除了再次强调企业需要建立和完善规章制度，还对规章制度的制定程序提出具体的要求。《中华人民共和国劳动合同法》除规定劳动者严重违反规章制度，用人单位可以无偿解除外，同时规定，若用人单位的规章制度违法，劳动者亦可因此解除劳动合同并要求单位支付经济补偿。可见，符合法律要求完善的规章制度，可统一劳动者的行为与方向，让企业的管理工作变得有依据，减少与劳动者的摩擦和冲突，是和谐劳动关系的基础。

2．强化企业民主管理

我国向来重视民主管理，从 1982 年修订的《中华人民共和国宪法》到 1995 年开始实施的《中华人民共和国劳动法》，再到 2008 年开始实施的《中华人民共和国劳动合同法》；从 1986 年开始实施的《全民所有制工业企业职工代表大会条例》到 2012 年开始实施的《企业民主管理规定》，对企业如何进行民主管理提出了具体的要求。但是，在现实生活中，很多企业没有严格按照法律规定执行，对民主管理缺乏认识，很难让劳动者融入企业管理中，导致企业管理者和劳动者的阶层意识加剧，从而导致劳动关系不和谐的因素增加。联想（北京）有限公司在企业内部设立“HR 热线”，以及员工论坛，保证所有职工都可以及时提出意见和建议，通过多种方式实现员工与公司管理层的零距离沟通和交流。企业的民主管理，实现了企业的“公开、公平、公正”，职工能有途径、有机会参与到企业管理中去，更能促使职工爱岗敬业，有利于促进企业发展，使劳资双方获得双赢的结果。

3．合理的薪酬体系

劳动关系，是通过职工付出劳动，企业给予报酬建立起来的法律关系。所有的企业第一要务是解决薪酬如何发放的问题。再好的企业，利润再高的企业，如果在分配机制上无法做到公平合理，最终将导致职工离心离德，企业也得不到发展，因此合理的薪酬体系，是职工付出劳动的主要动力，是企业发展的基础。在联想（北京）有限公司工作 90 天以上的正式员工均有权利选择加入企业年金计划：即在为每名员工缴纳社会保险的基础上，还为员工购买补充商业医疗、人身意外保险等，并为员工子女购买补充商业医疗保险。企业为员工考虑到“病有所医、老有所医”的方方面面。联想还通过设置总裁特别奖、部门特别奖、专利奖、知识分享奖、竞赛奖等多样的奖金模式，以全方位奖励对企业有贡献的职工。公司的股权激励这些比较新的薪酬发放模式，既可以吸引外来人才，又可以留住本企业的优秀人才。

4．注重职工未来发展

《中华人民共和国劳动法》规定，企业职工有接受职业技能培训的权利。但是我们注意到，有些企业只注重职工的奉献，并没有考虑到职工自身的发展，“996”的由来，事实上是企业在短期内希望职工提供超额劳动，在这样高强度的劳动形态下，职工能保持身体健康已经不容易，更难说有时间参加培训，进行学习获得自我提升。由此，这样的企业在进行裁员的时候很难得到职工的理解。而职工对企业奉献过多，其收入性价比不高，在面临失去生活来源时，往往会表现出强烈的反对。联想（北京）有限公司为员工搭建了内部培训网站及微信小程序“联想乐成长”，定期安排培训、召开系列座谈会，并设立了专门的员工职业健康与安全部门，针对不同职位员工的工作特点、环境、条件制定出相关标准。

5. 联想对员工的人性化管理

小强创新是联想集团内部的孵化器，2015 年 8 月由联想研讨院和联想人力资源共同发起。它的初衷是希望经过市场化的规范鼓舞员工创新，既可以成立新公司独立运营，也可以依托公司现有资源和业务体系内部运作。有的员工特别想自己创业，公司会给 100 万让他们去创业，如果最后发现跟公司的主营业务相去甚远，公司就会帮员工找新的投资人，然后将他送到新的平台上。但是如果与联想的主营业务比较相关，就有可能变成公司的一个新业务。公司过去创业有点切割的感觉，就是必须离开母体才能够完成创业理想，实现自我，现在员工可以不离开联想就进行创业和创新。联想提供了很多这样的平台让他们去做，除了小强创新公司，还有每个季度的头脑风暴论坛，大家把自己的看家本领拿出来和所有同事展现；还有每年的联想创新科技大会，是科技产品和科技人才的嘉年华；另外还有黑客马拉松和公司内部组织的思维辩论大赛。

案例分析

员工和公司的关系就是利益关系，千万不要把公司当作家。联想给了员工这么好的工作环境，这么好的学习机会，还有不错的待遇，公司为员工做的这一切，都是因为员工能为公司做贡献。

多年以来联想一直是按照国家规定履行雇主应该履行的一切职责。联想是第一个实行企业养老金的公司。联想在福利保障上让员工没有后顾之忧，老有所养、病有所依，包括补充养老计划、补充医疗计划，这些福利也让大家能够全身心投入到工作中去。联想在人才管理上的一个核心原则就是以人为本，所做的一切都是为了能让员工有一个好的舞台去发挥他的最大能力。联想非常尊重员工，比如说员工是不用打卡的（当然工厂工人、公司前台因为必须定点工作、协同合作，要按时到岗）。联想是弹性工作制，你可以早一点来，早一点回去，不管是在家里还是在其他地方，重点是要把自己的工作做完。联想不仅为员工提供生活与工作的平衡，还建立了许多温情的福利制度，关注员工和家人身心健康。例如，联想是中国本土企业中首批引进“EAP 专业心理咨询服务”的公司，希望帮助员工和家人处理工作和生活中的烦恼，实现良好的心理健康。公司内部还设立了子女奖学金和小学生托管中心，在关注“想二代”成长的同时，进一步解除了员工的后顾之忧，让大家能够更加专注地投入到工作中去。联想有三条原则，开放、尊重和妥协。不管是做业务、还是市场开发，面对客户，我们都需要有开放的心态，接受、学习别人不同的想法或做法。要学会尊重别人的文化、种族、习惯、语言、信仰、饮食等。执行层面有不同意见，如用哪个系统，走哪条路径，当大家达不成一致，又不是原则性问题时，联想鼓励妥协，将这个事情往前走一步，到能更看得清楚的时候，再去决定。联想在原则问题上从来不妥协，如合规性和战略方向。当不确定哪个战术一定有优势的时候，联想两边都会鼓励，大家互相妥协，达成一致。这个是在联想并购 IBM PC 业务的过程中总结出来的，跟不同文化、背景和工作方式的人怎么能够非常好的融合，联想需要这三个原则。

联想公司重诚信，也就是注重实事求是、言行一致。伴随着业务全球化的步伐，联想在领导力全球化方面遇到巨大需求，同时也面临着在全球范围内推广联想组织文化的挑战。联想在业务上实施“三波战略”。第一波是 PC 领域，“Device+”转型，继续保持联想在 PC 市场的领先地位；第二波是要把移动业务和数据中心业务打造成新的增长引擎；第三波是要发力“设备+云”和“基础设施+云”。相应地，人力资源要在组织、人才和文化上承接战略落地。在组织层面，构建契合“三波战略”的组织架构、组织能力；在人才方面，在外部搜寻和内部培养两个角度同时发力，逐渐完善符合业务需求的人才和领导力梯队；在文化方面，重点重塑联想的“We Are Lenovo”文化，即说到做到、尽心尽力、成就客户。联想精细化裁员，被裁的员工事先都完全不知情。在面谈之前，他们的一切手续公司都已经办完，等他们被叫到会议室的同时，邮箱、人力地图、IC 卡全部被注销，当他们知道消息以后，两个小时之内必须离开公司。所有这一切，都是在高度保密的过程中进行的。公司只能给你位置，无法给你未来。

联想比较注重保护劳动者的利益，在让劳动者为公司发挥最大能力时，也注重维护劳动者的利益。同时，联想也很好地在合同中阐明了员工若危害公司所带来的惩罚，在双方互利的同时下签订合同，给双方一层保障，可以互相信任。任何合同的签订都是在合法的原则下，不能违背国家的法律。

10.5 阿里巴巴集团员工关系管理

阿里巴巴作为互联网领域的行业标杆，一直是众多中小企业学习和追赶的榜样，马云的创业经历更是激励着无数的年轻创业者为了梦想而努力奋斗。

10.5.1 管理员工须具备的能力

（1）开阔眼界。开阔眼界是指开阔业务上的眼界，“知己知彼，百战不殆”，开阔眼界就是要全方位了解自己和竞争对手所处的态势，并能够预判竞争对手接下来的行动，这些都需要深入行业和业务。开阔眼界的训练方法有三点：深入分析行业历史与发展趋势；做竞争对手的数据整理与竞争分析；做产品及业务的详细规划与发展分析。阿里巴巴内部有一个产品大学，基于互联网经理的能力图谱，自主研发了近 100 门课程，以业务方向为导向，采用多元形式，提供综合培养的方式。在公开课与专业课的基础上，阿里巴巴建立了 ATA 技术沙龙，形成重点开放的技术人员交流平台，旨在挖掘好的、值得推广的思想、理念、技术等。同时，根据公司重点开展的技术领域，邀请外部嘉宾，引入优质内容及分享议题，引导相关领域人员学习了解最前沿、最新、最牛的技术，拓展眼界，促进内部人员的思考和成长。

（2）训练内心。管理者需要有强大的内心来管理团队，敢于直面业务中遇到的问题，遇到事不退缩、不怯懦，寻找管理者内心的力量。通过坦诚的交流与教练的引导，发现自己成长过程中支持自己的最重要的力量源泉和最有成就感的体验，并保持这种自我愉悦的心态。

10.5.2 阿里巴巴集团的员工管理文化

阿里巴巴的价值观变化很大：阿里巴巴在 2001 年设计了第一套价值观，叫“独孤九剑”，有九条；2004 年时，公司将其归纳为六条，称为“六脉神剑”；而如今，又变成了现在的“新六脉神剑”（见图 10-1）。新六脉神剑，实际是把旧的“客户第一”深化为“客户第一、员工第二、股东第三”；把旧的“拥抱变化”深化到“唯一不变的是变化”等。所以，新的价值观其实也不新，全都是过去的 20 年里阿里巴巴自己总结出来的经验，只不过是用了新的词汇来代替。这样做的原因有两点，一是想告诉阿里巴巴的同事们，这些价值观全部是阿里巴巴一直在实践的事情；二是用一些阿里巴巴的“老话”来讲价值观，会显得更加有感觉——这也是一种虚事实做的灵活做法。

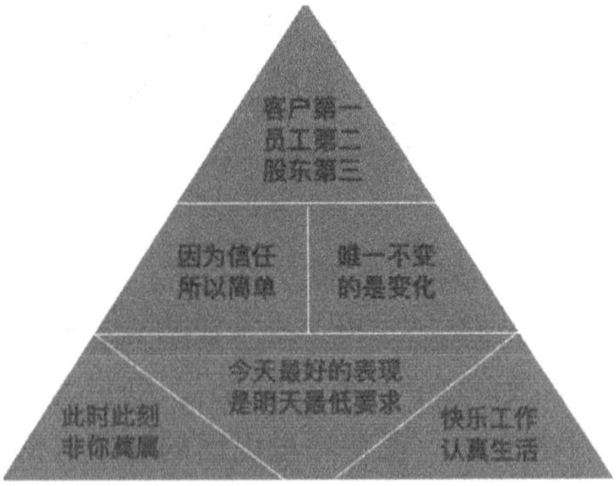

图 10-1　阿里巴巴新六脉神剑

阿里巴巴员工管理文化，既有软的部分，如微笑文化、家庭文化、校园文化、亲听文化等；也有硬的部分，如绩效文化（铁军文化）。软硬都有，才能让员工真正感受到企业既有人性化的一面，同时也有为了结果不断冲锋的一面——这是阿里巴巴的文化特色。

1．微笑文化

阿里巴巴的 Logo 就是一个笑脸，也是一个小写的“a”，它的意义是阿里巴巴从成立时，就希望能从小写的“a”做到大写的“A”——当初阿里巴巴只有“十八罗汉”，而今天有 11 万名左右的员工。与此同时，阿里巴巴有很多中小型企业的客户，公司希望客户能从小写的“a”做到大写的“A”，这就是阿里巴巴的用意。而笑脸就是在体现公司的微笑文化：快乐工作，认真生活。平常大家都习惯说“认真工作，快乐生活”，但是阿里巴巴认为，在互联网公司工作，压力很大，经常加班，如果员工的压力太大却无法宣泄，那就会像橡皮筋绷得太紧一样，立马崩掉。从软文化层面讲，阿里巴巴会更多地考虑如何帮助员工宣泄这些压力，希望员工在工作时能够尽量开心一些。开心是正能量，具有传播性，但是负能量也会传播，如果员工在办公室里面不快乐、整天都抱怨，那么这些负面情绪传播出去，就会影响整体。所以，阿里巴巴更希望员工虽然觉得很累，但是在公司里仍能感觉到快乐。之前公司在给一些老员工庆祝时，经常背着员工，偷偷打电话给他们的家人，制造惊喜。认真生活也是同样的道理。

“快乐工作，认真生活”，放在一起就是说：员工在工作和生活之间，事实上是不应该完全分割开的，相互之间是有关联的。这样，员工在工作时，也会适当地放松；反过来，员工在生活的时候，如果有需要，也能立马投入到工作中去。“快乐工作，认真生活”，在今天也是阿里“新六脉神剑”中的一条，可见它的作用之重。

2．家庭文化

说笑就笑，是不太容易的。作为管理者，要想方设法让员工感受到在公司里工作，就像在家一样。很多外部企业的管理者会说：“公司就是公司，怎么能当成家呢。”这确实很难，首先需要你走心。走心的意思是，想方设法在你力所能及的范围内去做，员工会感受到你的用心，并且要持之以恒地做。刚开始时，员工可能觉得公司这样做很虚，不确定公司是否真心，但是当你做得多了，形成习惯，员工就会认同你。归根到底，阿里巴巴文化就是帮助管理者与员工之间，以及员工相互之间建立起链接，建立起信任。家庭文化就是想让员工在团队里更有幸福感、凝聚力、归属感。这些都是需要团队管理者用心经营的，并且要有一定的时间积累，才能慢慢沉淀出来。

3．校园文化

在阿里巴巴内部和同事沟通，都会直呼对方的花名，“同学”是阿里巴巴对他人的官方称谓，如我们称呼马云就为“马云同学”。很多企业都喜欢称呼职称，但是在阿里巴巴我们很少称呼“总”，因为这样喊会很奇怪；称呼“同学”，则更为平等。这种做法，就是为了让员工更好地融合进来。在穿着方面，现在阿里巴巴的同事大部分时间都穿得很随意，这也是阿里巴巴的企业文化。

4．亲听文化

现在阿里巴巴有很多一线高管，都会定期“充当”客服，亲自去接电话。因为只有这样，才能让高管真正明白，前线客户有怎样的需求，以及前线业务同学的难点在哪里。这便于高管更好地和客户、基层员工做好链接，阿里巴巴称之为“亲听文化”。

10.5.3 阿里巴巴集团员工离职管理

作为企业家，要学会“以终为始”的思维，以积极心态对待员工离职问题，因为这是大概率事件，所以要想办法把它变成好事。阿里巴巴离职档案管理模式，是把员工从面试开始的面试表、考核表、转正申请表，以及每个月的绩效考核表，还有员工赢得的各种奖项等都进行完整保存。

阿里巴巴设置了离职冷静期。阿里巴巴的管理人员在上岗前都要学习离职管理体系，其中最重要的一个环节就是碰到下属离职时，管理人员应该怎样处理。在一个员工提出离职申请时，阿里巴巴会根据这个员工的职位和岗位级别，对应有个离职考虑的“冷静期”。基础员工离职，考虑时间为 2 个小时；基层管理人员离职，考虑时间为 4 个小时；中高层管理人员离职的冷静时间，是 1～3 天不等。在思考的时间里，这个领导就会调出这个员工的档案，快速浏览他的整个档案内容，重点关注以下几项。第一点，是他入职阿里巴巴的时间日期；第二点，是他培训时候的突出表现，获得了哪些奖项等；第三点，是他的转正时间，要精确到年、月、日，还有他在整个阿里巴巴工作期间与他相关的荣誉和重要事件。如果这个员工思考后回来说：“老大，我考虑了一下，我觉得之前我有点冲动了，我还是想继续接着干。”那么这时，这个员工离职是不成立的，按照一般公司的做法可能就不管了，当没事发生过。但是在阿里巴巴，这位领导就需要向公司去申请一份表格，叫员工心态异动表。这张表上会详细地记录这位员工某年某月某日提出过离职，沟通结果是什么。这时给公司的人力资源部一个反馈，让他们可以看看这段时间是不是公司出了什么问题，哪一块出了什么问题给到员工有这种不安定的感觉。公司的管理就像产品一样，得到用户体验反馈，及时改进，这个才是企业成长的关键。还有一种情况，是员工在考虑完两个小时后，依然决定离职。这个时候就会正式进入离职流程，阿里巴巴这一点做得非常人性化：他们首先要谈的是感谢——根据档案系统的记录，感谢员工这么多年来对公司的贡献，清晰说明员工从入职到离职的天数；然后是肯定——肯定员工创造价值和他曾经获得的奖励。这个离职程序走完之后，员工才开始根据程序跑整个离职流程。阿里巴巴对于离开后的员工，依然有自己的一套管理体系，保留工号，保持链接离职员工大会做生态圈。

案例分析

阿里巴巴一直主张企业文化要做到“润物细无声”，不要挂在墙上，而要印在员工心里，不依靠任何大张旗鼓的宣传，而在细节处施以点点滴滴的影响，浸润每个员工。企业文化是个容易说出来却难做到的东西，在阿里巴巴，却是每个员工都能准确理解，努力去做的平凡朴实的东西。

创造一个愉快的工作氛围，其目的就是要把阿里巴巴打造成一个轻松又有活力的集体，只有员工快乐工作，才能快乐生活，才能更有激情。工作不再仅仅是养家糊口、买车供房的手段，也是人生中充满激情、享受其中的过程。为了达到快乐工作的目的，几乎所有关乎人的积极向上的兴趣爱好，都可以在公司自发成立兴趣小组，开展自娱自乐的活动，阿里巴巴称之为“兴趣派”。而在 HR 首推的阿里十派中更是囊括了羽毛球、篮球、足球、乒乓球、音乐、“杀人”游戏、摄影、宠物、车友、电影十个五花八门的兴趣派。员工关系部不放弃每个节日、纪念日，充分利用一切可利用的资源，让员工快乐起来。为了继承和发扬阿里巴巴员工在经历 SARS 考验时所体现出的积极乐观、互助互爱的精神，每年的 5 月 10 日被打造成阿里巴巴精神纪念日，阿里巴巴集体婚礼、亲友见面都被安排进去，从写字楼办公室，把文化和精神的感悟辐射到员工的家属、朋友，共同体会造就共同的理想；儿童节、端午节、中秋节、国庆节等无一例外成为大家互送祝福的好机会。

六个关键词变六句话。比如原来“拥抱变化”，现在变成“唯一不变的是变化”；原来“团队合作”，现在变成“因为信任，所以简单”。从传播的角度来说，句子比单词更有力度，容易深入人心。

阿里巴巴是与时俱进的，是愿意倾听公众呼声的。从这个“此时此刻非你莫属”能感受到，似乎在告诉所有阿里巴巴的员工“除了我们，还有谁？”“跟我来，我们将是宇宙最牛企业”“因为信任所以简单”，比起原来的“团队合作”，更强调“信任感”，强调简单的“关系”，说得比较接地气。包括“今天最好的表现是明天最低要求”也能很容易理解。

参考文献

著作类：

[1] 程江红．HR员工激励经典管理案例[M]．北京中国法制出版社，2018．
[2] 陈爱吾．人力资源管理实战128例[M]．北京人民邮电出版社，2019．
[3] 吴冬梅．人力资源管理案例分析[M]．北京机械工业出版社，2015．
[4] 罗伯特·马希斯，约翰·杰克逊．人力资源管理[M]．赵曙明，周路路，译．13版．北京：电子工业出版社，2012．
[5] 孙利虎．战略薪酬管理：理论与实务[M]．大连：东北财经大学出版社，2015．
[6] 赵中利，曹嘉晖．人力资源管理[M]．南京：南京大学出版社，2013．
[7] 赫尔曼·阿吉斯．绩效管理[M]．刘昕，译．3版．北京：中国人民大学出版社，2013．
[8] 保罗·R．尼文．本·拉莫尔特．OKR：源于英特尔和谷歌的目标管理利器[M]．况阳，译．北京：机械工业出版社，2017．
[9] 谭小芳．华为绩效管理之道[M]．北京：中国铁道出版社，2017．
[10] 王文萍，李喆．名企绩效考核最佳管理实践[M]．北京：中国法制出版社，2018．
[11] 姚琼．世界500强绩效管理你学得会[M]．北京：中华工商联合出版社，2017．
[12] 殷凤春．人力资源开发与管理[M]．北京：高等教育出版社，2017．
[13] 董克用．人力资源管理概论[M]．北京：中国人民大学出版社，2016．
[14] 加里·德斯勒．人力资源管理[M]．12版．北京：中国人民大学出版社，2012．
[15] 雷蒙德·A．诺伊．人力资源管理：赢得竞争优势[M]．7版．北京：中国人民大学出版社，2013．
[16] 雷蒙德·A．诺伊．雇员培训与开发[M]．6版．北京：中国人民大学出版社，2015．
[17] 沈纯道．企业人力资源管理典型案例透析[M]．2版．北京：中国劳动社会保障出版社，2016．
[18] 颜爱民．中国本土企业人力资源管理典型案例解析[M]．上海：复旦大学出版社，2011．
[19] 张正堂．HR三支柱转型：人力资源管理的新逻辑[M]．北京：机械工业出版社，2018．
[20] 殷凤春．高端人才引进培养机制与管理创新[M]．北京：人民出版社，2017．

期刊类：

[1] 周芳，赵丹迪．沃尔玛中国企业社会责任实践分析[J]．产业创新研究，2020，(18)：85-86．
[2] 陈志武．规模制胜：沃尔玛的商业帝国[J]．中国中小企业，2020，(9)：74-75．
[3] Julia Hanna．沃尔玛重塑未来劳动力[J]．2020，(3)：80-81．
[4] 赵昊蕊．浅析外资企业人力资源激励机制的问题及对策——以沃尔玛公司为例[J]．2020，(3)：205-206．
[5] 齐祥芹，钱丹蕾，尤诗翔．电商企业的精益供应链成本管理研究——以亚马逊为例[J]．财会月刊，2019，(14)：57-64．
[6] 杨继刚．微软十年转型：组织变革赋能于人，中国工业和信息化[J]．2018，(11)：50-55．
[7] 马晓苗，罗文豪，彭剑锋，等．基于量子思维的平台型组织建设：核心理念与实践策略——以海尔为案例[J]．企业经，2020，(9)：44-52．
[8] 刘海兵，许庆瑞．引领性创新：一种创新管理新范式——基于海尔集团洗衣机产业线的案例研究（2013—2020年）[J]．中国科技论坛，2020，(9)：39-48．
[9] 王玮，郑学青，储胡欢．破解信息化“授权赋能”的秘诀——海尔水样组织的演进路径[J]．清华管理评论，2020，(Z2)：58-66．
[10] 金伟林，王侦．创新文化引领企业高质量发展——基于海尔集团的案例分析[J]．生产力研究，2020，(1)：128-131+161．
[11] 李璐．基于平衡计分卡的海尔集团绩效评价体系分析[J]．现代营销（信息版），2020，(2)：148．
[12] 纪婷琪，郭心建，刘金霞．海尔人力资源升级为小微生态赋能[J]．企业管理，2020，(1)：107-110．
[13] 王钰斐薪．酬管理对公司绩效影响研究——以海尔集团为例[J]．商场现代化，2019，(24)：71-72．
[14] 朱玥，朱佩雯．激励机制在公司管理中的作用——以联想集团为例[J]．中国市场，2020，(4)：92-93．
[15] 刘娟．联想集团的发展历程及其国际化战略[J]．经营与管理，2019，(3)：26-28．
[16] 曾文廷，邓韵贤，杨宝玲．平衡计分卡在联想集团的运用——从绩效管理到战略管理[J]．市场周刊（理论研究），2016，(1)：23-26．
[17] 杨莉．华为公司股权激励的演进与启示[J]．广西质量监督导报，2020，(1)：106-107．
[18] 倪艳，胡燕．人力资源三支柱模式在我国的应用及启示——以华为公司为例[J]．现代管理科学，2020，(1)：90-92．
[19] 胡惠婉，邢玉升．跨国民营企业的人力资源管理研究——以华为公司为例[J]．北方经贸，2019，(7)：139-140．
[20] 王鲲，张银花．人力资源管理中员工激励机制的启示——以华为公司为例[J]．学理论，

2019,(6): 81-82.
[21] 杨磊，刘海兵．创新情境、吸收能力与开放式创新共演路径——基于华为、海尔、宝洁的跨案例研究[J]．2020,(2): 36-45+53.
[22] 王衡晓园，陈若伦．企业招聘策略研究——以宝洁公司为例[J]．劳动保障世界，2018,(8): 2+4.
[23] 佟睿，张鹏．高层管理人员薪酬设计存在的问题与对策研究——以宝洁（中国）公司为例[J]．中国集体经济，2018,(4): 116-117.
[24] 秦恒，余婧．百胜中国控股有限公司员工激励问题与对策[J]．中外企业家，2020,(11): 121-122.
[25] 王爱娟，修菊华．百胜餐饮集团人力资源培训体系论析[J]．辽宁经济职业技术学院学报，2017,(3): 15-17.
[26] 刘蕾，郭士宇．大数据时代谷歌公司人力资源管理中数据分析应用研究[J]．中外企业家，2020,(21): 112.
[27] 宣洁敏．星巴克员工绩效管理问题研究[J]．管理观察，2020,(23): 49-50+53.
[28] 王禺涵，王衡晓园．试论大数据时代星巴克人力资源管理的创新[J]．山西农经，2020,(4): 126-127.
[29] 郭思宇，赖华强．激励理论在企业人力资源管理中的应用研究——以海底捞为例[J]．现代商业，2020,(26): 76-77.
[30] 王毅．新冠疫情期间企业人力资源管理对策思考——以海底捞为例[J]．商场现代化，2020,(8): 83-84.
[31] 易湖停，刘翔宇．HR 三支柱创新型人力资源管理模式：案例探索与落地建议[J]．领导科学，2019,(20): 91-94.
[32] 韦晓英．开放式创新下的企业人力资源管理变革策略研究——基于海尔实践的案例分析[J]．管理现代化，2019,(6): 87-92.
[33] 朱文殷．跨国公司国际人力资源管理战略与实践：案例研究人力资源管理[J]．2018,(11): 473-474.
[34] 顾琴轩，周珍珍．变革型人力资源管理体系的内涵及关键成因研究——基于三星电子公司的案例分析[J]．上海管理科学，2019,(6): 57-64.
[35] 刘君君．运用泰勒科学管理理论分析“海底捞”劳动关系[J]．劳动保障世界，2020,(9): 7.
[36] 赵春琳，范英杰．海底捞人力资源内部控制管理模式探析[J]．现代管理科学，2020,(2): 93-95.
[37] 李子腾．华特迪士尼公司的战略举措和时机分析[J]．现代商业，2019,(36): 5-6.
[38] 刘昕，孙冉．快递行业股权激励方案实施效果研究——以顺丰控股股份有限公司为例[J]．特区经济，2020,(7): 138-141.
[39] 魏秀丽，寇茜茜．基于柯式模型的员工培训效果转化影响因素研究[J]．中国人力资源开发，2016,(8): 50-55.

[40] 黎金荣．企业 HRBP 模式的有效实践载体研究——以 X 企业员工能力开发为例[J]．中国人力资源开发，2016，(4)：49-55．
[41] 李祥姝，王慧．人岗匹配视角下的老年员工人力资源开发策略研究[J]．中国人力资源开发，2016，(8)：13-17．
[42] 冯红霞，崔丹．学习型组织视野下企业员工体验式培训研究[J]．中国成人教育，2016，(10)：150-153．
[43] 韩燕．大数据在人力资源管理领域的应用价值与挑战[J]．经济研究参考，2016，(6)：51-56．
[44] 吕玲．电力企业人力资源管理面临的挑战与机遇[J]．山东社会科学，2016，(9)：205-207．
[45] 黄海峰．揭秘华为 13 条人才观与人才战略[J]．企业管理，2016，(9)：30-31．
[46] 马松．解密京东大数据：软件和集成电路[J]．2016，(6)：44-45．
[47] 苏曼．跨境电商专业人才胜任素质模型研究[J]．高等工程教育研究，2016，(3)：170-174．
[48] 徐慧茗，何昀．如何用互联网思维创新企业管理[J]．人民论坛，2016，(12)：86-87．
[49] 田红．顺丰——以服务创新促价值共创[J]．企业管理，2016，(10)：61-64．
[50] 刘辉，滕浩，王浩丁．研发创新影响下的人力资本与企业价值——基于软件上市公司面板数据的实证研究[J]．人力资源管理，2016，(6)：85-87．
[51] 王锋．组织视角下人力资源管理及跨边界角色生成机制[J]．理论与改革，2016，(5)：129-133．
[52] 程雨竹．面向企业文化的员工关系管理分析[J]．人才资源开发，2016，(4)：33-35．
[53] 吉明．劳动法中调岗调薪的法律问题[J]．法制与社会，2016，(7)：29-31．
[54] 程熙鎔，李朋波，梁晗．共享经济与新兴人力资源管理模式——以 Airbnb 为例[J]．中国人力资源开发，2016，(6)：20-25．
[55] 粟恒．基于平衡计分卡的 JL 财务公司绩效管理研究[J]．中国总会计师，2017，(5)：92-93．
[56] 杨永强．公司绩效管理研究——以 XL 公司为例[J]．人才资源开发，2017，(14)：152-154．
[57] 高庆萱，李荣志，李健．基于系统动力学的新员工培训方案制定与选择[J]．计算机集成制造系统，2017，(1)：113-122．
[58] 刘大伟，郭建龙．基于游戏化思维的员工培训模式研究评述[J]．中国人力资源开发，2017，(2)：89-96．
[59] 牛千，邢占军．岗位、职级与商业银行青年员工的幸福指数[J]．中国青年研究，2017，(9)：69-77．
[60] 邵仲岩，朱琳．基于 AHP 法的企业内部审计人员素质评价体系[J]．经济论坛，2017，(9)：127-130．
[61] 余晓琳．媒体融合时代广电人力资源规划与开发[J]．业者探索，2017，(5)：120-122．

[62] 詹晓宁．联合国人事征聘及升迁制度评析[J]．行政管理改革，2017，(7)：51-57．
[63] 殷阁．企业人力资源规划中的风险识别与防范探究[J]．人才资源开发，2017，(7)：176-177．
[64] 柳林．企业人力资源规划中的问题与解决措施分析[J]．企业改革与管理，2017，(5)：87-88．
[65] 李永丽．企业人力资源调配管理中存在的问题及对策[J]．人力资源，2017，(2)：141-142．
[66] 邵永富．浅析企业人力资源规划存在的问题及对策[J]．经济师，2017，(6)：247-248．
[67] 初晓光．浅析企业中长期战略的人力资源规划[J]．人才资源开发，2017，(3)：211-212．
[68] 王德闯．人力资源规划对知识管理的推动作用——基于微软公司的案例研究[J]．科技和产业，2017，(2)：67-71．
[69] 张炜，景维民，王玉婧．什么决定了一线城市对人才的吸引力——基于随机森林法对影响要素的检验分析[J]．科技管理研究，2017，(22)：99-108．
[70] 张佳裕．试论人力资源规划与企业战略的融合对接研究[J]．人力资源，2017，(11)：134-135．
[71] 包海生．试论中小企业人力资源规划存在的问题与对策[J]．甘肃科技纵横，2017，(3)：78-80．
[72] 唐菁菁．心理契约理论在人力资源管理中的耦合与应用[J]．东南学术，2017，(1)：120-126．
[73] 黄永春．新兴产业企业家创业胜任力的构成体系研究——基于创业机会理论的探索性分析[J]．南京社会科学，2017，(2)：48-53．
[74] 于曼．信息化在检验检疫人力资源规划中的创新性应用[J]．现代国企研究，2017，(9)：126-128．
[75] 范雯．虚拟人力资源管理的应用[J]．2017，(11)：118-120．
[76] 江丽惠．企业人力资源管理信息化对劳动关系管理的影响研究[J]．首都经济贸易大学硕士论文，2017．
[77] 李海舰，朱芳芳．重新定义员工——从员工 1.0 到员工 4.0 的演进[J]．中国工业经济，2017，(10)：156-171．
[78] 王聪．海底捞的员工激励与放权对其顾客满意度的影响[J]．商场现代化，2017，(1)：98-99．
[79] 张楠．有效企业招聘体系构建分析[J]．劳动经济，2018，(2)：76-77．
[80] 周金华，朱建军，刘小弟．行业诚信体系建设的系统动力学仿真分析及政策建议[J]．工业工程，2018，(2)：9-21．
[81] 毛良虎，季兴华．基于 AHP-FCE 的快递企业创新能力评价研究——以顺丰速运为例[J]．常州大学学报（社会科学版），2018，(3)：56-63．
[82] 刘凤春．基 AHP 熵权法的虚拟物流企业核心能力识别与动态评价模型[J]．物流技术，

2018,（3）：75-86.
[83] 宋彦成，叶一剑．解密碧桂园科技小镇[J]．中国房地产，2018,（2）：34-36.
[84] 刘立新．企业人力资源管理创新[J]．合作经济与科技，2018,（1）：148-149.
[85] 贡小妹，黄帅，敦帅，等．专利视角下科技型企业竞争力提升路径研究——以华为公司发展的动态过程为例[J]．科技管理研究，2018,（4）：155-160.
[86] 李汶洲．探析企业人才激励管理机制在企业发展中的重要性——以阿里巴巴人力资源管理为例[J]．科技经济导刊，2018,（26）：141-142.
[87] 李昕玥．跨文化人力资源管理的差异研究——以物美与沃尔玛集团为例[J]．中国商论，2019,（12）：239-241.
[88] 马雨蔓．期望理论视角下的星巴克员工激励分析[J]．现代营销（下旬），2019,（11）：197-198.
[89] 夏清华，何丹．企业成长不同阶段动态能力的演变机理——基于腾讯的纵向案例分析[J]．管理案例研究与评论，2019,（11）：464-476.
[90] 韦晓英．开放式创新下的企业人力资源管理变革策略研究——基于海尔实践的案例分析[J]．管理现代化，2019,（11）：87-92.
[91] 张金隆．从“人单合一”模式到“海尔制”——访谈海尔集团张瑞敏先生内容观点摘编[J]．管理学报，2018,（8）：949-952.
[92] 刘翔宇，李新建，魏海波．基于人力资源管理战略匹配性和双元柔性的柔性组织创建过程——海尔集团的纵向案例研究[J]．软科学，2018,（7）：56-60+64.
[93] 周常宝，林润辉，李康宏，等．跨国企业董事会资本与国际化战略的演化机制——基于联想集团的纵向案例研究[J]．管理案例研究与评论，2018,（2）：54-73.
[94] 覃靖．开放式创新对企业绩效的影响研究——以华为技术有限公司为例[J]．商业会计，2020,（2）：75-77.
[95] 吴建国．人才不是华为的核心竞争力，对人才进行有效管理的能力才是[J]．中国经济周期刊，2019,（11）：110-111.
[96] 刘逸飞．宝洁中国企业战略管理模式简析[J]．管理观察，2019,（7）：14-15.
[97] 王爱娟，修菊华．百胜餐饮集团人力资源培训体系论析[J]．辽宁经济管理干部学院．辽宁经济职业技术学院学报，2017,（6）：15-17.
[98] 修霖生，修菊华，黄炜．百胜餐饮集团的人力资源管理问题及对策[J]．理论观察，2017,（2）：89-91.
[99] 丁伟．欧莱雅人力资源管理的魅力[J]．中国外贸，2018,（6）：64-66.
[100] 罗伯特·A．伯格曼，徐苗苗．“人造”惠普[J]．21世纪商业评论，2018,（10）：88-89.
[101] 李嘉华．平台背景下的企业竞争战略研究——以阿里巴巴为例[J]．现代商业，2020,（1）：15-16.
[102] 吴小文，初凤荣．阿里巴巴人力资源管理创新研究[J]．商场现代化，2019,（4）：105-106.
[103] 庞珞珧．IBM公司培训开发案例及分析[J]．山西农经，2019,（3）：70.

[104] 郝值．海底捞员工激励机制研究[J]．品牌研究，2019，(12)：63-65．
[105] 孟晨瑜，杜宗棠．探析餐饮业人力资源管理现状与改进措施——以海底捞品牌对比为例[J]．国际公关，2019，(6)：188+190．
[106] 薄美麟．浅谈互联网时代大数据对腾讯公司人力资源管理的影响[J]．知识经济，2017，(3)：102-103．
[107] 李蕊，刘敏．上海迪士尼旅游度假区员工培训对策研究[J]．大众标准化，2019，(10)：59+61．
[108] 赵正．国美转型：多维战略下的企业价值立体演进[J]．商学院，2019，(1)：40-42．
[109] 周红锋．2O 商业模式变革与价值链重构研究——以格力电器和苏宁易购为例[J]．经营与管理，2020，(1)：27-33．
[110] 李伟刚．基于平衡计分卡对顺丰控股上市绩效研究[J]．物流工程与管理，2019，(10)：150-151+156．
[111] 黄彪虎．宝洁与联合利华品牌战略比较分析[J]．合作经济与科技，2019，(11)：104-105．
[112] 满翔．谈员工满意度管理——以海底捞公司为例[J]．品牌研究，2020，(1)：56-57．